JN025943

サブカル
国語教育学

「楽しく、力のつく」
境界線上の教材と授業

町田守弘［編著］

三省堂

はじめに

早稲田大学大学院教育学研究科に町田守弘が担当する国語教育の研究室が設置されたのは、2002年4月のことでした。研究室が出発した当初から、いわゆるストレートマスターをはじめ現職の教員など、様々な立場の方々が研究室に集いました。この構成員の多様さは、町田研究室の一つの特色になっていると思います。現職教員の担当する校種も小学校から大学までの広い範囲に及び、中国からの留学生も複数在籍しました。

早稲田大学大学院の国語教育研究室には2021年現在、幸田国広教授が担当されている研究室と町田が担当する研究室があります。幸田研究室が主に国語教育の理論研究と歴史研究を中心に研究を展開しているのに対して、町田研究室は実践研究および教材開発・授業開発の研究を中心としている点にそれぞれの特色があります。

修士課程1年、修士課程2年、そして博士後期課程それぞれのゼミが実施されますが、院生は可能な限りすべてのゼミに参加して、研究を深めることを推奨しています。春学期と秋学期の学期末には、「合同発表会」と称して、研究室関係者全員で個々の院生の研究内容の検討と研究の支援をするという場面を設定することにしました。また原則として毎年夏休み期間に、2泊3日の日程で研究室のゼミ合宿が実施されました。最初の数年は、東郷克美教授（当時）が担当された日本近代文学の研究室と合同で実施し、その後は学部学生の国語教育ゼミと合同で実施するようになったものです。

町田研究室は2011年に設立10周年という一つの節目を迎えて、『明日の授業をどう創るか―学習者の「いま、ここ」を見つめる国語教育』というタイトルの単行本を三省堂から刊行しました。このタイトルの「明日の授業をどう創るか」という問いに答えることこそが、国語教育研究の主要な目標だと思います。研究室で学んだメンバーが小学校から大学までの広い校種に関わっているという特色を活かして、それぞれの校種ごとに論文・提言をまとめた本になりました。

そして2021年に、研究室は設立20周年を迎えることになりました。2022年3月をもって町田は早稲田大学を定年退職いたします。そのような年に前著に続く２冊目の研究の総括として本書を再度三省堂から刊行できることは、とても幸せなことと受け止めております。

町田自身担当する授業において、常に「楽しく、力のつく」という目標を掲げてきました。学習者の興味・関心を喚起するために、彼らの身近な場所にあるサブカルチャーに目を向けたことは、町田研究室の一つの特色といえるでしょう。学校との親和性に乏しく、教材にはなりにくい素材を積極的に取り上げて、国語科の教材となるかならないかの境界線上に位置づけ、扱いを工夫して教材として成立させることを目指してきました。

この研究の方向性を、町田研究室の一つの特質として捉えることができるはずです。実践を重視して、具体的な実践に結びつく構想を明確に発信したいという思いから、これまで研究を続けてまいりました。確かな実践から帰納的に導き出された理論を大切にしたいと思います。本書はそのような研究室の研究成果を形にしたものです。本書を手にされた読者の皆さんが、「明日の授業をどう創るか」という問いに向き合って、何らかの答えを出していただくことができれば、これに過ぎる喜びはありません。

この20年間、研究室にご縁があったメンバーに声をかけて、具体的な教材開発と授業開発の成果をまとめてもらいました。そして定例のゼミや合同発表会のときには、発表を担当した院生の研究について、町田は必ず何らかのコメントを述べることにしていました。そこで本書に寄せられた様々な提案に対しても、ひとことずつコメントをさせていただくことにしたのです。

終わりとはまた一つの新たな始まりでもある、そう思っています。本書がその新たな始まりに向けての可能性を拓いてくれることを心から期待しております。貴重な提案を寄せていただいた皆さん、編集に携わってくださった内田剛、江口千晶、甲斐伊織、岸圭介、坂本晃洸の皆さんと、特に本書の刊行に多大なご尽力をいただいた三省堂の片岡明奈さんと山田柱吾さん、そして本書の読者の皆さんを含む研究室にご縁のあったすべての皆さんに、深甚なる謝意をお伝えいたします。

2021年7月5日

町田　守弘

目次

装丁：三省堂デザイン室
本文イラスト：e to kumi 藤塚　尚子

「境界線上の教材」による授業改革
—「楽しく、力のつく」教材開発と授業開発のために—

町田　守弘

1　ある広告のキャッチコピーから

まず広告の話題から始めましょう。かつてある会社のお菓子の広告[1]のキャッチコピーに、「中身が/面白くなきゃ/はじまらない。」というものがありました。お菓子の広告ですから、中身が「おいしい」という形容詞が直ちに連想されるのですが、あえて「面白い」という表現を用いたところに惹かれるものがあったのです。わたくしはこの表現を車内広告で目にしたとき、これはまさに授業に臨む指導者に課せられた大きな課題のような気がいたしました。授業は、学習者にとっても指導者にとっても、まさに「中身が面白く」なければ「はじまらない」ものではないでしょうか。実はこの広告にはある人物の写真が大きく掲載され、その左側にこのキャッチコピーが書かれていたのでした。その人物とは、映画監督、脚本家、演出家、そして俳優など多彩な分野の仕事に携わっておられる三谷幸喜であったことから、この「面白い」という言葉の妥当性が理解できるような気がいたしました。それぞれの分野で「面白さ」を追究されている三谷のイメージは、この広告のメッセージを際立たせていると思います。

学校は、子どもたちにとって楽しい学びの場でなければなりません。まさに「面白い」場所であるはずです。もちろん単に楽しいだけではなく、確かな学力の育成という重要な目標をセットにして考えなければならないでしょう。ただしまずは何よりも、子どもたちが「面白さ」を実感できるような場所でありたいと思うのです。学校教育の原点は学習者にとって「楽しく、力のつく」というところにあり、興味・関心の喚起と学力の育成は、すべての教科に共通する学校教育の基本的な目標であると思います。子どもたちを学びへといざなうことは、教科担当者の責務といえるはずです。しかしながら、そのことを理解しているはずの指導者が不断の努力を続けているにもかかわらず、子どもたちが学びの場としての学校から乖離するという現実は、深刻な問題を提起しているような気がしてなりません。そもそもわたくしたちに、学習者の現実が見えているのでしょうか。授業のあり方を考える際には、まず学習者の現実をしっかりと見つめるところから出発したいと思うのです。

2 子どもたちの「学び」からの逃走にどう向き合うか

これは何度も繰り返して言及してきたことですが、佐藤学がかつて子どもたちの「『学び』からの逃走」という問題を提起したことが強く印象に残っています。佐藤は子どもたちの校外の学習時間や読書冊数、および教科嫌いに関する実態調査の結果を分析して、「大半の子どもは小学校の高学年頃から『学び』を拒絶し『学び』から逃走しています」[2]と指摘しました。

学校教育の基底にある文化の伝達という目標のために、教科に関わる知の体系を教え込む必要性が強調されています。その一方で高度情報化社会は、子どもたちに一般に「学校知」と称される知の枠組みを超えた多様な知を提供しています。指導者は学校以外の場所でも様々な学びを経験する子どもたちの実態に目を向けて、彼らの実像を明らかにしなければなりません。すなわち、「学び」から逃走した子どもたちがいったいどこに行ってしまったのかを、しっかりと見極める必要があると思うのです。その上で、学校では何をどのように教育するべきかという基本的な問いを問い直す必要があります。

わたくしはかつて3回にわたって、担当する大学院研究室の院生の皆さんの協力のもとで、中学校および高等学校の教育現場に対するアンケートによる実態調査を実施して、それぞれの結果を冊子として公表し、調査結果の概要を拙稿[3]にまとめました。調査年とテーマは次のようなものでした。

① 2003年度の「高校生のコミュニケーション及びサブカルチャーに関する意識調査」

② 2005年度の「国語科教科書教材の受容に関する実態調査—新教材の開発に向けて」

③ 2006年度の「中学生・高校生の言語活動と言語生活に関する意識調査」

ここでは詳細には触れませんが、以上の調査結果から、学習者がいわゆる

「サブカルチャー」として分類されるものに強い関心を抱いていることが明らかになりました。

ここでより新しい調査結果にも触れておきたいと思います。2018年に東京学芸大学附属中学校の中学生男子288名、女子297名を対象とした調査[4]によれば、「ポップカルチャー（マンガ、アニメ、ライトノベル、ゲーム、アイドル、J-POPなど）[5]に触れることは好きですか。」という問いに対して「好き」と回答した生徒は61.6％、「どちらかと言えば好き」と回答した生徒は19.1％であったのに対して、「どちらかと言えば嫌い」が1.5％、「嫌い」は0.5％でした。このような学習者の現実と、わたくしたちは対峙しなければなりません。サブカルチャーの多くは学校との親和性に乏しく、学校からは排除されることが多かったわけですが、わたくしはかねてから教材として成立する境界線上に位置づけ、「境界線上の教材」としての可能性を主として実践のレベルから探ってまいりました。

先に言及した佐藤学の指摘に戻るなら、「学び」から「逃走」した子どもたちを強制的に「学び」の場へと連れ戻すことはきわめて困難です。となれば、彼らが逃走した「いま、ここ」という地平を注視して、そこに新たな「学び」を立ち上げることはできないものでしょうか。わたくしの試みは、その具体的な方略を探究するところから出発いたしました。

教育現場への複数回の実態調査の結果を受けて、子どもたちがまさに棲息する場所の一つにいわゆるサブカルチャーが深く関わっていることが確認できました。このサブカルチャーについては、実に多様な考え方があることはよく知られています。「サブ」は「メイン」に対して用いられる言葉で、一般的に「サブカルチャー」は「メインカルチャー」もしくは「ハイカルチャー」に対する概念として理解されています。すなわち「主流」であり「上位」であるものに対して使用されている用語ということになります。そこには伝統的な文化に対する新しい文化、主に若い世代によって担われる独自性のある文化というイメージが伴います。

わたくしは「サブカルチャー教材」について検討する際に、「境界線上の教材」という用語を用いています。それは教材となるかならないかの「境界線上」に存在して、扱い方によっては教材として成立するけれども、扱い方次第で教材としては成立しない、という意味で用いたものです。国語科において教材を考える際に、伝統的な教材すなわち「メインカルチャー」の教材といえば、やはり言葉の教材ということになると思われます。それに対して、例えばマンガ、アニメーション、映画、ドラマ、ゲーム、お笑い、SNSなどのサブカルチャーは、教材としての扱いができれば効果的ですが、そうでないと教材としては成立しないことになります。まさに、教材となるかならないかの「境界線上」にあるものとして把握できるのではないでしょうか。「学び」から逃走した子どもたちのいる場所に新たな「学び」を立ち上げるためには、「境界線上の教材」が効力を発揮するはずです。

3 サブカルチャー教材の分類と教材価値

本節では学習者の現実に即したサブカルチャー教材をめぐって、その分類を試みた上で教材としての価値に言及したいと思います。まずサブカルチャー教材を論ずるに際して、わたくしは便宜上次の6項目の系列に分類して考えることにしています。以下に具体的な分類とそれぞれの特徴について、簡潔に紹介いたします。なお国語科の教材ということから、すべての素材において言葉との関わりをしっかりと追究する必要があります。

① 静止画系列サブカルチャー教材

広義の映像の中で、特に静止画像に相当する絵、写真、マンガなどがこの系列に相当します。学習者の周囲にはきわめて多くの画像が存在するのですが、効果的な教材の発掘は決して容易ではありません。

② 動画系列サブカルチャー教材

前の分類の静止画像に対して、動画に相当するアニメーションやテレビドラマ、映画などがこの系列に相当します。教材化を検討する際には、時間的なことも考慮する必要があります。

③ 音声系列サブカルチャー教材

これは主に音楽ということになります。特に言葉との接点に配慮する際には、歌詞の教材化の検討がよく行われています。

④ ゲーム系列サブカルチャー教材

テレビゲームやボードゲームなどが相当しますが、「遊び」をいかに「学び」へと転換するかという点に十分に配慮する必要があります。

⑤ SNS系列サブカルチャー教材

現代社会において急速に広がりつつあるもので、本書の刊行時現在では例えばLINEやTwitterなどの系列が挙げられますが、時代とともに変容して、次々と新たな素材が出現することでしょう。

⑥ その他のサブカルチャー教材

例えばお笑いなど、これまでの分類に入っていない素材をまとめて考えることにしたいと思います。

本書の提案は以上の分類を基本に構成していますが、提案数の関係から特に④〜⑥系列に関しては「その他」としてまとめることにしました。

この6項目の中から特に第一と第二、および第五の系列に属するサブカルチャー教材を取り上げて、教材開発および授業開発の実際を考えてみたいと思います。ここではその前に、サブカルチャー教材の教材としての価値について、確認することにいたします。

まず、サブカルチャーは学習者の身近な場所にあることから、何よりも学習者の国語科に対する興味・関心の喚起という目標を明確にすることができます。それは国語科の学びへの入り口であると同時に、国語科の学びそのものでもあります。授業の中で喚起された様々な興味・関心は、学習者が生きる日常の中に活かすことができると思います。サブカルチャー教材は、導入教材もしくは関連教材としての位置づけのみではなく、主教材として活かすことを前提として開発を試みたいものです。すなわち、学習者の興味・関心の喚起という点が、サブカルチャーの主要な教材価値ということになります。

続いて第二の価値として考えるべきは、言葉の教材という枠を超えて、多様なメディアを国語科の教材として取り入れることです。国語科の教材というと、やはり言語を主体とした教材が連想されます。特に「読むこと」の教材の多くは、言葉による教材でした。例えばマンガを読むという行為は、小説を読む行為とは明らかに異質なものとして認識されています。しかしながら、マンガを「読むこと」の教材として位置づけたとき、そこで繰り広げられる活動は小説教材と何ら変わるところはないことも明らかになりました。わたくしはさらに、マンガに加えて静止画としての絵画や写真、そして動画としての映画、アニメーション、音楽やテレビゲームなどの多様なメディアを、国語科の教材として位置づける試みを続けてきたことになります。この試みを通して、国語科の教材というカテゴリーが大きく拡張されたことになると思っています。そこに重要な教材としての価値を認めることができるはずです。これからの国語科の教材開発は言語による素材のみに限定せずに、教材の範囲を大きく広げて映像や音声を含めたものとして考える必要があります。ただし、国語教育という教科の枠を逸脱することなく、言葉に関わる活動を常に意識した開発が求められることもまた重要です。

そして第三の価値として指摘できるのは、国語教育の「不易流行」を考えるに際して、常に「流行」の部分を担うという点です。教材開発には「不易」と「流行」それぞれに対する目配りが必要ですが、サブカルチャー教材は「流行」の側面に深く関わるものになります。常に学習者が生きる「いま、ここ」に焦点を絞って、時代の最先端を確かな視点でとらえることができる力量が、教材開発を推進する指導者には求められます。指導者は教科書のみに依拠することなく、常に自主教材を開発する努力が必要になるでしょう。そのためには時代の感触を鋭く把握し、学習者の現実としっかり対峙する姿勢が不可欠になります。「不易」に対して「流行」の価値がとかく低く位置づけられがちな風潮の中で、改めて「不易」の要素と同様の価値を有する場所に「流行」を位置づけることも、サブカルチャー教材の価値といえるでしょう。

そして第四の価値は、学習者中心の考え方です。繰り返し述べるように、子どもたちのいる「いま、ここ」を的確にとらえた上で、彼らの現実を尊重し、その現実に即した教材開発を常に心がけなければなりません。例えば教科書の採択には、学習者の意見が直接反映されることはありません。その多くは指導者の側の様々な意向から、どの社の教科書が採択されるかが決定されます。これに対してサブカルチャー教材に関しては、ほとんどすべての教材が、学習者の側から着想されたものということになります。教材開発において学習者中心の考え方を活かすためには、様々な課題を克服しなければなりません。その最大の課題は、教材を通してどのような国語科の学力が育成されるのかという点を明確にすることです。この課題に対しては、単に教材開発の問題に留まらず、いかにその教材を扱った授業を展開するか、という授業開発の問題に関わることになります。教材とは決してそれだけで独立したものではなく、常に授業と一体となって機能するべきものでしょう。

4 マンガの教材開発と授業開発—主教材として読む

続いて前節の冒頭に掲げた6項目の分類に戻って、第一の系列に属するマンガを取り上げてみたいと思います。マンガを授業中に密かに読んでいると直ちに没収されたり、そもそもマンガは学習には必要がないとして持ち込みが禁止されたりしている学校もあるはずです。図書室には「学習漫画」以外は配架されていないことが多く、学校ではマンガは冷遇されているという実態はごく一般的な傾向になっています。それは、マンガがまさに学校の「メイン」カルチャーではなく、「サブ」カルチャーであることのわかりやすい事例なのかもしれません。マンガは一般的に、学校文化には馴染まないものとして認識されているのです。

マンガが学校の文化との親和性に乏しいものである一方で、マンガと教育とをつなぐ制度があるのもまた事実です。ここで学習指導要領を確認してみると、1998年版中学校学習指導要領の「美術」において、「漫画」が取り上げられました。すなわち「第2学年及び第3学年」の「内容」の「表現」において、以下のような事項が取り上げられていました。

> 表したい内容を<u>漫画</u>やイラストレーション、写真・ビデオ・コンピュータ等映像メディアなどで表現すること。(下線は引用者による。以下同じ。)

ここでは「表したい内容」を表現するための方法の一つとして、「漫画」が位置づけられています。この方向に関しては、その後の2008年版、さらに2017年版中学校の「美術」でも継続して取り上げられています。すなわち「指導計画の作成と内容の取扱い」において、各学年の「表現」の配慮事項として、以下のような文言が見られます。

> 日本及び諸外国の作品の独特な表現形式、<u>漫画</u>やイラストレーション、図などの多様な表現方法を活用できるようにすること。

学習指導要領で取り上げられたことからも、教科書教材としてもマンガが採録されるようになりました。国語科の場合はまだ学習指導要領にマンガは登場していないのですが、教科書には様々なマンガが掲載されています。

さらに学校教育の現場でも、マンガを教材とした教育実践が展開され、報告されるようになりました。国語科では大村はまが「いきいきと話す」という単元で、根本進の４コマ漫画「クリちゃん」を教材としたこと[6]はよく知られています。

マンガを教材として扱う際に考えられる扱い方は、大別して以下の二つになるでしょう。

①マンガを「補助教材（副教材）」として使用すること。

②マンガを「主教材（本教材）」として使用すること。

前者の方向には多くの先行実践があります。例えば、古文の授業で『源氏物語』を扱う際に大和和紀の『あさきゆめみし』（講談社）を参考にすると、物語の展開や作品の背景がよく理解できるという実践例に象徴されるものです。この場合の主教材は『源氏物語』で、その理解を促すための補助教材として『あさきゆめみし』というマンガが用いられることになります。また漢文の授業で故事成語を扱う際に、４コマ漫画を紹介して理解を促すこともよく行われています。あくまでも主教材の内容に対する学習者の理解を深め、興味・関心を喚起するための補助教材として、マンガが使用されているのです。この方向が長期間にわたって続いてきたといえるでしょう。

今回わたくしが特に注目したいのは第二の扱い方、すなわちマンガを主教材として位置づけることにほかなりません。先に触れた大村の実践も、「いきいきと話す」という学びのための主教材として「クリちゃん」が使用されたことになります。この大村の実践のように、いわゆる本教材としてマンガを用いた実践は、きわめて少ないように思います。ここでわたくしが提案するのは、ストーリーマンガを読むという活動を国語科の学習活動として位置づけることです。すなわち、文学作品を読むことと全く同じ方法によってマンガを読むことを考え、国語科の活動として位置づけることになります。日ごろ学習者が好んで読むのは、４コマ漫画よりはむしろストーリーマンガでしょう。それも、マンガ評論の読解のための参考資料として扱うのではなく、文学作品を読む活動とまったく同じ要領で、ストーリーマンガを読むという授業を工夫することができると考えました。そのことを、実践を通して検証してみたいと思ったのです。そこで、前任の高等学校の現場で、1991年度に高校３年の「国語表現」を担当した時、ストーリーマンガを本格的な教材とてして扱ったことがありました。その時教材として選択したのは、大友克洋の『童夢』（双葉社、1983）でした。

それは学習者がよく読む週刊誌に掲載されるようなものではなく、高校生の読者はさほど多くはないはずです。しかしながら『童夢』という作品はマンガとして初めて日本SF大賞を受賞しており、本田和子、鎌田東二、川本三郎、大塚英志ら各氏の評論の中で様々な観点から論じられていました。『童夢』は娯楽的な要素の多いマンガではありません。わたくしは次のような観点から、教室での読みと表現分析に十分に耐え得る作品と判断して、教材化を試みたのです。

① ストーリー性が豊かな点。

② 人物・事件・背景のそれぞれの側面において、現代に直結する題材を扱っている点。

③ 細部にわたって表現が工夫されている点。

④ 多様な読みを引き出すことができる点。

⑤ 参考文献や参考となる資料が多く出ている点。

このうち特に第三の点を重視し、マンガ表現と言語表現との比較検討もできるということで、「国語表現」の中で扱うことにしました。前任の高等学校の1991年度のカリキュラムでは、「国語表現」は高校３年に１単位設置されていました。高校３年の正規の授業は１月中旬で終了するため、正味17時間程度の授業時数でストーリーマンガを読む単元を扱ったことになります。その具体的な実践の中身に関しては、すでに実践論文として発表しました[7]ので、ここでは概要の紹介に留めたいと思います。

1991年度は高校２年の「現代文」を主に担当し、その他に高校３年の「国語表現」を１クラス担当しました。「国語表現」はわたくしを含めて４人で分担して７クラスを担当したのですが、何を扱うかという点に関しては、各担当者の独自の判断に基づいて実施するという方向になりました。そこでわたくしは後期になってから、主な授業を、大友克洋の『童夢』に充てる予定で準備を進めました。教材となる作品は夏休み前に一括購入して担当クラスの学習者全員に配布し、休み中によく読んでおくように指示しました。

後期の「国語表現」の授業計８時間は、予定通りすべて『童夢』を教材とした単元に充てることにいたしました。グループ学習を取り入れた指導過程によって展開したのです。グループは５人から６人の規模で９グループ設置して、それぞれのグループに以下の研究テーマを分担した上でグループ活動の計画を検討することにしました。

a　物語（ストーリーの展開を要約）

b　人物（主な登場人物の特徴を整理）

c　事件（主な事件について因果関係に注意して整理）

d　背景（背景となった時間的・空間的特徴を整理）

e　構成（全体の構成を整理）

f　主題（主題について様々な観点から検討）

g　表現（表現上の特色を整理）

h　評価（作品がどのように読まれているかを整理）

i　作者（大友克洋についての研究・作風の紹介）

グループ単位の学習には２時間を配当し、続いてクラス単位の学習形態に戻して、３時間をかけてグループごとに発表を実施しました。その後で司会者１名、提案者３名をあらかじめ選出し、「『童夢』をどう読むか」というテーマでシンポジウムを実施して、作品全体の読みの交流を目指します。

最後の授業では、担当者による作品のまとめを実施した後で、映像による大友克洋の談話（アニメーション映画「アキラ」を語る）を紹介して、続いて大友のアニメ「アキラ」と「老人Z」の一部を映像で紹介しました。学習者には総括的な課題として『童夢』の作品論を書くように依頼して、授業を終了しました。

週に１時間という限定された授業の中で、十分な扱いはできませんでしたが、学習者が毎時間まとめて提出する「授業レポート」、グループ学習時の授業態度、発表のための「発表資料」、そして発表、シンポジウム、まとめの作品論など、学習者の反応を見る限りでは、授業で目標とした表現に関する興味・関心の喚起は達成できたように思われます。特に様々な個性を持った学習者の「読み」の交流を通して、作品の理解が深められたことも大きな収穫でした。この授業を通して、ストーリーマンガの教材化は十分に可能であるという結論を得ることができました。

マンガは国語科の教材とはなり得ないという主張もあるでしょう。ただし今回の授業の中に、生き生きとした言葉が棲息していたのは事実です。言語教材と同様に、マンガ教材によっても価値ある言葉の指導を成立させることができます。マンガを通して自己の主体的な言葉を獲得できるということに関しては、さらに検討を深めたいと思います。

5 アニメーションの教材開発と授業開発—文学作品と同様に

前節の静止画系列のマンガに続いて、今度は動画系列のアニメーション（以下「アニメ」）の教材開発および授業開発について紹介します。わたくしは前任の中学・高等学校勤務のころ、1993年度の勤務校の高校1年生男子133名を対象にマンガとアニメの好き嫌いに関する意識調査を実施したことがあります。その結果、次のようなデータを得ることができました。

① 好き＝マンガ（86.8%）、アニメ（37.6%）

② 嫌い＝マンガ（1.5%）、アニメ（8.3%）

③ どちらでもない＝マンガ（11.8%）、アニメ（54.1%）

この調査からは、マンガと比較するとアニメの支持者は少ないということがわかります。その理由として、アニメは鑑賞するのに時間と手数がかかるという点を挙げる回答がありました。確かにいつでもどこでも手軽に楽しめるマンガに比べて、時間と場所が制限されるという煩わしさはあるでしょう。ただし教室での一斉授業という形態を考慮すると、映像を投影できる設備さえあれば、むしろマンガよりも容易に教材となる可能性があります。

文学作品が映画化され、映像を通して享受されています。国語科の授業で文学教材を扱う際に、映画化された映像を紹介することもあるでしょう。もちろん安易な授業への導入は、言語から喚起される豊かなイメージが映像によって限定されてしまうことになりかねないので、注意しなければなりません。そもそも映像のみに依拠するような授業では、学習の効果は期待できないはずです。しかしながら、学習者は言語よりも映像の方を好む傾向にあり、映像を通して文学作品に親しむことは、読書への入り口になることもまた事実です。例えば、「源氏物語」「火垂るの墓」「銀河鉄道の夜」「かぐや姫の物語」などのアニメを鑑賞して、そのことがきっかけとなって原作を読むようになれば、読書の学びが拡がるでしょう。

そこで、野坂昭如原作の「火垂るの墓」を教材とした授業に、高畑勲の同名のアニメを導入した実践を紹介したいと思います。「火垂るの墓」は内容・文体とも、学習者にじっくりと読み味わう機会を与えたい小説です。教材としての起爆力ともいうべき要素があるこの作品は、教室で扱うと学習者から強い反応があるものです。以下に、1993年度の高校1年生を対象とした授業の概要を紹介することにいたします。

教材化したのはタイトルとなった「火垂る」すなわち蛍が出てくる場面でした。主人公の清太と節子が未亡人の家を出て、二人だけで横穴の壕の中で生活する場面からは、作品における「蛍」の象徴的な意味を読み取ることができるはずです。夜の闇の中で小用を足すとき、赤と青の標識燈を点滅させた特攻隊の日本機を見た節子は、「蛍みたいやね」と言います。そこで兄と妹は蚊帳の中に蛍を放つことになるのですが、闇の中の蛍の光は、窮地に追い込まれてゆく兄妹に束の間の安らぎを与えてくれました。蛍の光から連想される観艦式のイメージは、行方の知れぬ父への思いにつながってゆくことになります。そして一夜明けると蛍の半分は死んで落ち、節子は壕の入り口に蛍の墓を作りました。作者の野坂昭如のエッセイ[8]によれば、蛍のエピソードは事実に基づくものとありますが、この場面は作品全体の一つのクライマックス・シーンになっています。

授業では、この場面を小説の原文で紹介した後で、「蛍」がどのようなことの象徴として読めるか、という問題について話し合うことにしました。様々な意見が出されたのですが、特に多かったのは蛍の光を「闇のような苛酷な状況の中でのささやかな救いの光」と見る読み方でした。いくつかの読みの交流を試みてから、この場面の映像化へと話題を展開します。作品を読みながら、学習者は言語から自由に映像化を試みて場面の具体的な様子を脳裏に描くことが多いはずです。授業では、場面の映像化に際して留意するべき点、また工夫するべき点について考えることにしました。学習者は奔放な想像力を働かせて多彩な工夫を試みます。授業は実際にシナリオを書くところまで展開する必要はないでしょう。言語表現を映像の表現に置き換える過程で、作品の読みが深められるはずです。

学習者の中で作品がある程度映像として形成されてから、高畑勲のシナリオ[9]の一部を紹介することにしました。そのとき、何故高畑はアニメという方法を用いたのかを考えさせることになります。作者の野坂昭如は映画のプログラムに寄せて「アニメ恐るべし」と述べ、映画公開後のテレビ番組「徹子の部屋」[10]でもアニメの効用について語っていました。野坂は、戦時中の子どもの姿は実写の映像では表現しえないが、アニメなればこそ可能であったと言いました。その箇所を録画して授業で紹介した上で、さらにアニメ特有の蛍の場面の描写方法についても検討しました。

高畑勲のアニメを鑑賞するのは、授業のまとめの段階になります。学習者が自ら創造した映像と高畑アニメの映像とを比較して、改めて作品を読み、言語と映像の共通点と相違点を考えることで授業を総括しました。単に文学作品を読んで、その後で映画化された映像を鑑賞する授業に留まらず、より発展的な扱いを工夫したいと思います。なお、時間に余裕が生じた場合にも配慮して、宮本輝原作の「螢川」における「蛍」との比較をする授業も計画しました[11]。この授業では、原作の小説の理解を深めるという意味では、アニメは補助的な教材という位置づけともいえるのですが、指導過程においては原作と同等の主要な位置を占めることになることから、主教材として考えてもよいような気がいたします。

続いて紹介するのは、アニメの主教材としての位置づけを明確にした授業で、文学作品と同様の扱いができることを確認した実践です。教材とするのは「岸辺のふたり（Father and Daughter）」というアニメで、2000年の英国とオランダの合作による作品です。監督はマイケル・デュドク・ドゥ・ヴィットで、全体で8分間の映像ですが、独特の味わいを秘めたアニメでもあります。そして発信されるメッセージはいささか難解な要素もあることから、映像を捉える際にはおそらく様々な理解が可能になるはずです。

教室には様々な個性を有する学習者が存在することから、そこには独自の「文化」が生成されています。わたくしはこれを「教室の文化」として把握しているのですが、この「教室の文化」を最大限活用した授業を展開することにしました。すなわち、「個人レベル」の学びを「グループレベル」さらに「クラスレベル」での交流を通して深化させ、再度「個人レベル」へとフィードバックするという学びの流れを意識した指導過程になります。

授業はまず映像で「岸辺のふたり」を鑑賞して、発見したことおよび問題意識を抱いたことを確認の上、このアニメをどのように読んだのか、要点を整理するところから出発します。ここまでは「個人レベル」の活動です。

それをもとにして、今度はグループでの研究協議を展開することになります。5人から6人程度で一つのグループを編成します。編成できたらリーダーを互選して、リーダーを中心に次のような活動を展開することにします。

①「授業レポート」にまとめた個人レベルの「発見」と「問題意識」を交流する。

② それを踏まえて各自の「読み」を交流した上で、このアニメーションをどのように読み解くことができるかという点について自由に話し合う。

③ 意見を交流しながら、ある程度まとまった見解として整理する。

ここまでを「グループレベル」の活動とします。活動に要する時間は約20分です。学習者は様々な意見交換を通して、作品の多様な「読み」の交流が実現することになります。そして個々の「読み」の深化を実感することもできるはずです。

続いて各グループから2分程度で、グループ内の協議概要とともに、作品の読みをめぐって提起された問題を発表します。この活動は「クラスレベル」で実施します。最後に、以上の展開を踏まえて、もう一度同じアニメーションを鑑賞することになります。最初に鑑賞した時点と比較すると、グループレベルおよびクラスレベルの学びを経たことから、作品を深く見ること、そして読むことが実現できたはずです。その深まりを最後にレポートにまとめて提出することにしました。

なお、アニメに関連して絵本版の『岸辺のふたり』(くもん出版、2003年)が出ているのですが、絵本版には言葉が入っており、うちだややこの訳で紹介されています。授業では、この言葉を参照して、それぞれのシーンに言葉を入れるという活動を扱うことができます。

6　SNS関連の教材開発と授業開発―「交流作文」の試み

続いて第五の項目に言及します。本節では子どもたちの「いま、ここ」に新たな学びを立ち上げるための具体例として、2021年現在実践を続けている「交流作文」の可能性を追究するために、子どもたちのコミュニケーション・ツールとして普及した携帯電話（スマートフォン）を取り上げます。

「ケータイ作文の可能性」という問題提起[12]において、府川源一郎はいま学習者の間でもはや例外なく所持され、最も身近なコミュニケーション・ツールとなった携帯電話（スマートフォン）[13]に着目しています。ケータイは特に普及した当初はマンガやゲームと同様に、持ち込みが禁止されている学校もありました。学校の価値観には馴染まないものとして位置づけられることが多かったわけですが、子どもたちのケータイへの異常な関心の強さは、学校での規制を遥かに超えていました。例えば食事中に携えて友人とのLINEやメール交換に熱中する姿に接すると、指導者の世代の多くは違和感を覚えるはずです。にもかかわらず府川は、「ケータイ作文の可能性」と題するこの「問題提起」の中で、次のように述べています。

> そこ（引用者注＝「ケータイ」のこと）で交わされる情報をたわいないおしゃべりにすぎない、と切って捨てることは簡単だ。だがもしかすると、コンパクトな表示画面と、制約されたキー操作という条件のもとで、新しい文章表現様式が生まれている可能性があるかもしれないではないか。それを教育実践の中でさらに追求し、新たな作文の指導として位置づけることはできないだろうか。

学習者の現実に着目し、その中にある素材を「切って捨てる」ことをせず、逆にその素材の「可能性」を取り上げて、新たな授業を構想するという府川の問題提起は、学習者尊重というわたくしの問題意識につながります。

府川は生活綴方における洋紙や謄写版、そして文集や雑誌という媒体の持つ意味に注目しつつ、メディアの特徴に言及したうえで、この「問題提起」を次のように締め括りました。

> （前略）従来の作文とケータイのメールとの連続性と同質性を視野に入れた国語の授業が構想できるはずだ。おそらくその試みは、文章の「現在」を、ほかならぬ教室の中で創り出していく可能性がある。

府川の言う「ケータイ作文」とは、まさしく学習者の現実の中から立ち上げられた国語科の学習活動にほかなりません。わたくしはこの「ケータイ作文」に関連して、「交流作文」と命名した実践を続けているところです。

「交流作文」とは、その名称の通り、学習者相互の「交流」が主要な活動となる「書くこと」の学びです。多くの学習者が日常生活に取り入れている「LINE」に即して考えると、まず相手が存在するということ、そしてその相手からの反応が返ってくるということが重要な前提となります。「交流作文」では、この二つの要素に着目することにします。

まず相手を設定して書く活動を試み、その相手からの反応が返ってくるという交流の実現によって、さらなる書く活動へとつなげる試みが「交流作文」です。より具体的な授業の構想として述べるなら、中学３年生の学習者が同じ中学の１年生の後輩に向けて、「後輩へのアドバイス—中学校生活を充実させるために」というテーマでメッセージを書くという授業を構想することができます。そのメッセージの内容を吟味し推敲した上で、所定の用紙にまとめます。それを中学１年生に届けて、先輩からのアドバイスを読ませるのです。その上で、今度は１年生からの返信という形式で、礼状の意味も含めて感想をまとめさせ、３年生にフィードバックすることにします。

「交流作文」では、具体的な相手が設定され、さらに相手からの反応が期待できるところが特に重要です。可能な範囲で同じ学校の異なる学年での交流、さらに他の学校との交流が実現すると、学習者の関心はさらに高まることになります。

わたくし自身、担当する「国語科教育法」において、「交流作文」の実践を取り入れました。具体的な授業は、受講者に高校生が取り組む作文の課題を検討させるところから始めます。受講する学生は 10 分間に 200 字の短作文を書くことを前提として、適切な作文の課題を工夫することになります。さらにその課題で作文を書くという場面において、効果的に書くための技術的な助言も紹介し、評価の観点を２項目設定することにしました。

大学生が考えた作文の課題、およびその課題に対応するための書き方のヒント、２項目の評価の観点を所定の用紙に整理します。それをあらかじめ協力を依頼した高校に届けて、高校生が大学生の出題した課題に取り組むことになります。高校生には課題に即して作文を書くとともに、課題に対する感想も記入するように依頼します。完成した作文はまとめて当方に届けてもらった上で、出題した大学生に戻すことになります。大学生１名が出題した課題に対して３名から４名の高校生が作文に取り組むことから、大学生は複数の高校生の反応に接することができて、作文の比較をすることが可能になります。続いて評価についての検討を経て、大学生は戻ってきた作文をあらかじめ定めた観点に即して５段階で評価し、コメントを記入して再度高校生のもとにフィードバックする、という活動が「交流作文」の概要です。

この大学生と高校生との「交流作文」では、それぞれの学習者にとって価値ある学びが成立していることが特に重要です。大学生にとっては、自らが考案した課題に対して実際の高校生が直接取り組んで作文を書くことから、まさに生きた教材が提供されることになります。特にどのような課題が効果的かということについて、実際の作文および高校生からのコメントを通して学ぶことができます。そして作文の課題は高校生にとっても、世代が近い大学生が出題し、詳しいコメントが返ってくることに対する期待も大きく、効果的な活動であることが確認できます。

多くの学習者がSNSを活用した多様なコミュニケーションを展開しています。例えばLINEが既読になり相手からの返信が戻ってくること、そして「いいねボタン」が押される反応が返ってくるということは、SNSの愛好者にとってはきわめて重要な出来事であるはずです。本節で紹介した「交流作文」の試みは、そのような仕組みを学びに取り入れたものになります。

7 「境界線上の教材」による授業改革のために

これまでわたくしが常に求めてきたことは、魅力溢れる教材開発と授業開発です。明日の授業を少しだけでも工夫してみよう、今日よりもほんの僅かでもおもしろいものにしよう、という思いがすべての出発点でした。

授業の基盤には「楽しい」という要素が必要です。授業時間の中に、学習者も指導者もともに「楽しい」と実感できる瞬間を確保したいものです。学びを支えるのは「楽しい」という思いで、それは様々な学びを拓くための原動力となります。どのようにして学習者が「楽しい」と思えるような要素を具体的な教材と授業に取り入れるのかを、まずは検討したいところです。

授業の基本的な要素として、いま一つ「力のつく」という要素に配慮しなければなりません。その授業を通して、どのような国語の学力を育成するのかということは、授業構想の段階でしっかりと押さえておくべきでしょう。それがそのまま授業の目標となり、さらに評価にも直結します。魅力ある授業とは、具体的にはこのような「楽しく、力のつく」という原点に立つ授業を意味していると思います。そのような授業を創るために、「不易」だけではなく、「流行」にも配慮した柔軟な対応が必要になります。

授業を構想する際に最も重要なことは、学習者の現実を的確に捉えるということではないでしょうか。彼らのいる「いま、ここ」をしっかりと見つめて、その現実を正しく理解しておきたいものです。わたくしは学習者が関心を寄せるマンガやアニメ、映画、ドラマ、音楽、ゲーム、お笑い、SNSなどに広く目を向けて、国語科の教材として成立する「境界線上」に位置づけるという試みを続けてきました。多くはサブカルチャーと称されるそれらの素材は、学校の価値観からすれば決して直ちに馴染むようなものではありません。しかしながら、学習者の現実と向き合ったとき、どうしても取り上げざるを得ない素材でもありました。「楽しく、力のつく」という文脈の中に位置づける努力を続けてきたことになります。

必要不可欠なのは指導者の不断の努力でしょう。現場の業務量の多さによる多忙を理由に、授業創りにかける情熱を後退させてはなりません。国語科の担当者は特に視野を広くして、学習者が興味・関心のある領域をも視界に収めるようにしたいものです。なおかつ情報を仕入れるアンテナを精一杯高くして、授業構想に直結する様々な情報を収集する必要があります。こうして、常に魅力溢れる授業創りのための基盤をしっかりと築くことが重要です。

境界線上の教材もそれを用いた授業も、常に更新されます。時の流れとともに見直され、改訂されるべきものだと思います。そのためにも、ぜひ様々な実践を交流したいと考えています。その実践を記述し、交流することによって、新たな工夫を次々と生み出すことができればよいと思います。新たな国語教育の可能性を求めて、魅力溢れる授業構想のための試行錯誤は、これからも続くことになるでしょう。

なおサブカルチャー教材を扱う際に特に注意しなければならないのは、著作権の問題です。著作権には十分に配慮した対応が求められることになります。ちなみに本書において著作権の関係から、画像を十分に掲載ができなかったり、グレーで塗りつぶすことになったりした提案もあることをご理解いただければ幸いです。

もう一点注意しなければならないのは、いわゆる「教育的配慮」の問題です。本書に収録された提案で教材となった作品の中には、飲酒や暴力、および性的な描写を含むものも含まれていると思いますが、教室で教材として扱う際に十分な配慮が必要となることはいうまでもありません。

本書が刊行される2021年は、世の中全体が感染症の問題と向き合っております。この「コロナ禍」の時代の中で、学校教育においても特別な対応が求められる場面が生じています。本書の提案の中にも、そのような状況を踏まえたものが含まれるはずです。実践に際しては、社会や学校の現状を適切に把握した柔軟な対応が求められることを意識しなければなりません。

さて、本章のわたくしの提案は、お菓子の広告のキャッチコピーの話題から始めました。それは、「面白い」ことの重要性に気づいたという話題でした。もう一つ重要なキーワードは「楽しむ」です。2019年7月に起きた京都アニメーションの痛ましい事件を受けて、アニメーション監督の新海誠が「天気の子」の舞台挨拶で次のようなこと[14]を述べました。

僕らの業界は、一枚でもいい絵を描きたい、少しでもお客さんに楽しんでもらいたい、という気持ちでひたすら絵を描いて、アニメーションを作るのが仕事です。

この言葉もまた、教材開発と授業開発を目指す指導者の姿勢に直結するような気がしてなりません。

最後にもう一つ紹介したいエピソードあります。『すばる』（集英社、2013年）に収録されたよしもとばななとの対談の中で、宮本輝は柳田國男が田山花袋に語ったという言葉を紹介しました。それは、文学というのは自分の小さな庭で丹精して育てた花を、一輪、一輪、道行く人に差し上げる仕事ではないか、というものでした。これはかつて宮本の講演会に参加した際にも氏から直接聴いた内容でしたが、とても秀逸な比喩でした。その比喩を借りるならば、国語教育で文学を教えるということもまた、一人一人の学習者に作家から託された花を届けることであるような気がしてなりません。その花を受け取って楽しむことができた学習者はきっと、今度は自身の手で花を求めることになるはずです。

【注】

1 カンロ株式会社の「ジュレピュレ」という菓子の広告。

2 『「学び」から逃走する子どもたち』（佐藤学、岩波書店、2000年）

3 「国語科におけるサブカルチャー教材の可能性を探る―高等学校現場へのアンケート調査に即して」町田守弘（『学術研究』早稲田大学教育学部、2005年2月）、「国語科の教材開発に向けて―中等教育現場へのアンケート調査に即して」町田守弘（『解釈』解釈学会、2007年6月）。

4 2018年10月に開催された全国大学国語教育学会大会で、千田洋幸が紹介した調査結果に基づく。

5 ここで紹介する調査では「ポップカルチャー」という用語が用いられている。「サブカルチャー」という用語とは厳密には区別すべきことではあるが、ここではほぼ同じ意味で使用した。

6 「いきいきと話す」（『大村はま国語教室・第2巻・聞くこと・話すことの指導の実際』大村はま、筑摩書房、1983年）。

7 「教室で『童夢』を読む」（『授業を創る―【挑発】する国語教育』町田守弘、三省堂、1995年）。

8 『わが桎梏の碑』（野坂昭如、光文社、1992年）。

9 『'88年鑑代表シナリオ集』（シナリオ作家協会編、映人社、1989年）。

10 テレビ朝日系列で1989年8月17日放送の番組による。

11 「螢川」は須川栄三監督によって映画化されている。

12 日本国語教育学会の『月刊国語教育研究』（2003年7月）の「問題提起」による。

13 以下、この問題提起が発表された当時の表現に即して「ケータイ」と表記したい。

14 「ORICON NEWS」の「アニメ＆ゲーム」（2019年7月19日）による。

第1章

「マンガ・絵本・写真」を使った授業提案

現代社会において、私たちはいつも視覚から多くの情報を得ています。しかし、「『見ること』で得られる情報量が人によって違うこと」について、学校教育で取り上げる場面は多くありません。

例えば、視覚性の高いメディアの一つにマンガが挙げられます。情報取得の観点から「『マンガを読む力』の差」が問題になることはあまりないでしょう。けれども、キャラクターの細かな描写やコマの大きさや配置などから、見落としがちな作者の表現意図を鮮やかに読みとる学習者は一定数存在します。一人一人の「おもしろかった」という感想には、明確な深みの差があるのです。

第１章では「マンガ」や「絵本」、「写真」など、静止しているメディアを「見ること」の可能性について考えていきます。「見ること」を「読むこと」へどのようにつなげていくかという問題に、一緒に向き合っていきましょう。

のび太といっしょに問題解決学習

岸　圭介

教材名　てんとう虫コミックス『ドラえもん』第28巻（藤子・F・不二雄著、小学館刊、1983年）

校　種　おすすめ！　小　中　高　大

こんなカがつきます

論理的に物事をつなげて考える力

1　教材提案

1-1　素材の解説

『ドラえもん』は1970年の学年誌1月号から連載開始以来、多くの子どもたちを魅了してきました。『ドラえもん』の原作マンガでは、ほぼすべての作品に、ドラえもんの「四次元ポケット」から登場する「ひみつ道具」が描かれており、毎回そのひみつ道具を軸にした話が展開されるという特徴があります。

今回とり上げる「新種図鑑で有名になろう」（第6話）でも、ひみつ道具の使い方が結末に関わってきます。いつもは失敗ばかりしてしまうのび太ですが、機転を利かせてひみつ道具「新種図鑑」を使ったおかげで、ピンチから脱出することに成功するのです。

1-2　教材としての魅力

広く知られている通り、中心人物であるのび太は困ったことがあるとすぐにドラえもんに助けを請い、便利なひみつ道具に頼ってばかりいます。

しかし、勉強もスポーツも苦手なのび太ですが、時に読者に見せる斬新な発想力や想像力は、目を見張るものがあります。特に、ひみつ道具を誰も思いつかない意外な形で使うことについては、ドラえもんに「天才」と称されるほどです。のび太が窮地に追い込まれて、そこから脱するために巡らす思考には、いつも「問題解決」の要素が多分に含まれています。

マンガはキャラクターに自分自身を重ね合わせて、読むことができるメディアです。このメディア特性を活かして、学習者は幼少期から慣れ親しんだのび太になりきって「問題解決」に向けて考えを深めることが期待できます。

2 授業提案

2-1 授業のねらい

本時では、『ドラえもん』の特性を活かして「論理的思考力」の育成をめざす教材として活用をします。具体的には、学習者にマンガの結末部を隠して見えない体裁で提示をして、結末を予想させる活動を行います。

マンガは、連続したコマを通して一つの物語がつくられるメディアです。読者はそのつながりの中で、物語のストーリー展開を感じながら読み進めることができます。途中に描かれた何気ない１コマがよく見ると登場人物の変化を表していたり､結末への意外な伏線になっていたりすることがあります。その意味では、文学作品と同様に読解力が試されるメディアといえるでしょう。『ドラえもん』は短い話の中に、一見すると見逃がしやすい表現が散りばめられています。結末を予想するためには、はじめから終わりまでのコマを一つずつ吟味して、的確に文脈をつかむことが必要となるのです。

本教材の結末部では、のび太は面倒な草むしりから逃れるために、ひみつ道具を上手に活用することを思いつきます。授業では「面倒な草むしり」という“問題”を「ひみつ道具の意外な活用」という形で“解決”を図るのび太のアイデアに注目します。このアイデアに関連する結末部の最終コマ（図１）を見えないように隠し「のび太が思いついたことは何か」を考えるのが、活動の中心です。学習者はのび太になりきるというミッションを通じて、問題解決へと向かいます。「のび太のアイデアを当てたい」､「結末を推理したい」という意欲が学習へと向かう必要感を高めることでしょう。

（図１）p. 61

ただし、授業のねらいそのものは「結末を当てる」という“結果”にあるのではなく、「結末をどのような道筋で予想できたか」という“過程”にあります。同じ結末を予想していても、考える道筋は一人一人によって違うはずです。このお互いのずれこそが自分自身の読みを振り返ることになり、読解における新たな視点の獲得につながります。そのため、結末を考える一連のプロセスの違いに焦点を当て、考え方を共有することに価値を置きます。

2-2　授業の展開

○単元の指導計画（＊2時間扱い）

第1時　教材を読むことを通じて学習課題をつかみ、自分の考えをもつ。

第2時　話し合いをすることで、お互いの考えの道筋を共有する。

○単元の目標

(1) マンガのコマに描かれた絵や言葉を読む活動を通じて、根拠をもって結末を予想することができる。

(2) 自分の考えた理由や根拠と友達の意見を比べることで、読解の観点を増やす。

第1時　① 教材「新種図鑑で有名になろう」を読む。

マンガの教材化にあたっては、まず最終コマとその直前の2コマの計3コマを隠した状態で全員に配布をします。次に通読する時間を設けます。必要によっては大型モニタなどに映して共有をするのもいいでしょう。事前にマンガを読んだ経験があるかを確認することも大切です。

② 学習課題をつくる。

のび太はどんなことを思いついたのだろう

「そうだ!!」（図2）と叫ぶのび太に注目し、のび太がこれから何をしようと思っているのか、そのアイデアに目を向けさせます。のび太が叫ぶコマを黒板に掲示することで、問題解決へと向かう気持ちを高めるのもいいですね。学習課題から、学習者の気持ちは「当てたい」という方向へ向かいますが、授業のねらいは、あくまで「考える過程」にあるため、必ず根拠を示すことを約束事にします。

（図2）p. 61

③ ワークシートに書く。

「予想した結末」だけではなく「理由や根拠」を記すためのワークシート（図3）を配付します。「理由や根拠」はできるかぎり多く書き記すことを目標にするといいですね。またマンガのセリフや表現など、必ず書かれている

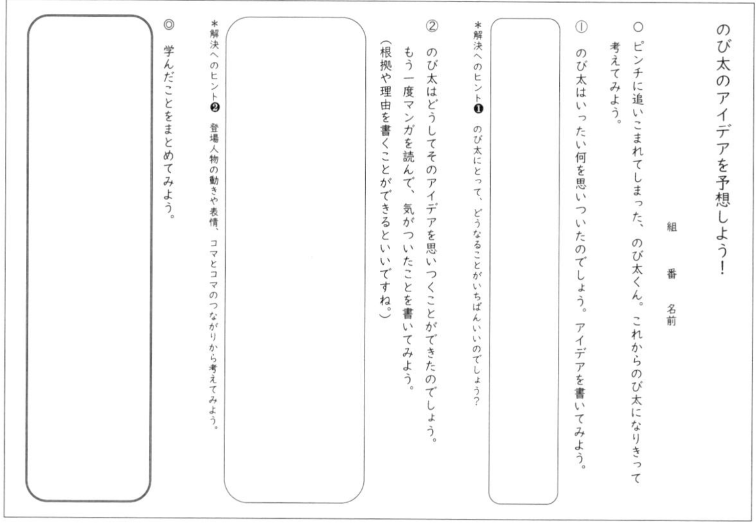
のび太のアイデアを予想しよう！

組　番　名前

○ピンチに追いこまれてしまった、のび太くん。これからのび太になりきって考えてみよう。

①のび太はいったい何を思いついたのでしょう。アイデアを書いてみよう。

＊解決へのヒント❶　のび太にとって、どうなることがいちばんいいのでしょう？

②のび太はどうしてそのアイデアを思いつくことができたのでしょう。もう一度マンガを読んで、気がついたことを書いてみよう。（根拠や理由を書くことができるといいですね。）

＊解決へのヒント❷　登場人物の動きや表情、コマとコマのつながりから考えてみよう。

◎学んだことをまとめてみよう。

図３　使用するワークシート

ことを根拠にする点を約束事とします。

第２時　④考えた根拠について話し合う。

マンガの結末は、実際に描かれたコマを提示して明らかにします。結末がわからなかった学習者には「どうすれば結末がわかったか」について、あらためて考えさせるのもよいでしょう。挙がった根拠については、コマをプリントしたものを事前に用意して、結末とのつながりを黒板等に明示します。

⑤授業で気がついたことを記す。

自分と友達の読みの観点を比べて、気がついたことをワークシートにまとめます。新たに知り得た読みの観点を記すことも大切です。本時で出た読みの観点を整理し、次の学習へとつなげていきましょう。「学んだ『読み方』が別の物語でも使える」と感じられれば、学びに連続性が生まれます。

2-3　授業のポイント

授業では、学習者の思考プロセスに価値づけをすることが重要です。「根拠をもった読み」を評価します。そうした指導によって「考えながら読む意識」が高まります。

「読みの観点」を増やすためには「冒頭部と終末部では、中心人物の気持ちが変化していること」や「展開には、きっかけや伏線があること」など、学習者の意見をもとにして具体的に示すことが大切です。結末部のコマから逆算して考えるとよいでしょう。

たとえば、冒頭の１コマ（図４）。草むしりをママから頼まれてやらされるのは、のび太にとって「望まない姿」ですね。つまり、「解決するべき問題」になります。結末部の最終コマ（図１）はこのコマと見事に対照的に描かれています。つまり、ゴールとするべきところは、草むしりから脱出するための「望む姿」となるはずです。学習者が国語科で行う物語の学習では、こうした中心人物の変化を捉えることが重要となります。物語の学習の応用ですね。

（図４）p. 55

次に挙げるのは、中盤にある１コマ（図５）です。“新種”のゴキブリに振り回されるジャイアンたちが必死に探しています。のび太にとっては、これが「問題解決のカギ」になります。物語の学習に置き換えると、これは「伏線」に当たりますね。のび太はこの姿を一つのゴールイメージとして思い描いたからこそ、ひみつ道具「新種図鑑」を用いることを考えついたのです。気がつかなかった読みの観点が、学習者同士の交流を通じて、物語に対する新たな見方として身についていきます。『ドラえもん』から学んだことを、次の物語の学習にも活かしていくことが理想です。マンガを通じて「読むこ

（図５）p. 59

と」の幅を広げ、読書には発見があることを学ぶことができればいいですね。

3 実践に向けて

学習者が学びに向かうためには、必要感が求められます。小学生という時期を考えると、身近に存在する『ドラえもん』だからこそ「考えてみたい」とする学習意欲は見逃すことができません。

それに加えて、本授業の「ピンチから脱出する」という設定に、学習者はある種のエンターテイメント性を感じることもできるでしょう。昨今では、学習にエンターテイメントの要素を取り入れる「エデュテイメント（edutainment）」という造語が用いられています。学びと遊びのボーダーレス化は進み、多様な「学び方」が生まれています。実際に教科教育の観点から、『ドラえもん』を学習に活かす試みもはじまっています[1]。『ドラえもん』は読み物として楽しむだけではなく、その世界観を生かして、エデュテイメントを提供できる教材の一つにもなりうるのです。

『ドラえもん』には、まだ授業で活用できる作品が数多くあります。どれもが短編であるため、授業での活用もしやすいものばかりです。ぜひ他にも探してみてください。

【注】

1 『学年別ドラえもん名作選』シリーズ
（一年生～六年生）（藤子・F・不二雄著、小学館、2019 年、【監修】岸　圭介）

町田先生からのコメント

国際的に著名なマンガ『ドラえもん』の深い理解に基づく教材開発から、学習者の論理的思考力の育成という国語科の重要な学びを目指す優れた提案です。具体的な授業の構想が「エデュテイメント」の可能性を示唆してくれます。

4コマ漫画の音読で育む語彙力・言語表現力

小西　理恵

教材名 オリジナル4コマ漫画

校　種 小 中（おすすめ!） 高 大

こんな力がつきます
心情や状況を理解して言葉で表現する力

1　教材提案

1-1　素材の解説

4コマ漫画は、短編で読みやすく、45分の授業の中でも扱いやすい素材です。また今回の教材の提案では、自分で4コマ漫画を描きました。学習者の実態や興味関心、身につけさせたいことに応じて、4コマ漫画であれば授業者が作成しやすい教材でもあります。そのため、学習者の日常生活につながる言葉の教材として適していると考えました。

1-2　教材としての魅力

教材としての魅力を考えた時、利点は次の二つであると考えます。

一つめは、様子や行動、気持ちや性格を表す言葉を取り上げるのに適した教材である点です。小学校学習指導要領（2017年告示、以下同）において、「第3学年及び第4学年では、様子や行動、気持ちや性格を表す語句の量を増」すと述べられています。マンガの絵を消してみると、話の展開や場面の様子を知るのに、視覚的情報が多いことがわかります。ナレーションをつけて場面の様子をわかりやすくする活動を通して、3・4年生で増やすべき語彙の学習ができるのではないかと考えました。

二つめは、音読の教材としておもしろい点です。後述するように、音読は、学習指導要領で［知識及び技能］として示されました。全体像や展開を意識して台詞を音読することが求められます。4コマ漫画は、話の展開が簡潔でわかりやすく、言葉の理解に焦点が当てられます。また、台詞の読み方や擬音語、擬態語を実際に声に出して読むという音声言語の特質を生かしながら、言葉の意味理解につながる教材としてふさわしいと考えました。

2　授業提案

2−1　授業のねらい

授業のねらいは、次の通りです。

> 場面や登場人物の様子、心情を表現する言葉、慣用句、言い回しなどを知り、使うことができる。［知識及び技能］(1) ア・オ・ク

（［知識及び技能］小学校学習指導要領国語編　第３学年及び第４学年）

話の流れや場面、登場人物の様子について、言葉で説明することができるようにすることと、全体像や展開を考えながら音読をすることで、言葉に対する理解を深めながら語彙力をつけることを目指します。

2−2　授業の展開

○単元名　せりふとナレーションでわかりやすくマンガを音読してみよう
　〜めざせ！　すてきなせいゆうさん〜（3時間扱い）

第１時

○めあて

・話の流れや場面、登場人物の様子について、言葉で説明できるようにすること。

・全体像や展開を考えながら音読をすることで、言葉に対する理解を深めながら語彙力をつけること。

【番号…学習活動　◎…教師の声かけ　＊…補足】

① マンガの台詞・擬音語だけを音読する。

② 台詞を聞いてわからなかった所を学習者に聞く。

◎台詞の言葉だけで、お話の展開がわかるでしょうか。何がわかるとお話がわかりますか。

③ 場面の様子がわかるように言葉で表現する。

◎絵を見て気づいたことはありますか。場面の様子について、絵を見ていない人にもわかるようにナレーションや台詞の続きを考えましょう。

◎１コマめの太郎は、どんな様子でしょうか。絵を見ていない人にもわかるようにナレーションを考えましょう。

◎太郎は鼻歌を歌っているようですが、言葉に表すとしたら、何と表しますか。また、太郎が心の中で思っていることを想像してみましょう。

◎２コマめのお母さんは、怒っているようです。「怒っている」という言葉を使わなくても、怒っている様子が伝わる言葉や表現を考えてみましょう。

◎太郎とお母さんの台詞の続きを考えてみましょう。

＊ワークシート（資料１）や、〈場面や話の展開をわかりやすく説明するポイント〉（資料２）を使って、考えをまとめるとよいでしょう。

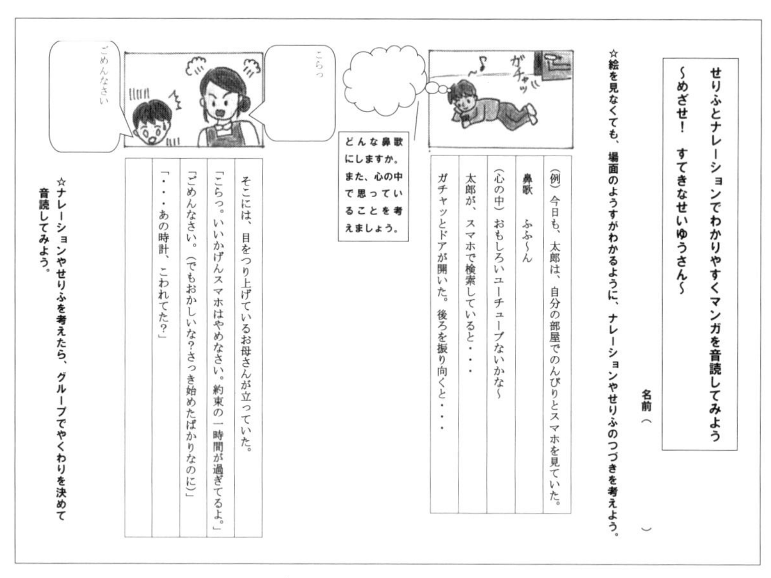

せりふとナレーションでわかりやすくマンガを音読してみよう
～めざせ！　すてきなせいゆうさん～

名前（　　　　　　　　）

☆絵を見なくても、場面のようすがわかるように、ナレーションやせりふのつづきを考えよう。

（例）今日も、太郎は、自分の部屋でのんびりとスマホを見ていた。
鼻歌　ふふ～ん
（心の中）おもしろいユーチューブないかな～
太郎が、スマホで検索していると・・・
ガチャッとドアが開いた。後ろを振り向くと・・・

どんな鼻歌にしますか。また、心の中で思っていることを考えましょう。

そこには、目をつり上げているお母さんが立っていた。
「こらっ。いいかげんスマホはやめなさい。約束の一時間が過ぎてるよ。」
「ごめんなさい。（でもおかしいな？さっき始めたばかりなのに）」
「・・・あの時計、こわれてた？」

☆ナレーションやせりふを考えたら、グループでやくわりを決めて音読してみよう。

資料１　ワークシートの例

〈場面や話の展開をわかりやすく説明するポイント〉

◎具体的に言葉にするとわかりやすいところ

・だれが　・どこで　・どんなことをしているか。　・どんな様子か。

・どんな表情か。（目、口、顔の向きなど。慣用句なども参照する。）

◎慣用句やことわざは、短い言葉で状況や雰囲気がわかりやすく伝わる。

例：目…見上げる、目が点になる、にらまれる、目を三角にする、目に角を立てる

口…口をとがらせる、口をすべらせる　など

◎動きを表す言葉だけでなく、擬音語や擬態語を使うと、場面の状況や登場人物の気持ちがわかりやすい。

例①：まるちゃんは、笑った。

→まるちゃんは、うふふっと笑った。／げらげら笑った。

例②：ガラスが割れた。

→ガラスが、ガッシャーンと割れた。／パリンっと割れた。

◎たとえ（比喩）を使うとわかりやすい。

例：～のような

資料２　場面や話の展開をわかりやすく説明するポイント

④場面の様子がわかる説明（ナレーション）ができたら、役割分担をして、グループで音読する。

＊活動の仕方がわかるように、クラス全体で同じ教材を使って活動します。

⑤出てきた言葉や表現は、「言葉の宝箱」など、学級で集めている言葉学習のまとめに入れて活用する。

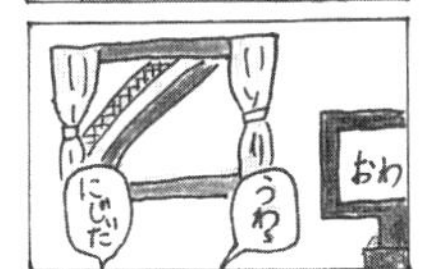

第２・３時

○めあて

・場面の様子や展開が聞いている人にもわかるようにナレーションを考えたり、台詞の音読の仕方を考えたりすること。

①４コマ漫画を配り、３人グループで場面の様子をわかりやすくするナレーションや台詞の音読の仕方について考える。

＊絵を見なくても聞き手が場面の様子や展開がわかるような音読をするには、どんな読み方や言葉（ナレー

ション）を入れたらよいか考えさせます。

② グループごとに音読発表をする。

◎（聞き手の学習者は）場面の様子がわかる言葉を探しながら発表を聞こう。

＊聞き手は、音読を聞いて思い浮かんだ様子や話の展開を言葉で書いたり、絵に描いたりします。実態に応じて、ワークシートか国語のノートを選択し、メモを取らせるとよいでしょう。

③ 聞き手が音読発表の感想を発表する。

＊感想を聞き、場面の様子がわかりやすかった所、わかりづらかった所はどこかをクラス全体で共有します。

④ 出てきた言葉や慣用句などは、学級で集めている言葉学習のまとめに入れて活用する。

2-3　授業のポイント

小学校学習指導要領には、第３学年及び第４学年の語彙の内容について、以下のように書かれています。

> ・様子や行動、気持ちや性格を表す語句の量を増し、話や文章の中で使うとともに、言葉には性質や役割による語句のまとまりがあることを理解し、語彙を豊かにすること。

ここからもわかる通り、言葉の正確な理解には、前後の文脈や話の流れ、状況が大切です。

第１時で扱うマンガは２コマだけなので、単に語彙のみを学習するというよりも「絵を見ていない人にわかりやすく伝える」ということを練習する教材です。そのため、男の子が寝転んでのんびりスマホを見ている様子やお母さんの怒った顔は、台詞だけではわからず、説明のナレーションが必要です。怒った様子に関する身体を使った慣用句などの学習もでき、語彙力・言語表現力が必要になります。

第２・３時の活動では、雷の音や登場人物が怖がっている様子のオノマトペや、話の展開に関するナレーションのつけ方に語彙力・言語表現力が必要になります。語彙の例として、怖がる様子の「ガタガタふるえる」という言葉も、「ガタガタ」という言葉の意味理解において、物の振動音なのか、怖さなのか、寒さなのかは、話の前後の文脈の中で考える必要があります。

また、今回取り入れた言語活動の音読は、連続した時間の中で、語彙を「増やす」「身につける」「活用する」ことができます。実際に言葉の感じ（特に擬態語、擬音語）の様子がわかるように音読したり、聞いてみたりすることで、言葉の理解を深めたり、実際の活用に向けてのヒントが得られたりするでしょう。音読発表の「マンガの絵を見ていない人にも伝わるように」という相手意識も、学習意欲につながります。

3　実践に向けて

子どもたちが言葉を学ぶ時に、言葉が使われている場面を想像し、実際に表現し、伝え合う中で、言葉が表すものを実感しながら学んでほしいと思ったのがこの実践の出発点です。語彙や言語表現の学習は、単に言葉や表現方法をたくさん知ることだけでなく、伝える側と伝えられる側が、お互いに言葉を通して、言葉の中にある情景や気持ちを共有する経験が大切だと思います。

学ばせたい言葉や音読させたいものについて、教材としてより適切なマンガを作成したり、既存の漫画作品から探したりするなど、よりよい教材の探求が今後の課題です。

町田先生からのコメント

身近な場面の表現が可能な４コマ漫画を、指導者自身が描いて教材化を試みるというユニークな提案です。セリフとナレーションを考えるという活動は言葉の学びとしてふさわしく、「めざせ……せいゆうさん」は素敵な単元になりました。

マンガの名ゼリフ、キャラクターになりきって表現しよう

内田　剛

教材名　マンガ『マンガ「名ゼリフ」大全』（宝島社、2008年）

校　種　おすすめ！（中〜高）
小　中　高　大

こんな力がつきます
イメージを声に出して表現する力

1　教材提案

1-1　素材の解説

マンガや小説の中には、一つの感情に括ることができない複雑な感情が表現されている「セリフ」があります。しかし、そのような複雑な感情を理解することと、セリフから受け取ったイメージをうまく声に出して他者に伝えることの間には大きな隔たりがあります。このような複雑な感情を含むセリフを、聴く人が納得するように表現することは容易ではありませんが、だからこそ自分が好きなセリフを実際に声に出して表現するという活動を通して、表現することが難しい複雑な感情を身体レベルで感受することができるかもしれません。

この『マンガ「名ゼリフ」大全』には、約350個のマンガの「名ゼリフ」が紹介されており、一つ一つのセリフが大きな字で見やすく提示されていることや、どのような文脈でそのセリフが発せられたかが説明されていることなどから、この取り組みを実践する際に参考となる資料です。

1-2　教材としての魅力

自分が好きなマンガやキャラクターの魅力を他の人にも伝えたいという欲求は、小学生から高校生までの多くの学習者に共通するものです。その魅力の象徴ともいえる「名ゼリフ」をうまく表現してみたい、そして他の学習者にも自分の好きなマンガやキャラクターのよさを知ってもらいたいという思いが、学習者の主体的な学習意欲を喚起します。そして、「自分がよいと思うものを、他者にも分けてあげたい」という学習者の「贈与」の意識が、クラスを円滑なコミュニケーションが行われる「場」に整えていきます。

2 授業提案

2-1 授業のねらい

マンガや小説に表現されるセリフの中には、人間の人生観を揺さぶるようなインパクトを持つものが数多くあります。セリフの中に包含された様々な感情を捉え、そのような感情が聴いている人にも伝わるように表現できること、さらに、そのセリフが発せられた文脈や、キャラクターの人物像、作品の概要などをわかりやすく要約・解説することが、表現する側の学習者のねらいとなります。一方、聴く側の学習者は、自分がセリフや情報から受け取った感情と、実際に発せられた表現とを比較することによって、自己の認識を深めることがねらいとなります。聴く側の学習者は、もし同じセリフを自分が表現するとしたら同様のものになるか、それとも異なるものになるかを検討することによって、自己の理解を深めたり、同じセリフでも自分とは異なる捉え方があることを認識したりすることができます。また、クラス全体で「表現する」—「聴く」という活動を行うことによって、集団として「表現」に対する意欲・関心が高まることも、この学習活動の重要なねらいです。この学習活動を行うことによって、「音読」や「演劇」、「狂言」などの「表現」に関わる単元が活性化し、文化祭などで行われるクラス劇などにもよい効果が表れるようになります。

2-2 授業の展開

最初に紹介する方法は、授業者がいくつかの名ゼリフをマンガのコマと一緒にプリントにして配布し、その中のセリフの一つを学習者が選択して表現するという方法です。例えば、高校1年生の学習者を対象に授業を行った時は、男女それぞれ七つのセリフをプリントに提示しました。以下に、元になった各作品からその一部を引用します。

- あきらめたらそこで試合終了だよ　　安西先生

（『SLAM DUNK 完全版 7』井上雄彦、集英社、2001 年、p. 21）

• 愛する女の幸せを願ってこそ男！　　バット
（『北斗の拳』文庫 15 巻、武論尊作/原哲夫画、集英社、2006 年、p. 208）

• 大丈夫――
足りなければ増やせばいい　くもっていれば磨けばいい
そのために私は　ここに来たんだから　　麻見史緒
（『プライド』6 巻、一条ゆかり、集英社、2012 年、p. 20）

『マンガ「名ゼリフ」大全』には、セリフが発せられたコマとともに、これらのセリフがどのようなキャラクターによって、どのような場面で語られたかの解説が記されています。二つ目に挙げた『北斗の拳』の「愛する女の幸せを願ってこそ男！」のセリフには、「ケンシロウとの幸せを祈り、リンへの想いを断ち切ろうとするバットはふたりの前から姿を消すことに……。悪ガキだった少年が、成長した姿を見せてくれたセリフである」[1] と解説されています。このような解説がセリフに添えられていることによって、そのマンガを読んだことのない学習者もセリフが発せられた文脈や状況、セリフを発したキャラクターを把握することができます。

学習者は、このような複数のセリフが載せられているプリントから自分が表現したいセリフを選んで練習をし、その後、セリフを他の学習者に向かって表現します。そして、その表現を聴いた他の学習者が評価するという形式で学習を展開します。

二つ目の方法は、学習者が自分の好きなマンガの中から名ゼリフを選び、そのマンガの概要、キャラクターの性格、セリフが発せられたシチュエーションなどを解説した上で、自分が選んだセリフを表現するという方法です。

こちらの方法は、「探究」学習として実施することも可能です。その場合、「資料」・「発表」・「興味性/オリジナリティ」という三つの観点を設定し、ルーブリックに基づいて学習者と授業者がそれぞれ評価します。この方法では、セリフの表現の良し悪しだけでなく、そのセリフを選んだ理由やセリフが発せられた「状況」の解説のわかりやすさ、選んだセリフの意外性なども評価の対象となります。映像を黒板やホワイトボードに映すことが可能であ

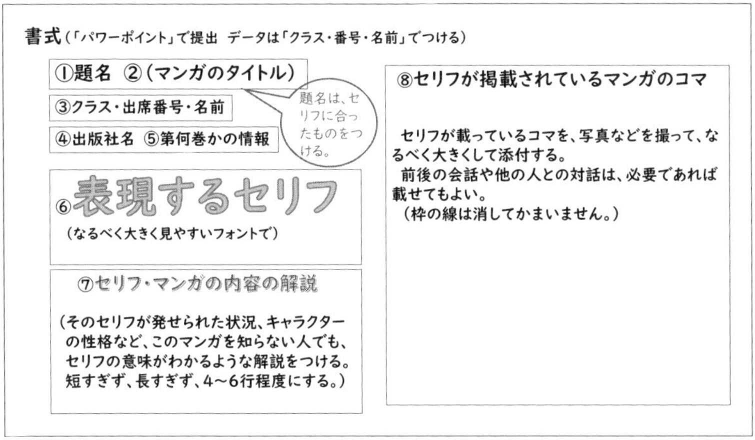

書式（「パワーポイント」で提出　データは「クラス・番号・名前」でつける）

①題名　②（マンガのタイトル）

③クラス・出席番号・名前

④出版社名　⑤第何巻かの情報

題名は、セリフに合ったものをつける。

⑥**表現するセリフ**

（なるべく大きく見やすいフォントで）

⑦セリフ・マンガの内容の解説

（そのセリフが発せられた状況、キャラクターの性格など、このマンガを知らない人でも、セリフの意味がわかるような解説をつける。短すぎず、長すぎず、4〜6行程度にする。）

⑧セリフが掲載されているマンガのコマ

セリフが載っているコマを、写真などを撮って、なるべく大きくして添付する。
前後の会話や他の人との対話は、必要であれば載せてもよい。
（枠の線は消してかまいません。）

図１　資料の例

「名ゼリフを声に出す」取り組み　評価の観点・基準シート

	A「良い」（3点）	B「及第点」（2点）	C「課題あり」（1点）
資料	見やすいように工夫されている 解説がわかりやすい 不要な情報が記入されていない 題名にオリジナリティがある	基本情報が正確に記入されている	基本情報が不正確である 書かれていないところがある
発表	堂々とした態度で話せている 効果的な身ぶり・手ぶり・ジェスチャーが入っている 解説が短すぎず長すぎず、わかりやすい ホワイト・ボードを見ずに話せている	セリフをおぼえている セリフに合った声を出せている しっかりとした態度を取ろうとしている	正面を見ることができず、横や後ろばかり見ている 態度がずっと落ち着かない セリフが棒読みになっている セリフをおぼえていない 後ろのカベにもたれている 声が小さい・聞こえない
興味性 オリジナリティ	セリフが独創的でおもしろい その人らしい個性が表れている セリフにオリジナリティがある セリフに込められた思いが伝わってくる	セリフの思いを伝えようとしている プレッシャーと戦っていることがわかる 前向きに取り組もうとしている	プレッシャーと戦っていない いい加減に取り組んでいる やる気が感じられない

6年【　　】組【　　】番名前【　　　　　　　　】

図２　ルーブリックの例

れば、資料（図１）を提示しながら行うと、取り組みがより充実したものになります。また、ルーブリックの評価基準は、授業者が提案したものを学習者が修正したりつけ加えたりしたりして完成させます。図２のルーブリックは、2020年度に小学校６年生の学習者とともに作成したものです。

2-3　授業のポイント

この学習活動の重要なポイントは、まず何よりも自己を表現することを楽しむことです。キャラクターになりきってマンガのセリフを表現するという取り組みは、学習者に適度な緊張感と終わった後の充実感をもたらします。

さらにこの学習活動は、他者の表現に接することで自己とは異なる〈他者〉に出会うことを可能にします。例えば、「あきらめたらそこで試合終了だよ」という『SLAM DUNK』安西先生のセリフは、相手に言い聞かせるように語尾を上げて表現する学習者と、自分に言い聞かせるように語尾を下げて表現を選ぶ学習者とに分かれます。しかし、どちらの表現が正解というわけではなく、日本語として流暢に発話できており、キャラクターの感情が聴いている学習者にしっかりと伝わればどちらも正しい表現として認められます。このように、同じセリフでも多様な理解が存在することに気づき、自分の理解とは異なる他者の表現に触れ、さらにその異なる表現が自分を納得させる力を持っていることを知ったときに、学習者は自己とは異なる対等な〈他者〉とも出会えるのだと思います。

3　実践に向けて

評価は、いくつかの方法が考えられます。授業者が『マンガ「名ゼリフ」大全』からプリントを作成する場合は、学習者が表現したセリフを聴いたクラスメートが、その表現に納得したかどうかによって評価します。例えば高校生であれば○と×が書かれた紙を持たせ、終わった時にその評価を掲げさせると盛り上がります。○が半数以上であれば合格とし、全員が○であればさらにプラスポイントとするという段階を設定することも可能です。

「探究」学習としてルーブリックによる評価を行う場合は、調べ学習を行う前に、「資料」·「発表」·「興味性/オリジナリティ」の観点それぞれについて授業者のねらいを説明してから行います。その際、クラス全体で「どのような表現がよい表現なのか」を話し合い、評価の観点に入れると、セリフを表現することに意識的になります。

このような取り組みは一度きりの実践で終わることなく、発達段階や熟練度に合わせて、より長いセリフや抽象度の高いセリフなどを表現する学習活動に展開していきたいものです。そして、感情を表現する練習を積み重ねることで、国語科の授業は、学習者が主体的に参加する「楽しく、力のつく」ものになっていくと思います。

最後に、この実践を行った後、卒業式の日に小学校６年生の学習者からもらった手紙を紹介します。この手紙の中に、この取り組みが持つ最も大切な効果が表されていると思います。

私が１番国語の授業で印象に残っているのは、漫画の名言を言う授業です。

私は、ご存じの通り、『ハイキュー!!』が好きなので、その中で一番面白いシーンにしました。全員×だったらどうしよう（評価のこと……内田注）ってずっと思ってて、その日はすごく学校に行きたくなかったです。けど、全力でやったら、飛雄（登場人物の名前……内田注）愛がみんなに伝わるかな？と本番直前に思い、勇気を出して言ったおかげで、まさかの全○がもらえました!!

本当に１年間ありがとうございました。

【注】

1 『マンガ「名ゼリフ」大全』（宝島社、2008 年）p. 90

町田先生からのコメント

マンガの主人公が語る「名ゼリフ」は学習者の心に響くものです。その言葉に注目して表現するという活動は、マンガの理解を経た上で話し言葉の表現へと展開し、「話すこと・聞くこと」の学びの新たな可能性が示唆されています。

マンガを比較して「語り」を読み解こう

加瀬　幸志朗

教材名 マンガ『コミック　文体練習』（マット・マドン著・大久保譲訳、国書刊行会、2006年）

校　種 小　中　高　大（おすすめ！：中〜高）

こんな力がつきます
表現技法の効果や意図を考える力

1　教材提案

1－1　素材の解説

『コミック　文体練習』は、日常のエピソードを99通りの文体で描いたというレーモン・クノー『文体練習』にインスパイアされたマンガ作品です。序文にはこう書かれています。「本書のなかのコミックはすべて、同じストーリーを提示している――つまり、正確に同じ出来事が語られているわけだ。ただし、それを物語るにあたって、ひとつひとつ異なったアプローチを取っている」[1]。

何かを思いついて仕事の手を止めて立ち上がった男が、同居人と思われる人に声をかけられたせいで、当初の目的を忘れてしまう……という単純なストーリーを、視点や画法を変えたり、様々な作品のパロディにしたり、200通り以上の表現技法で描いたユニークな作品です。

1－2　教材としての魅力

ストーリーの構成要素を最低限の形式で表した「ひな型」（右）という作品を冒頭に、表現技法を変えて展開されます。表現技法を変えることで同じストーリーであっても、見え方が大きく変わることをこの作品は教えてくれます。話を比較することで表現の違い、特に文学作品における「語り」を考えることが期待できます。

p. 17「ひな型」

2 授業提案

2-1 授業のねらい

文学作品を読む授業では、「何が書かれているか」という内容・主題に主眼が置かれることが多いですが、それだけではなく、「どのように書かれているか」という形式・方法も非常に大切です。文学作品は、語り手が物語ることによって、初めてかたちを持ちます。本教材は、文学作品の語りをどのように分析するかということを視覚的に伝え、考えることができるものといえるでしょう。授業のねらいは以下の２点です。

① 語りの人称を変更することで、どのような違いが生まれるかを読み取る。
② 同じセリフであっても文脈が異なる場合、どのような印象になるかを読み取る。

「語り」は三人称の視点と一人称の視点に大きく分けられますが、今回は三人称の視点である「ひな型」から一人称の視点である「主観」（左下）という作品を比較し、描かれ方の違いを検討します。一人称の視点の語りでは、意識的、無意識的に関わらず、語られる内容が語り手によって「編集」されているといわれています[2]。三人称から一人称に視点が変更されると、読者が見えるものもまた変更されることを学習者に実感させる活動を行います。

続けて、「絵を変えてみる」（右下）という作品を用いて、文脈により、セリフのとらえ方が大きく異なることを学習します。「絵を変えてみる」は、「ひな型」と同じセリフで展開されますが、登場人物が老いた男と子どもに変わります。「絵を変えてみる」の最後のコマで「ひな型」と同じように「いったい何を探していたんだっけ?!」というセリフが描かれますが、文脈を変えることにより、セリフの意味合いが大きく変わることを学習します。

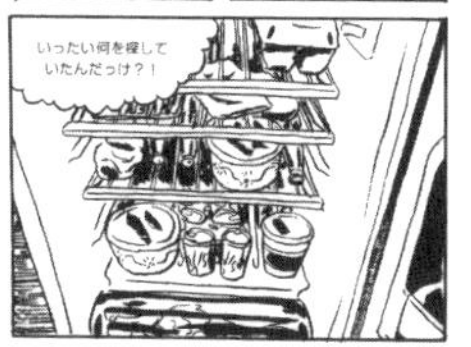

p. 21「主観」

p. 207「絵を変えてみる」

2-2　授業の展開

○単元計画（＊３時間扱い）

第１・２時

①「ひな型」と「主観」を読み比べ、「主観」をノベライズ（小説化）する。

② 他の学習者と「主観」の物語を共有し、違いを考える。

第３時

①「ひな型」と「絵を変えてみる」を読み比べ、「絵を変えてみる」の老いた男の状況を考え、最後のコマの「いったい何を探していたんだっけ?!」を声に出して朗読する。

第１・２時

第１・２時目は、「ひな型」と「主観」をそれぞれ比べ、「主観」をノベライズ（小説化）します。そして、学習者が作った「物語」を他の学習者と共有し、読み比べます。そこでも、「主観」のどこに注目するか、学習者によって、視点が異なることを学習させたいと考えます。

「主観」に見えるものは、男という一人称の視点で描かれる世界であり、それは三人称の視点である「ひな型」と違いが生じるはずです。「ひな型」に描かれているものが、「主観」では描かれていないことがあり、またその逆も起こります。人称の視点による違いを学習者に読み取ってもらいたいところです。以下、具体的な活動を提案していきます。

① 学習者に「ひな型」と「主観」を配布し、それぞれどのような特徴がある話かを考える。

それぞれの話を配布し、比較していきます。『コミック　文体練習』という書籍のことは伏せ、両者の話が同じ内容であるが、三人称の視点と一人称の視点で描かれ方が違うことを確認します。

②「ひな形」と「主観」で、描かれているもの・描かれていないものを探し出す。

描かれたストーリーが同じであっても、描かれる内容にも違いが生じます。このあとにノベライズするという活動を行いますので、コマの細部に注目させ、違いを考えさせたり、情報を整理させたりします。

③ 男の人称を設定して「主観」を一人称の語りでノベライズする。

小説家の島田雅彦は「人称の設定により、小説は動き出す」といっています[3]。男の人称を「俺」にするか「僕」にするか「私」にするかは、それぞれの学習者の好みであり、学習者間でも違いが生じるでしょう。②で行った活動を前提に、「主観」から何を選び取って、何を捨象するか、学習者それぞれに違いが出てくると思われます。

④ 学習者同士で作った物語を共有し、他の学習者は何に注目したか考える。

先の引用にも触れたように、一人称の語り手というのは「編集」を行います。学習者によって綴られた「物語」は様々な違いが生じます。それぞれの学習者が何を選び取ったかを分析させます。この一連の活動を通して、人称の視点の違いから語り方が変わり、また、一人称の視点の語りはそれぞれの語り手（学習者）によって、違いが生じることを学習します。この活動でもそれぞれの学習者という「語り」によって、創られる「物語」は異なるということを実感できます。

第３時

前時までで､「語り」による「物語」の違いについて見てきたので､本時は､文脈によって、「物語」はまた異なる様相を表すということを学習します。

①「ひな型」と「絵を変えてみる」を読み比べ、「絵を変えてみる」の老いた男の状況を考える。

「絵を変えてみる」では、老いた男と子どもに登場人物が変更されています。そこでは同じセリフであっても、与える印象は大きく異なります。男はどこへ向かうのか、場所はどこか、男はなぜ泣いているのかなど、様々な疑問を生じさせます。まず、この状況を学習者にコマを根拠に想像させ、場面を確定していきます。

p. 207「泣いている男」

② それぞれの最後のコマの「いったい何を探していたんだっけ?!」を声に出して朗読する。

前の活動で場面を設定した後、それぞれのコマの最後の男のセリフを学習者にどのような声で読むかを考えさせ、学習者同士で朗読させます。男の感情を表現することで、同じセリフであっても、文脈が異なると受け取る印象もまた異なることを、声を通して読み取っていきます。

2-3　授業のポイント

この授業提案は、「書くこと」や「話すこと」と「読むこと」を関連させることで成り立ちます。学習者一人一人の作品への考えを他の学習者と共有することで、お互いの作品への考えを深めていきたいです。学習者の考えを形成するためにも、作品を読み取り、読み取ったことを書いたり、話したりすることで、またさらに作品を読み深めていけるようにしていきます。

それぞれのマンガを読む時に、細かい段階を踏んで、学習者の読みを作り上げていきたいところです。例えば、「主観」では、男は指輪をはめていたり、腕の毛が生えたりしているなどの違いがあります。また、冷蔵庫の中身が見え、細々とした中身があることも「ひな型」と比べてわかるでしょう。このように、具体的な読みを作り上げていき、物語を書く際にどれを捨象するかは学習者一人一人の好みであり、それもまた一つの「語り」といえるのではないでしょうか。学習者同士がどこに注目したのかを共有することで、また新しい発見をすることもできるでしょう。

3　実践に向けて

『コミック　文体練習』以外にもクノー『文体練習』から発想を得た書籍として、推理小説の「読者への挑戦状」を様々な文体で書いた『挑戦者たち』(法月綸太郎、新潮社、2016年)や、「カップ焼きそばの作り方」を多彩な文体で綴った『もし文豪たちがカップ焼きそばの作り方を書いたら』(神田桂一・菊池良、宝島社、2017年)などが存在します。こういった作品を紹介して、学習者自身が「文体練習」を行うこともできます。

文学作品の授業を考える時、指導する側の解釈を教えるだけではなく、学習者一人一人が自立した読み手となるべく、様々な読みの観点を与えたいものです。文学作品だけにとどまることではありませんが、「読むこと」の力は、何もしなくても伸びるものではありません。

授業のねらいを再度書くと、①語りの人称を変更することで、どのような違いが生まれるかを読み取る、②同じセリフであっても文脈が異なる場合、どのような印象になるかを読み取るというものでした。内容面だけではなく、形式面に注目することで、本授業以降の文学作品の学習において、作品を分析する観点を一つ手に入れることができるのではないでしょうか。他の教材や学習者自身が文学作品を読むときに「語り」に注目することで、また新しい読みが生まれてくるでしょう。

【注】

1 『コミック　文体練習』（マット・マドン著・大久保譲訳、国書刊行会、2006年）p. 15

2 「5 一人称の語りの小説における問いとその諸相」田部井聡（『中学校・高等学校国語科　その問いは、文学の授業をデザインする』松本修・桃原千英子編、明治図書出版、2020年）p. 142

3 『小説作法ABC』（島田雅彦、新潮社、2009年）p. 87

町田先生からのコメント

文学作品がどのように書かれているかを追究するために、「語り」に注意して読むことの重要性が指摘される傾向にあります。この提案は特に「人称」に着目するという活動に基づいて、新たな読みの授業が模索された優れた内容です。

4コマ漫画の展開を考えよう

神田　恵美子

教材名 マンガ『火星人と土星人』（やまだたろう、マンガハック、2019年）

校　種 小・中・高・大（おすすめ！：中〜大）

こんな力がつきます

ストーリーの展開を考える力

1　教材提案

1-1　素材の解説

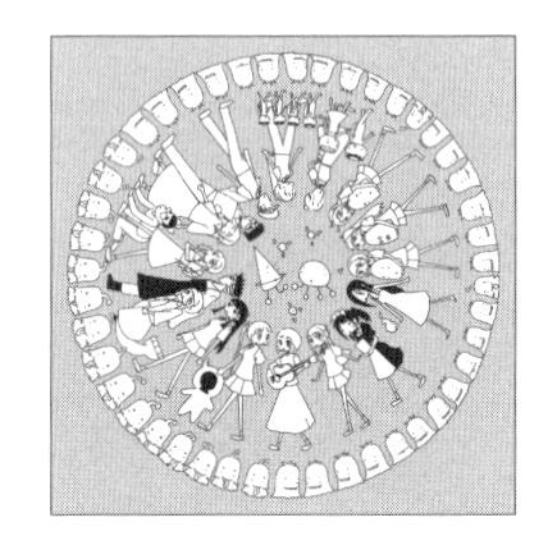

現在はスマートフォンで読めるマンガが広まりつつあります。インプレス総合研究所が調査し発表した『電子書籍ビジネス調査報告書2020』[1]によると、2019年度の電子書籍市場規模は3,473億円で2018年度から22.9%増加したと推計されています。また、無料の電子書籍のみの利用率が最も高いのが10代女性の38.9%で、10代男性30.8%と続きます。待ち時間などに気軽に読める4コマ漫画の一つとしてマンガハックの『火星人と土星人』が挙げられます。電子媒体のマンガを通して、登場人物の気持ちを読み解いたり、ストーリーを考えることを楽しんだりすることを国語の授業で活かしていけるのではないかと考え、この授業を設定しました。

1-2　教材としての魅力

この作品は登場人物の設定がやや抽象的な表現でなされているため、学習者が自由に想像を膨らませながら読み進めることができます。火星人や土星人をはじめとする様々な宇宙人たちが宇宙人同士、また、人間とも交流を持ちつつ地球で日常生活を送っています。現実離れしている題材だけに、より想像力を膨らませることができます。大村はまは「そこに何か、自分の発見したもの、自分をとらえたものがあることが大切だ」とし「いきいきと話す」という単元で4コマ漫画「クリちゃん」を使って授業を行いました[2]。他にもマンガを使った授業実践の例は多く見られます。このようにマンガは、学習者を授業に惹きつけ、学習を活性化させると考えられます。

2 授業提案

2-1 授業のねらい

この学習では、まずマンガ『火星人と土星人』を読んでそれぞれの宇宙人の性格や行動をまとめます。火星人・土星人・水星人・金星人が登場する回を選んで、班ごとに登場人物の性格について話し合います。性格についてきっちりと限定した表現で示されていないため、想像力も織り交ぜながら読み進めることができます。学習者は「この場面からこのような性格ではないかと考えられる」と根拠を述べながら意見を交わし合う活動に取り組んでいきます。

○予想される解答例

火星人…明るく友好的で、誰とでも仲良くなれる。誰からも好かれる。

土星人…プライドを持っているが人に自分の考えを押しつけない。

水星人…明るく活発で、自由奔放。突拍子もない行動に出ることも多い。

金星人…意志が弱く、いつも人の意見に左右される。存在感が薄い。

『火星人と土星人』を読んで話し合ったことを参考にして、今度は自分の考えた宇宙人のイメージ画をそれぞれ描き、性格や言動の傾向を各自設定します。自分で設定した登場人物の性格に基づいてその言動を考え、できるだけ矛盾のないように4コマ（できれば起承転結）のストーリーを組み立てて

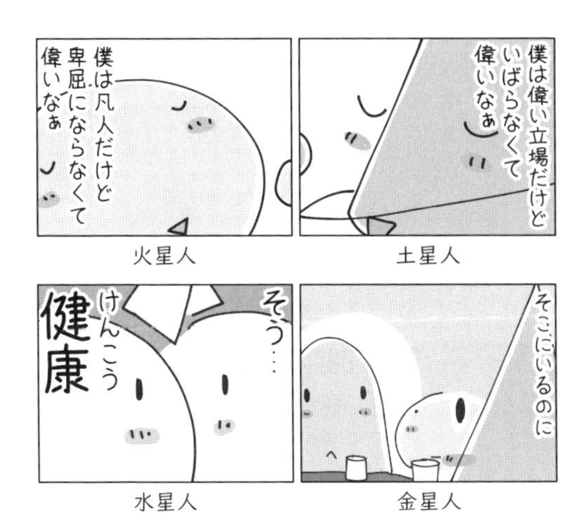

『火星人と土星人』キャラクター紹介ページより

いき、話の展開を考える力を養うことをめざします。

2-2　授業の展開

○単元計画（3時間扱い）

第1時　マンガ教材を通してそれぞれの宇宙人の性格や行動をまとめる。班ごとに違う回の『火星人と土星人』を配り、それぞれの登場人物について話し合う。時間が経ったら違う回のマンガを読んで性格や行動を班でまとめ、発表する。貸し出し用タブレット等に必要なマンガをダウンロードして、1班に1台ずつ渡してもよい。

第2時　自分で宇宙人の性格を設定し、その宇宙人を主人公としたストーリーを考えて、4コマ漫画を作成する。

第3時　完成した4コマ漫画を班ごとに発表し合い、代表者を決める。その後、班の代表者による発表を行い自己評価・相互評価を行う。

○単元の目標

自分の考えた登場人物を中心としたマンガのストーリーを考え、構成力や想像力、創作力を高める。

第1時　①班ごとにマンガハックの『火星人と土星人』の4コマ漫画を読む。

六つの班にそれぞれ違った回の『火星人と土星人』を配ります。次に登場人物の性格や特徴的な言動を班ごとにまとめます。7分経ったら次の4コマ漫画を受け取り、新しい登場人物について性格や言動をまとめます。

②別の回の4コマ漫画も読んで登場人物の性格を整理する。

先のマンガで検討した性格や言動と比較し、登場人物の特徴を整理します。

③それぞれの班でまとめた登場人物について発表し合う。

ストーリーの流れの中で性格が変化している回があるかどうかなどについても発表します。

第2時　④オリジナルの宇宙人を考え、イメージ画を描く。

宇宙人がどのような性格でどういった言動をするのかを考えます。（図1）

⑤自分の考えた宇宙人を主人公とした4コマ漫画を描く。

登場する人物の性格が表れるような行動や会話を盛り込み、4コマ漫画を完成させます。どうしてもオリジナルのストーリーが思いつかない場合は、既にある文学作品のマンガ化でもよいことにします。

第3時　⑥班ごとに発表した後、班の代表者を決め、クラス全体で作品発表する。

「このような性格であるからこのような行動をする」などと説明しながら発表するようにします。作品を印刷したり、書画カメラやスクリーンに映し出したりして発表します。

⑦自己評価・相互評価を行う。

評価表に自己評価・相互評価を記入します。評価をその後の学習に活かせるように意識させます。

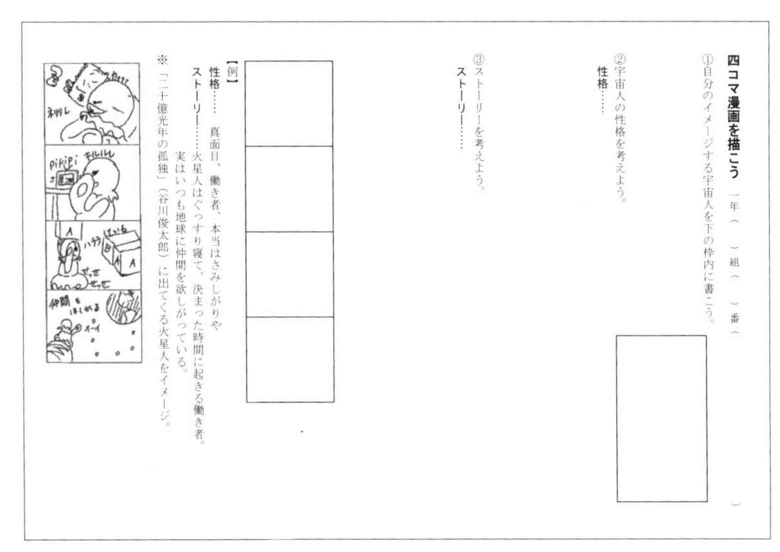

四コマ漫画を描こう　一年（　）組（　）番（　）

①自分のイメージする宇宙人を下の枠内に書こう。

②宇宙人の性格を考えよう。

性格……

③ストーリーを考えよう。

ストーリー……

【例】

性格……　真面目、働き者、本当はさみしがりや

ストーリー……火星人はぐっすり寝て、決まった時間に起きる働き者。実はいつも地球に仲間を欲しがっている。

※「二十億光年の孤独」（谷川俊太郎）に出てくる火星人をイメージ。

図1　ワークシートの例

2-3　授業のポイント

この授業は、自分の設定した登場人物の性格を踏まえてストーリーを展開していくというものです。ストーリーが思いつかない場合は、高等学校一年教科書『新編国語総合』（教育出版）に掲載されている「二十億光年の孤独」（谷川俊太郎）の詩を思い浮かべてもよいことにします。また、宇宙人のイメージができない場合は『火星人と土星人』に登場した宇宙人を主人公にしてオリジナル作品を作ってもよいとします。想像力を膨らませて創作する楽しみを味わい、流れに矛盾が生じないようにストーリーを考えていきます。これは楽しくもあり産みの苦しみを味わうところでもあります。登場人物の性格をしっかりと設定し、行動や言動を根拠に基づいて考えさせることが重要です。できるだけ起承転結を意識してストーリーを考えさせたいところです。または、まずクラス全体で話の流れを考えて、それをもとに班に分かれてマンガ化するのでもよいと思います。期末テスト後や単元の間などに3時間で実施してもよいでしょう。

3　実践に向けて

マンガ化された古典作品を学ぶ際に、そのマンガを使って内容を把握する授業は高等学校でもよく行われています。しかし、一からストーリーを考えて4コマ漫画を作るというのは、発想力・想像力が必要となり、時間がかかって読解力の向上にすぐには結びつかないと考えられてか、あまり実践されていません。「詩や小説を読んで一場面を絵にしてみよう」と投げかけると「何を描いていいのかわからない」「内容が難しい」「感じたことを絵にするのが苦手」という言葉が多く聞かれます。今回はマンガハックの『火星人と土星人』を取り挙げ、例として高等学校一年一学期に授業で扱うことの多い「二十億光年の孤独」をマンガ化した作品を示しました（図1）。登場人物の会話や行動を考えさせるという取り組みは、小説読解の際にも、登場人物の性格や行動、心情の変化に注意しながら読み進める姿勢を身につけることに繋がっていくと考えます。

さらに、小説や古文・漢文を4コマ漫画にして表し、内容を把握するという授業も展開できると思います。内容をしっかり理解していないとマンガ化できませんし、一方でわかりやすくマンガ化しやすい場面を並べていけば、大まかな内容を捉えることができます。例えば、「枕草子」（清少納言）の「中納言参りたまひて」や孟子の「助長」を４コマ漫画に表すなどです。台詞をたくさん入れることになるかもしれませんが、絵にすべき場面を取捨選択するのも読解力の向上に繋がっていきます。特に、古典への苦手意識が強い学習者が多い場合には、４コマ漫画作成に時間をかけるのもよいでしょう。このような学習活動を通して、物語や説話のストーリーを掴む力を養うことができると考えます。これらの活動は、国語嫌いの学習者を作らないためにも有効な学習です。

【注】

1 『電子書籍ビジネス調査報告書 2020』（落合早苗・インプレス総合研究所、株式会社インプレス、2020 年）

　電子書籍を「書籍に近似した著作権管理のされたデジタルコンテンツ」とし、配信された電子書籍（電子書籍、電子コミック等）の日本国内のユーザーにおける購入金額の合計を市場規模と定義。購入金額には、個々単位の販売に加え、月額課金モデル、月額定額制の読み放題、マンガアプリの課金を含む。ただし、電子雑誌、電子新聞や、教科書、企業向け情報提供、ゲーム性の高いもの、学術ジャーナルは含まない。

2 『大村はま国語教室 2―聞くこと・話すことの指導の実際』（大村はま、筑摩書房、1983 年）p. 30-36

町田先生からのコメント

電子書籍が増えている現状の中で、スマートフォンで気軽に読める４コマ漫画が教材化されています。登場人物の特徴を理解した上でマンガを描くという活動を、「二十億光年の孤独」の理解と関連させる点に特に工夫が見られます。

反転ワードハンティング

宮﨑　春菜

教材名 マンガ『大家さんと僕』（矢部太郎、新潮社、2017 年）

校　種 小 ｜ 中 ｜ 高 ｜ 大（おすすめ！：中〜高）

こんな力がつきます

目的に応じて言葉を選び表現する力

1　教材提案

1-1　素材の解説

お笑い芸人である矢部太郎が描いた短編のフィクションマンガで、実話がもとになっています。第22回手塚治虫文化賞の短編賞を受賞し、新聞やテレビでも紹介されていたので記憶に新しい方もいらっしゃることでしょう。戦前に生まれた大家さんと、息子以上に年の離れた主人公との交流は新しい「家族のかたち」とも評されました。近いうちに超高齢社会を迎える日本において、血の繋がりはなくても異世代がお互いを支え合う関係は、これからの日本のありかたにとっても示唆的であるといえます。

1-2　教材としての魅力

マンガを通じて、普段、学習者が関わることの少ないであろう「大家さん」世代の人の考えや言葉に触れられることが大きな魅力です。多くの学習者にとって、曾祖父母よりも上の年代である大家さん世代と直接話すことは滅多にないでしょう。しかし、今後はどうでしょうか。少子高齢社会の日本において高齢者とコミュニケーションを取ることが、仕事上、家庭上、地域社会上など、あらゆる場面で必要になることは疑いありません。すなわち、現実社会と関わりの深い学びを立ち上げられる可能性を持った作品なのです。また、一つ一つの話が短編ですぐに完結するので、どこから読んでも楽しめますし、授業のために一部分を抜粋して紹介することも容易にできます。これらのことから、教材化に適した作品であると考えます。

2 授業提案

2-1 授業のねらい

まずは、自分が普段何気なく使っている言葉について振り返り、その言葉が、自分たちの世代や自分たちが所属する集団の中でしか通じないかもしれない言葉であることを自覚してもらうことがねらいです。そして最終的には、普段はなかなか交流する機会の少ない、「大家さん」のような世代の離れた他者を想定し、適切な言葉を選んで表現できるようにボキャブラリーを豊かにすることをねらいとしています。

さて、提案名の「反転ワードハンティング」ですが、これは先行実践「ワードハンティング」を参考にしたものです[1]。ここでそれを「反転」としたのは、先行実践では学習者が興味を持った言葉を「外」から捕まえてくるのに対して、学習者が普段使う「内」にある言葉から展開していくためです。この「反転」により学習者起点の学びとなり、語彙の獲得を一層ポジティブに捉えさせることができると考えます。さらに、普段は年長者に教わったり学習者同士で学び合ったりする機会のほうが多いでしょうが、宿題ではそこをも「反転」させています。学習者が年長者に対して実際に説明して教える機会を設けることで、学びの効果を高めることを企図しています。

2-2 授業の展開

「3 実践に向けて」の項目で示すように、2時間扱いで授業を構成することも可能と思われますが、ここでは1時間扱いの授業を提案します。

導入

①ワークシート内のマンガを読む。

この1時間はマンガを導入として国語の授業を展開していくことや、『大家さんと僕』について簡単に触れてから、『大家さんと僕』p. 98の8コマのマンガを学習者に読ませます。この提案で取り上げるのは、大家さんが使う「昔の言葉」に主人公が関心を示している場面です。主人公が大家さんからとびきりよい「昔の言葉」を聞いたと思ったら、それは実は大家さんオリジナルの言葉だったというオチがつく8コマのマンガです。

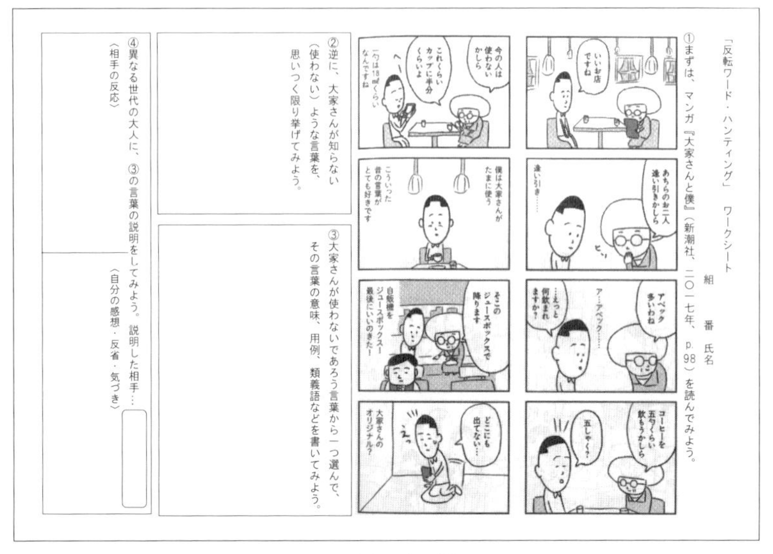
「反転ワード・ハンティング」 ワークシート

組 番 氏名

①まずは、マンガ『大家さんと僕』（新潮社、二〇一七年、p.98）を読んでみよう。

②逆に、大家さんが知らない（使わない）ような言葉を、思いつく限り挙げてみよう。

③大家さんが使わないであろう言葉から一つ選んで、その言葉の意味、用例、類義語などを書いてみよう。

④異なる世代の大人に、③の言葉の説明をしてみよう。説明した相手…

〈相手の反応〉

〈自分の感想・反省・気づき〉

ワークシートの例

② 大家さんが使う「昔の言葉」の意味を質問する。

2コマ目の「逢い引き」と3コマ目の「アベック」について、どういう意味かを知っているかどうか発問します。たとえ知らなかったとしても、どちらとも恋愛に関する表現なので、思春期・青年期の学習者は興味を持って聞いてくれることでしょう。

③ 学習者だったら「逢い引き」、「アベック」をどう表現するか質問する。

例えば「逢い引き」ならば（お忍び）デート、密会、「アベック」ならばカップル、リア充などが挙がることが想定されます。

ここで、「リア充なんて逆に大家さんは使わないだろうし、意味も知らないだろうね」などと学習者に投げかけ、次の展開に繋げます。

展開1

① 大家さんが知らない（使わない）ような言葉をワークシートに書き出す。

大家さんが知らないであろう、あるいは使わないであろう言葉を、まずは個人で思いつく限りワークシートに書き出してもらいます。マンガで大家さんが使った「昔の言葉」はどれも名詞ですが、品詞を問わず、広く当たってみるように促します。また、いわゆる若者言葉に限らず、その学校でしか使われないような単語も許容することで、一層バリエーションが豊かになるでしょう。

② ①で挙げた言葉を発表させ、クラスで共有する。

書き出した単語数が少なかった学習者から指名すると、より多くの学習者の声を拾うことができます。挙がった単語は授業者が黒板に書いていき、可視化してクラス全体で共有します。

展開 2

① 単語を一つ選び、その単語の意味や用例、類義語をまとめる。

選んだ単語について、辞書の記述のようにまとめさせます。

図書室にあるもの、あるいは授業者の表現読解辞典や類義語辞典を貸し出して活用するのもいいですし、学校の実状によりますが、可能ならばタブレットやスマートフォンを使用しての検索を許可してもいいでしょう。

② クラスで発表させる。

複数人を指名していくつかの単語を発表させるだけでなく、同じ単語についてまとめた他の学習者に、意味や類義語を補足させるのもいいでしょう。

まとめ

授業者によるまとめと宿題についての連絡を行う。

まず、自分自身が普段使っている言葉は、異なる世代には通じないかもしれないこと、そして、時と場合に応じて適切な表現を選択できるよう語彙を豊かにしてほしいというのが授業者の願いであり、その契機としてほしい旨を伝えます。その上で、この学びを教室内での想像にとどめず、意味や用例をまとめた言葉について、異なる世代の大人に実際に説明することを宿題とします。もし可能ならば祖父母や曾祖父母への電話やテレビ電話を推奨し、それが難しい場合には保護者や学校の先生など、身近な大人でも構わないことにします。説明を理解してもらえたかどうか、フィードバックを年長者からもらってワークシートに記入し、次回の授業で提出させます。

2-3　授業のポイント

ここでは、展開1で想定される言葉、及び展開2の記述例を示します。

展開1

次に挙げる言葉は、実際に筆者の勤務校の学習者が普段使っている言葉です。それらを五十音順に列挙します。

インスタ映え　エアドロ　エグい　エモい　推し　神　キモい
草（w）　ささる　スクショ　それな　タピる　超　ディスる　バズる
ぴえん　ヤバい　ワンチャン

展開2

ここでは、類義語が豊富な「エモい」と、勤務校でしか通じないであろう「南館」という言葉について例示します。

エモい（形）

（英 emotion に由来）心に響く様子。

——メロディー。

類　感激する。感動する。感銘を受ける。感極まる。琴線に触れる。
胸が熱くなる。胸を打つ。胸（心）にしみる。胸に迫る。
心が震える。心を揺さぶられる。

南館（名）

① 本校において、本館と新館の間に位置する特別教室棟。
——の4階には音楽室と図書室がある。

② ①の一階にある、通称「駅長室」と呼ばれる部室で活動している文化部（鐵道研究部、クイズ研究会部、現代視覚文化研究部等）の部員の総称。①の、他の場所や他の階で活動している団体を含んでいう場合もある。彼は——であることを誇りに思っている。

類　愛好家、専門家、ファン、マニア

3　実践に向けて

今回、「学校の新しい生活様式」に則り、個人活動を主とした1時間の授業を構想しましたが、グループ活動を中心とした2時間構成の展開も可能と思われます。具体的には、1時間目に4～5人ずつのグループを作り、そのグループで一つの言葉についてまとめ、2時間目にクラスで発表するという流れです。その場合は用例部分の寸劇を作って発表させ、どういう状況でその言葉を使うのか再現させるのも、楽しく、力のつく活動になると思います。また、クラス発表の際には相互評価シートを用意できるとなおよいでしょう。例えば、「意味の記述説明が十分だったか」、「用例が適切であったか」、「発表態度がよかったか」といった評価の観点を示し、◎○△のどれかに印をつけるのと、一言コメントの記入欄を設けた小さいカード状のものを用意して発表後に書かせます。それを各グループに還元することで、より学びの多い活動になることが期待できます。

【注】

1 『国語教育を楽しむ』(町田守弘、学文社、2019年) p. 65-72
ここでは、学習者が身近な場所で出会った言葉や、意味を確認しておきたい言葉を探して、その言葉の意味・用法などをカードにまとめる年間課題として解説されています。

町田先生からのコメント

マンガに描かれた高齢の世代の言葉に注目して、学習者の世代が用いる言葉との比較を試みた「反転ワードハンティング」は興味深い活動です。語彙を豊かにするとともに言葉への興味・関心を喚起する効果も期待できるはずです。

ストーリーマンガの表現の工夫を読み解こう

山田　範子

教材名 マンガ『かぐや様は告らせたい～天才たちの恋愛頭脳戦～』第10巻（赤坂アカ、集英社、2018年）

校種 小　中　高　大（おすすめ！：中～大）

こんな力がつきます
絵やコマから表現の工夫を解釈する力

1　教材提案

1-1　素材の解説

©赤坂アカ/集英社

『かぐや様は告らせたい』は、秀知院学園高等部生徒会のメンバーを中心に描いた青春ラブコメディです。コミックスは20巻以上刊行、アニメ化や実写映画化もされています。特に中学生以上の学習者にとって認知度が高く、親しみを感じやすい作品であると考えられます。

今回は第95話を取り上げました。2年生徒会長の白銀御行、副会長の四宮かぐや、書記の藤原千花、1年会計の石上優に加えて、新しく1年会計監査の伊井野ミコが加わった後期生徒会の出来事が描かれています。

1-2　教材としての魅力

基本的に一話完結型のストーリーで教材化しやすい作品です。今回取り上げる第95話には、一見ストーリー展開に直接関係しないように見える、絵と擬音のみで構成されたコマの連なりがあります。もし、これらのコマがなかったとしてもストーリーは成立します。しかし、作者は読者に伝えたいメッセージがあったからこそ描いたのではないでしょうか。ここに作者の表現の工夫があると考え、そのメッセージを解釈する授業を着想しました。

ストーリーマンガにおける作者の表現の工夫を読み解く授業では、画像の意味づけを行います。絵（非言語表現）から想像したことを言葉にする力、すなわち言語化能力を育成することができます。また、作者のメッセージといった画像の背後に暗示されているものをストーリー全体の言葉や絵、コマを根拠に説明しますので、解釈する力がつくことが期待できます。

2 授業提案

2-1 授業のねらい

ストーリーマンガの作者の表現の工夫を読み解くことを通して、学習者一人一人の言語化能力と解釈する力を伸ばします。また、クラス全体で解釈の交流を楽しみ、他者の解釈から自分の解釈を振り返ります。

今回取り上げる第95話「伊井野ミコは癒やされたい」は、伊井野ミコと石上優に焦点があてられています。ストーリーの概要は次のとおりです。生徒会室でミコと石上が2年生メンバーの到着を待っていました。ミコは携帯端末でBGMを聞きながら勉強を始めましたが、イヤホンジャックが微妙に抜けていて、BGMが外に漏れ聞こえてしまいます。一緒にその場にいた石上は、真面目な優等生のミコが意外にも、イケメンに励まされるという奇妙なBGMを聞いていることを知ってしまいました。そこに次々と2年生メンバーが現れます。石上は、ミコが恥ずかしい思いをしないように、なんとかイヤホンジャックが抜けていることを伝えようと奮闘します。最終的に「人の振り見て我が振り直せ」と自らがイヤホンジャックを外したまま音楽を再生してみせました。しかし、それでもミコは気づかず、結局2年生メンバー全員に奇妙なBGMを聞かれてしまうという展開です。

右の4コマは、石上の奮闘むなしく、ミコがBGMを再生した直後の描写です。学習者の言語化能力と解釈する力の育成に重心を置き、クラス全体で解釈の交流を楽しみながら、全体の解釈を個人に還元する授業を目指します。

p.81

2-2 授業の展開

〈授業計画〉＊大学は1時間（90分）、中学校・高等学校は2時間（各50分）

① 赤坂アカ『かぐや様は告らせたい』第10巻、第95話を読む（10分）。

第95話を学習者に配布します。一話完結ですので、ストーリー全体を把握することができます。静穏な環境で、学習者一人一人がじっくりとマンガを読むことができるように配慮します。

② 登場人物クイズを通して、ストーリーの内容を理解する（10分）。

本時の最終的なねらいは、作者のメッセージという明示されていないものを解釈するところにあります。解釈には根拠が必要ですが、その根拠はすべてストーリーの中にあります。すなわち、解釈するためには、ストーリーに書（描）かれていることを正確に理解しておく必要があります。

ストーリーの読解は基本的に学習者一人一人に任せます。しかし、中には適当に読んでしまって、内容を正確に理解できていない学習者もいることが予想されます。クラス全員が解釈の交流に参加できるように、一人も取り残したくありません。「2年生の生徒会メンバーは誰？」など基本的な人間関係が整理できたり、「伊井野ミコはどのような性格？」など人物像を把握できたりする気軽なクイズを実施して、楽しく内容を確認することができるとよいですね。また、「2年生はなぜ生徒会室に来るのが遅れている？」といったマンガの細部を読まなければ答えられないクイズも効果的です。クイズを通して学習者はもう一度マンガを読み直します。細部にまで注目して読むことが大切という指導者からのメッセージも伝えられるでしょう。

③ p. 81の絵と擬音の連なりについて、「もし、これらのコマがなかったとしても、ストーリー展開には影響を与えないと考えられる。なぜ作者はこれらのコマを描くことにしたのだろうか」という課題を個人レベルで考える（20分）。

ワークシートを配布して、解釈を書くように指導します。学習者の間に入り、できる限り多くの学習者と対話します。早く解釈を書けた学習者に対しては「どうしてそう思ったの？」「どこを読んでそう考えたの？」などと投げかけ、根拠が妥当な場合は「よい考えだね」と認め、解釈の交流に向けて自信を持たせます。根拠が言えない学習者に対しては、もう一度マンガを読んで、どこに注目したのか確認するように促します。解釈を書くことができない学習者に対しては「この4コマを読んだとき、どんな感じがした？」など問いかけ、指導者と対話する中で、学習者自身が自分の解釈を見つけられるように配慮します。

中学校・高等学校はここまでを第１時として、家庭学習で最終的な自分の解釈をまとめてくるようにしてはいかがでしょうか。

④ クラス全体で解釈を交流する（40分）。

指導者はどのような解釈が出てくるか予想し、板書計画を立てておきます。学習者が発言した解釈をカテゴリー分けして板書していきますが、多くの学習者が抽象的な答え方をすると予想されます。その場合は、「どこからそう考えたの？」など発問し、他の学習者が理解できたかどうかも確認するようにします。学習者の解釈を瞬間的にカテゴリー分けするのはなかなか難しいですが、もし迷った場合は「今の解釈は誰の解釈に近いかな？」など学習者に問いかけるのも一つの方法かと思います。指導者も含め、クラス全員で解釈を深め合おうとする雰囲気作りが大切です。一目でクラス全体の解釈がわかり、学習者一人一人が自分の解釈と他者の解釈がどのように違うのか発見できる板書になるようにします。

⑤ 授業の感想を書く（10分）。

ワークシートに「新しく発見したこと」「なるほどと思ったこと」を中心に感想を書くように指導します。他者の解釈が自分の解釈にどのように影響したのか振り返る時間を確保します。

2-3　授業のポイント

学習者の解釈を予想しておくことが授業のポイントです。予想される解釈をいくつか紹介します。

〈石上の心理状況が飛行機の画像に反映されたと捉える解釈〉

石上の努力が無駄になり、がっかりした心理状況を飛行機がコマから退場するシーンを描くことで表現したかった。

飛行機のコマの直前には、石上がイヤホンジャックを外して音楽を再生し、自ら失態を演じたシーンがあります。石上の失態に対して、ミコは「こっちまで恥ずかしい」と言いますが、石上は窓の外に目を向けて満足の微笑を浮かべます。

飛行機は、窓の外に目を向けた石上が見た光景と考えると、ミコを守るために自らを犠牲にした石上の努力がマッハのスピードで消え去って行ったように読めます。学習者は、飛行機が石上の目に映ったものと捉え、飛行機のスピード感と石上の心理状況を重ね合わせると考えられます。

〈生徒会メンバーの画像とコマの形に注目した解釈〉

> 先輩に挟まれたミコの絶望感、恥ずかしさを伝えている。

画像に注目すると、ミコ（中央）の右隣には藤原千花の驚きの表情があります。左隣の奥に小さく描かれている白銀御行と手前の四宮かぐやはワントーン暗く描かれ、かぐやの頬には汗も確認できます。心理的に影を帯び、平静を保つことができないニュアンスが伝わります。

また、生徒会メンバーを描いたコマは変形ゴマで描かれています。特にミコが描かれたコマは底辺が狭い台形ですので、両隣から圧迫されているように見えます。学習者は画像とコマの形から「ミコが先輩の驚きと戸惑いに圧を感じている様子が際立つ」と解釈すると予想できます。

〈コマの連なりが時間の流れを生み出すという解釈〉

> 同じようなサイズのコマを連続して用いることで、生徒会メンバーの驚きの表情を素早く読者に見せ、凍りついた空気を表現したかった。

もし、生徒会メンバーが描かれた３コマがコマ割りされていなければ瞬間的な出来事になります。しかし、変形ゴマで区切ってあることで、そこに瞬間ではない非常に短い時間の流れが生み出されると考えられます。わずかな時間の流れがあることで、かえって生徒会メンバーの凍りついた空気感を演出することができると考えられます。

〈飛行機のコマと生徒会メンバーの３コマを対比する解釈〉

> ①上の１コマで飛行機の動きを描き、下の３コマで生徒会メンバーの動きが止まっている様子を描くことで、動静の対比を表現したかった。
>
> ②普段は意識しない生活音である飛行機の「ゴオオオ」という音が聞こえるほど、生徒会室が静まりかえっていることを強調したかった。

①の解釈は、動きを感じさせる飛行機のコマと対比させることで、生徒会メンバーのコマの動きが止まっていることをより際立たせるというものです。②は飛行機の擬音に注目したもので、多くの学習者が生活経験と結びつけて解釈できると考えられます。

〈飛行機の軌道を全体のストーリーに関連づけた解釈〉

> 斜めに横切る飛行機を描くとコマが分断されるので、前後のストーリーを切り離すことができる。

ストーリー構成に注目し、飛行機の軌道に沿ってはさみを入れるイメージの解釈です。第95話はミコを助けようとする石上の努力を中心に描いたストーリーですが、ちょうど飛行機の軌道を境にその努力が無駄に終わることになります。生徒会メンバーが描かれたコマには石上の姿だけありません。ストーリーを牽引してきた石上の消失を物語っているようです。

3 実践に向けて

ストーリーマンガは、絵・コマ・言葉を中心とした表現によって構成されますので、言葉のみで構成される文章よりも解釈の根拠となる表現が多く存在します。また、マンガは情報をすばやく認知できるメディアですので、学習者相互の解釈を理解し合うスピードがとても速いです。このようなストーリーマンガの特徴が学習者の言語化能力や解釈する力を伸ばし、解釈の交流を活性化すると考えられます。指導者と学習者が一緒に授業を楽しみ、互いに解釈を深め合おうとする魅力的な授業を展開してください。

町田先生からのコメント

ストーリーマンガに描かれたあるコマの解釈の交流を通して、「読むこと」の学びが構想された魅力的な提案です。文学作品と同様にマンガを扱うことができるという考え方を踏まえて、教材化の可能性が実践を通して追究されています。

マンガをノベライズ（小説化）してみよう

金子　泰子

教材名　マンガ『鬼滅の刃１　残酷』（吾峠呼世晴、集英社、2020年）

校　種　小　中　高（おすすめ！）　大

こんな力がつきます：物語の構成を捉えて創作する力

１　教材提案

１－１　素材の解説

『鬼滅の刃』は、吾峠呼世晴により2016年から2020年まで『週刊少年ジャンプ』（集英社）に連載された作品です。テレビアニメ、劇場映画化が続き、メディアミックスの波に乗って人気が沸騰しています。

時代は大正、主人公の竈門炭治郎（かまどたんじろう）は、亡き父の跡を継ぎ、炭焼きで家族を支える心やさしい少年です。ところがある日、炭治郎が仕事から戻ると、家族全員が鬼に惨殺され、妹の禰豆子は鬼にされていました。禰豆子を人間に戻し、家族の仇を討つために、炭治郎は厳しい修行を経て鬼狩りの旅に出ます。

剣戟マンガとして、そのサスペンス性や迫力ある戦闘シーンは刺激的です。一方で、辛い修行、残虐な殺戮場面にはユーモアが挿入され、敵対する鬼たちにも語るべき前世が用意されている点に救われます。

１－２　教材としての魅力

マンガの特徴は何といっても絵にあります。物語の場面はもとより空気感、登場人物の容姿や表情、性格や心情など、あらゆる情報が描き込まれています。言葉によるせりふ・独白・地の文・オノマトペも添えて、コマ割りや吹き出しの工夫もあり、読者を容易に物語の世界に引き込みます。

今回は、物語導入部の計24コマを取りあげ、ノベライズに挑戦します。1コマ目は、炭治郎とその背に負われた禰豆子のクローズアップ画像です。このコマを含む1ページ4コマが序章（プロローグ）です。続く本章の冒頭では、事件前の家族の幸せな生活が4ページ20コマで描かれています。

以下、序章4コマおよび冒頭部20コマのコマ割りと概略を説明します。

資料A　序章1ページ4コマの概略説明（①～④）

①大きな字で「なんでこんなことになったんだ」と吹き出しをつけずに記されている。画像は炭治郎の胸部、正面からのクローズアップ。雪が舞い、吐く息が白い。禰豆子が額と着物の袖を血に染めて背負われている。手はだらりと兄の肩に乗せ、目は閉じたままである。

②側面から見た二人の上半身アップ画像。禰豆子の着物の背中や袖は血まみれ。吹き出しに「禰豆子　死ぬなよ」「死ぬな」と記されている。

③歯を食いしばる炭治郎一人の顔面のクローズアップ。吹き出し内は「絶対助けてやるからな」「死なせない」の言葉。

④空高く木の梢位置から炭治郎と禰豆子を見下ろす画像。雪の中、禰豆子を背に歩く炭治郎の姿が小さく見える。刺立つ吹き出しには「兄ちゃんが絶対助けてやるからな」の文字。（『鬼滅の刃1 残酷』吾峠呼世晴、集英社、二〇二〇年、p.5）

この序章部は物語の中でどのような役割を担っているのでしょうか。今回教材とした、この1ページと本章冒頭部との関係はどうでしょう。ノベライズする作業を通して、作者の書き出しにおける工夫を読み取りましょう。

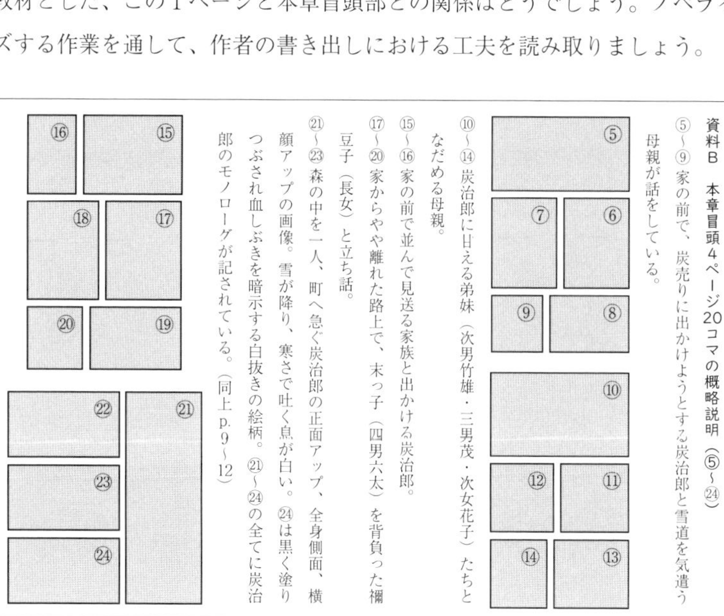

資料B　本章冒頭4ページ20コマの概略説明（⑤～㉔）

⑤～⑨家の前で、炭売りに出かけようとする炭治郎と雪道を気遣う母親が話をしている。

⑩～⑭炭治郎に甘える弟妹（次男竹雄・三男茂・次女花子）たちとなだめる母親。

⑮～⑯家の前で並んで見送る家族と出かける炭治郎。

⑰～⑳家からやや離れた路上で、末っ子（四男六太）を背負った禰豆子（長女）と立ち話。

㉑～㉓森の中を一人、町へ急ぐ炭治郎の正面アップ、全身側面、横顔アップの画像。雪が降り、寒さで吐く息が白い。㉔は黒く塗りつぶされ血しぶきを暗示する白抜きの絵柄。㉑～㉔の全てに炭治郎のモノローグが記されている。（同上 p.9～12）

2 授業提案

2-1 授業のねらい

この授業のねらいは次の2点です。

(1) マンガ作品の冒頭部24コマを、文章によって描写する。

(2) 物語の構成、描写方法、視点について考える。

人気のあるマンガ作品の冒頭部を教材にして、物語冒頭の描写練習を提案します。小説化を通して文学的文章に求められる感性や情緒面の力の育成をねらうと同時に、物語の構成（今回は冒頭部）に関する理解を深めたいと思います。マンガの表現技法から、作家の個性的なものの見方や物語の創作過程を学びましょう。

2-2 授業の展開

配当時間は4時間を想定しています。

第1時 『鬼滅の刃1 残酷』を読み、感想を述べ合う。

・人気の秘密はどこにあるのか。

・冒頭部に関して、どのような特徴・工夫が見られるか。

・ノベライズ（小説化すること）についてどう考えるか。

第2時と第3時

冒頭部（序章–資料A–と本章冒頭部–資料B–）をノベライズする。ワークシート1（図1）・2（図2）の「小説化のための手引き」と「描写文のヒント」を参考にする。

第4時 ノベライズした作品に自己評価文をつけて交流する。

・原作から受けた当初の印象はノベライズの作業によってどのように変化したか。

・ノベライズ作品の交流によって新たに気づいたことは何か。

・文学的文章の創作学習に、今回の学習はどのような点で参考になると思うか。

ワークシート1（資料A部分）

小説化のための手引き

i　資料の概略説明およびコマの大小と配列順を参考に、場面を想像して文章で描写しましょう。

ii　引用のせりふ（独白）を手がかりに、このページが序章として特設された理由を考え、それにふさわしい文章を考えてください。

iii　資料Aのコマ①②と資料B最後のコマ㉔との照応性にも配慮しましょう。

・主人公の名前は竈門炭治郎（竈門家の長男）、妹の名前は禰豆子（竈門家の長女）です。

・資料A部分の字数の目安は引用部を含めて八〇〇字程度とします。

描写文のヒント　下段の①〜④は資料Aのコマ番号　**例文**（作者は本稿の著者）

1　マンガの中でもせりふは、人物の内面を直に表現しているため、文章化する際には、**せりふ（会話）と対にして人物の様子や行動を描写する**と効果的な表現になります。

・例文①〜④の傍線部

2　**登場人物の心情**は、「うれしい」「楽しい」「苦しい」「寂しい」「辛い」といった形容詞で簡単に書いてしまうよりも、**会話や行動、状況をそのまま描写する**と、読み手のイメージを呼び起こすことができます。

・①（心配だ）　ぐったりとその身を預けるばかりだ。

・②（寒さは感じない）頬に降りかかる雪が溶けていく。

3　場面は、視覚的なものだけでなく、聴覚や嗅覚などを使って**五感に訴える**ように描くと印象深く伝わります。**比喩**などの表現技法を使うことも効果的です。

・資料A①②「血まみれ」「血のにおい」と資料B最後㉔「血しぶき」の視覚と嗅覚。

・③まるで、いにしえのおとぎ話の世界のことのようだ。

④魂の叫びでもあった。

4　コマどうしを滑らかにつなぎましょう。必要に応じて**接続詞や指示語、同語反復など**を使います。資料Bで実践を。

5　炭治郎以外の**視点**でも描きましょう。資料A④の画像は、①②③のクローズアップと異なり、遠景画像のため、**鳥瞰的に描写**すると背景に広がりが出ます。

6　資料B㉔には、序章につながる不吉な予感を**伏線**として書き込みましょう。

・①②の「血」と資料B㉔の「血しぶき」を照応させます。

・㉔は黒く塗りつぶされ、血しぶき様の絵柄が白抜きで描かれています。どう文章化するか、考えましょう。

7　ちなみに、物語全体の結末（第二十三巻の終結）は、仲間たちと一丸となって鬼を討ち果たし、互いを称え合うハッピーエンドです。禰豆子も人間に戻ります。

①　**「なんで　こんなことに　なったんだ」**

雪の降りしきるなか、白い息を弾ませながら自分に問い続ける。炭治郎は、今何が起きているのか訳がわからず、何度も何度も同じ言葉を頭の中で繰り返していた。

背中の妹は、頭から血を流し、着物も血まみれで、微かに息はしているものの、ぐったりとその身を預けるばかりだ。

②　**「禰豆子、死ぬなよ」「死ぬな」**

新雪を踏みしめながら、ずり落ちそうになる妹の体をすり上げずり上げ、耳元の禰豆子の顔にささやきかける。

体温に温められて禰豆子の髪にこびりついた血と着物から気化する血のにおいが避けようもなく鼻をかすめる。寒さはまったく感じない。むしろ走り続けているせいで汗が滲み出て、頬に降りかかる雪が溶けていく。

③　**「絶対助けてやるからな」「死なせない」**

歯を食いしばって自分に言い聞かせる。

背中の妹の重みが加わって、わらぐつに雪が浸み込んでくる。

昨日までの、あの穏やかな家族の生活は、まるで、いにしえのおとぎ話の世界のことのようだ。

④　**「兄ちゃんが、絶対助けてやるからな」**

炭治郎の心の声は、魂の叫びでもあった。

厚い雲に覆われた空から、雪が道の両側に林立する落葉松の枝をすり抜けて、音もなく落ちてゆく。二人の影は、いかにも頼りなげで小さい。

今はただ、妹を助けたい。その一心で、炭治郎は雪道を麓の村に向かって駆け降りて行った。

「　」内引用『鬼滅の刃1 残酷』吾峠呼世晴、集英社、2020年、p.5

図1　ワークシート1

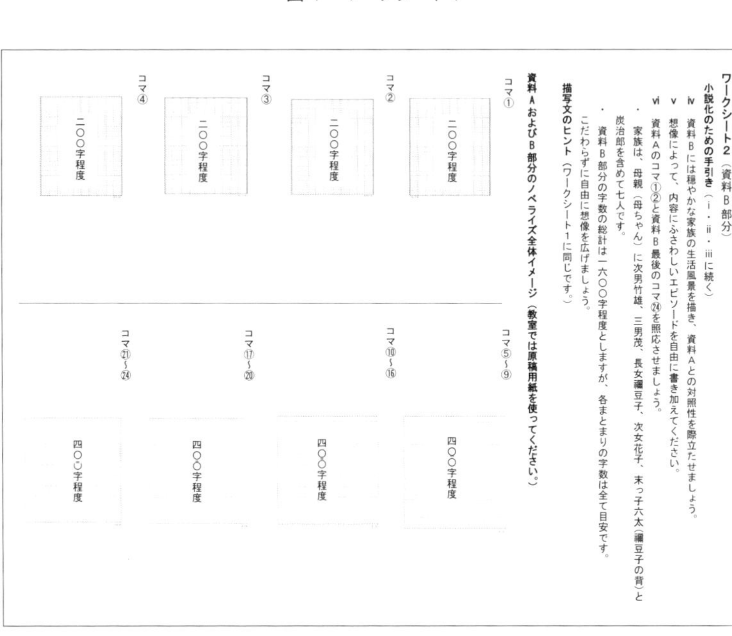

ワークシート2（資料B部分）

小説化のための手引き（i・ii・iii に続く）

iv　資料Bには穏やかな家族の生活風景を描き、資料Aとの対照性を際立たせましょう。

v　想像によって、内容にふさわしいエピソードを自由に書き加えてください。

vi　資料Aのコマ①②と資料B最後のコマ㉔を照応させましょう。

・家族は、母親（母ちゃん）に次男竹雄、三男茂、長女禰豆子、次女花子、末っ子六太（禰豆子の背）と炭治郎を含めて七人です。

・資料B部分の字数の総計は一六〇〇字程度としますが、各まとまりの字数は全て目安です。こだわらずに自由に想像を広げましょう。

描写文のヒント（ワークシート1に同じです。）

資料AおよびB部分のノベライズ全体イメージ（教室では原稿用紙を使ってください。）

コマ①　二〇〇字程度

コマ②　二〇〇字程度

コマ③　二〇〇字程度

コマ④　二〇〇字程度

コマ⑤〜⑨　四〇〇字程度

コマ⑩〜⑯　四〇〇字程度

コマ⑰〜⑳　四〇〇字程度

コマ㉑〜㉔　四〇〇字程度

図2　ワークシート2

2-3　授業のポイント

小説を書きたいという学習者は意外に多いものです。こうした関心に応えて、あまり難しく考えずに、普段から柔軟に創作学習の場を設定したいと考えていました。そうした思いもあって、今回、ちまたで人気を博するマンガ作品を取りあげてみました。

本稿の作成に当たり、筆者自らマンガのノベライズに挑戦し、例文を作ってみました。マンガは、絵によって背景、登場人物の容姿、表情、動きなどを、また、言葉（せりふやナレーション）によって心情や性格、物語の筋などを明らかにしていることから、文章化は予想以上に楽しくスピーディに進みました。絵を見ながら同時に言葉を追っていくと、想像が次々と広がることにも気づかされました。細密な絵の描写、文字の大小、吹き出しの形の変化など、細部にわたる作者の工夫に気づくと、文章でもそれらに応えなければという思いに駆られます。

構成面でも気づきがありました。冒頭部の工夫です。目次の後に序章（プロローグ）に相当する１ページ４コマが挿入されています。中扉を挟んで、本章冒頭へと続きます。また、序章と本章では、事件の前後関係が逆になっています。事件直後の場面を先に持ってくることによって「いったい何が起こったのだろう」と読者の関心がかき立てられ、本章への期待が膨らみます。こうした作者の工夫に気づいたのも、一コマ一コマ、文章に書き換える作業をした結果だと思われます。

文学的文章の創作指導は、準備に時間がかかる上に指導者が自身の創作能力に自信が持てなかったり評価が難しかったりすることもあって避けられがちです。しかしながら、指導者が一歩を踏み出さなければ、創作指導の不振を解決する糸口は見えてきません。まずは人気の作品にモチベーションを得て、指導者も学習者とともに楽しみながら始めてみてはどうでしょう。

今回は冒頭部分に限って、物語創作の一端を追体験してみました。紙幅の関係で手引きやヒントの量は限られていますが、読者の皆さんの授業実践が不足部分を補ってくれるものと信じています。ワークシート１では、「描写文のヒント」を上段に、著者の作った例文を下段において、該当箇所を上下対応した形で示してあります。

例文は、あくまで参考です。とらわれ過ぎることなく、自由に想像を広げてください。授業の中で生まれる表現の数々を、クラス全体で共有しながら、物語創作のおもしろさを味わってほしいと思います。

3 実践に向けて

創作学習をもっと身近なものにしたいという思いが今回の授業提案の発端です。人気マンガのおもしろさにひかれて、物語の創作を追体験してみてはどうかと考えました。「何を、どう書くか」の「何を（題材）」の部分はプロのマンガ作品に委ね、「（どう書くか）表現のしかた」の練習に集中するようにしました。

今回は、物語の冒頭部分をノベライズし、描写文の練習をしながら、構成と表現の関係について学習しました。今後は、展開・クライマックス・結末の各部分の表現へと練習箇所を広げていくことも可能です。途中で『鬼滅の刃』に新しい一話（エピソード）を書き足すこともできそうです。

本格的な物語創作学習に取り組む前に、こうした部分練習を地道に積み重ねていくことが、創作能力を育成するものと確信しています。そのためにも、同様の提案と検証が蓄積され、文学的文章の創作指導が活性化されることを願っています。

町田先生からのコメント

2021 年現在アニメーションの興行収入が日本歴代一位となった、話題のマンガ『鬼滅の刃』の教材化を目指す優れた提案です。学習者が著名なマンガのノベライズに取り組めるような具体的な支援が、丁寧に工夫された点は魅力的です。

4コマ漫画にツッコミを入れて哲学しよう

光野　公司郎

教材名　マンガ『4コマ哲学教室』（南部ヤスヒロ・相原コージ、イースト・プレス、2006年）

校　種　小　中　高 おすすめ！ 大

こんな力がつきます
演繹的に考える力

1　教材提案

1-1　素材の解説

『4コマ哲学教室』は、既に発表されていた相原コージの4コマ漫画に、高等学校の倫理の教員でもある南部ヤスヒロが哲学的な解説を加えていった本です。南部は哲学のテーマを「生きる意味を考える」ことであると考えています。ですから、一貫して生きる意味を模索していく「浩」と「ブタ公」が登場する相原の4コマ漫画は、哲学をわかりやすく解説していくにはもってこいの素材であったといえるでしょう。

1-2　教材としての魅力

2022年度から実施となる高等学校学習指導要領では、共通必履修科目として「現代の国語」が、選択科目として「論理国語」が創設されました。そして、それらの「知識・技能」領域には「情報の扱い方に関する事項」が新設されました。

この項目には「推論の仕方を理解し使うこと」という具体的な指導事項が明示されました。学習指導要領の解説では、「推論の仕方」には「演繹的な推論と演繹的ではない推論（帰納、仮説形成など）がある」と示されています。

「演繹的な推論」は、発達段階からみても高等学校からはじめて意識的に活用していけるものとなります。この教材にある4コマ漫画はすべて「演繹的な推論」の構造で描かれ、内容面においてもその重要性や怖さを感じ取れるものとなっています。「演繹的な推論」の入門には最適といえるでしょう。

2 授業提案

2-1 授業のねらい

人間は常に意思決定を行って行動しています。この行動の基準となる意思決定には「演繹的な推論」が大きくかかわってきます。しかし、多くの場面においてこの「演繹的な推論」は意識されていません。

「演繹的な推論」とは、以下のような構造になっています。それは、データと理由づけという二つの前提から結論（主張）が導かれるというものです（広く三段論法ともいわれています）。

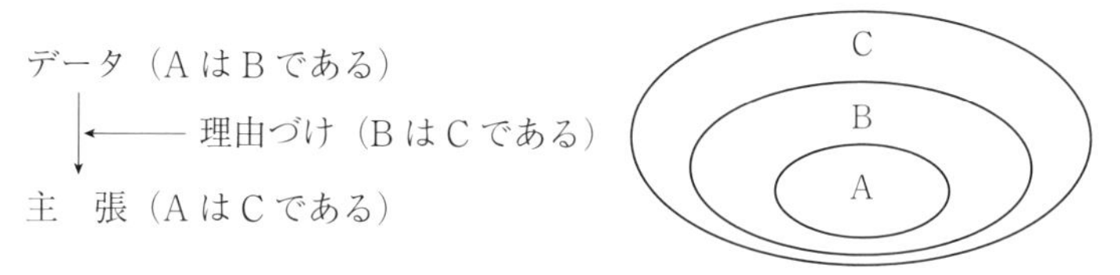

例えば、朝起きるとまずは歯を磨く人がいます。この「歯を磨く」という行動も意思決定に支えられています。その意思決定とは、「私は朝起きた」というデータが「朝起きたらすぐに歯を磨くべき」という「理由づけ」をされたものであるということになります。同じように、私たちは落ちていた財布を見つけたら警察に届ける行動をします。これも「落とし物は警察に届けるべき」という「理由づけ」を基にしたものとなります。

先に「多くの場面においてこの『演繹的な推論』は意識されていません」と書きましたが、それはなぜでしょうか。それは、意思決定にとって最も根幹となる「理由づけ」が意識化されていないからです。歯磨きの例では、「理由づけ」は個人の習慣として体にしみ込んでいるものですし、財布の例では当たり前の常識として改めて脳内から導き出すような必要がないからです。

具体的な場面を例に考えてきましたが、もっと大きく考えていくと、私たちが生きていく上でも絶えず意識決定がなされているということがいえます。では、生きていく上での意思決定の根幹となる「理由づけ」とはどのようなものでしょうか。南部は哲学のテーマを「生きる意味を考える」ことであると考えましたが、私たち各自の「生きる意味」が「理由づけ」になっているのです。この「理由づけ」について意識的に考えていく授業となります。

2-2　授業の展開

○単元計画（2時間扱い）

第1時　4コマ漫画のブタ公の吹き出しに言葉を入れ、考えを共有する。

第2時　それぞれのマンガに対応している哲学者の思想について理解するとともに「演繹的な推論」の意義について考える。

○単元の目標

(1)「演繹的な推論」の構造とその特色について理解することができる。

(2)「演繹的な推論」の重要性を理解し、意識的に「演繹的な推論」を構築することができる。

第1時　①典型となる4コマ漫画を読む。

まずは、冒頭の4コマ漫画を提示します。この漫画は、「俺は何のために生きるのか？」という答えを求めて漠然と旅をはじめた「浩」の前に「俺は食われるために生きているよ」と平然と答える「ブタ公」が登場し、衝撃を受けた「浩」が真剣に生きる意味を考えるようになっていくという内容です。

この冒頭を受けて、以下のような展開の4コマ漫画が続いていきます。

p. 52–53

「生きる意味が分かった」としてその意味を語る「浩」に対して、完膚なきまでにそれを論破する「ブタ公」。論破された「浩」はぐうの音も出ないという流れです。まずはこの典型的な展開を把握させます。

②４コマ漫画（クラス共通）について、ブタ公の言葉を考える。

作業用紙は、以下のような典型となる４コマ漫画の吹き出しを変えたものを用意します。はじめは「真理を知るために」という「浩」の言葉が入ったものについて、各自「ブタ公」になりきらせて論破させていきます。

その後、多様な「ブタ公」の考えを発表させていきます。これによって、「どのように考えてもよいのだ」という認識を持たせることになります。

作業用紙の例

③４コマ漫画（五種類の「浩」の言葉）について、ブタ公の言葉を考える。

五種類の「浩」の言葉（「より良い者に生まれ変わるため」「本当の自分を見つけるため」「自由になるため」「社会に貢献するため」「愛する人とめぐり合うため」）が入った作業用紙を用意し、ランダムに８人ずつに配布します。

「ブタ公」の言葉を考えさせた後は、グループ（「浩」の言葉が異なる５人一組で８グループ）に分かれてそれぞれの考えを発表させます。そして、発表を聞いた側は「自分だったらどう言うか」という観点で発言をさせていきます。

第２時　①「演繹的な推論」の構造を確認し、４コマ漫画との関連を把握する。

「2-1 授業のねらい」で示した「演繹的な推論」の構造を示し、考えてきた４コマ漫画はその構造になっていること、そして「理由づけ」が最も大きな概念でありそれが「浩」にとっての生きる意味であることを確認させていきます。

データ（私「浩」は、生きる意味を探している）
│←――― 理由づけ（生きる意味とは、幸せになることである）
↓
主　張（私「浩」は、幸せになるために生きていく）

この「浩」にとって最も大きな概念であり生きる指針でもある「理由づけ」が完膚なきまでに「ブタ公」に論破されるのですから、「浩」は生きる目的がなくなってしまったということになることも理解させていきます。

②哲学することと「演繹的な推論」の関連を理解する。

この本の筆者である南部ヤスヒロは、哲学のテーマを「生きる意味を考える」ことと捉えています。まず、全員にこのことを確認させます。そして、「生きる意味を考える」ということは自分にとっての生きる指針である「理由づけ」を構築することであるということを理解させます。つまり、哲学を学ぶということは自分にとって生きる指針を構築するのに役立つからであるということを確認させていきます。

その上で、今まで授業で取り組んできた七つの「浩」の「理由づけ」とそれに対する哲学者などの思想を簡単に紹介していきます。

・「幸せになるため」……マズロー
・「真理を知るため」……デカルト、ベーコン
・「より良い者に生まれ変わるため」……インド哲学
・「本当の自分を見つけるため」……エリクソン
・「自由になるため」……サルトル、フロム
・「社会に貢献するため」……吉本隆明
・「愛する人とめぐり合うため」……尾崎豊

2-3　授業のポイント

あくまでも国語科の時間であり学習指導要領に明記された指導事項「推論の仕方を理解し使うこと」を扱う時間であることを忘れてはいけません。学習指導要領の解説には「これらの推論の仕方は決して特別なものではなく、日常的な思考の中でもよく使われているものである」ことを理解させることが大切であると示されています。

ですから、例えば国語科の教科書教材「水の東西」（山崎正和）を学習しているなら、既習の評論文も筆者の思想（哲学）が「理由づけ」となって主張が展開されていることを確認させていくような指導が重要となります。

データ（鹿威しは流れるものを感じさせる）
↓ ←―― 理由づけ（日本人は流れるものを積極的に受け入れる）
主　張（鹿威しは日本人が水を鑑賞する行為の極地を表す仕掛けである）

3　実践に向けて

「2-2 授業の展開」〈第2時〉②の内容はそのまま倫理社会の授業につながっていきます。哲学者の言葉が身近なものとして感じられるでしょう。

また、2022年度から実施となる高等学校学習指導要領ではすべての教科に「主体的・対話的で深い学び」が求められています。この学びは、本授業のようにまずは各自の考えを明確にさせ（＝主体的）、それを共有し話し合う（＝対話的）ことによって考えを深化させていく（＝深い学び）ような流れが大切になってくるのです。

町田先生からのコメント

推論の仕方の一つである「演繹的な推論」を4コマ漫画の教材化を通して扱うという工夫に満ちた提案は、国語科における論理の学びの基礎となります。学習者は「理由づけ」のおもしろさに気づいて日常生活に活かすはずです。

ことわざから見る日常の風景―現代版ことわざの創作―

甲斐　伊織

教材名　絵本『ことわざ絵本』（五味太郎、岩崎書店、1986年）

校　種　小　中（おすすめ！）　高　大

こんな力がつきます
伝統的な言語文化を活用する力

1　教材提案

1-1　素材の解説

五味太郎による『ことわざ絵本』の初版は1986年ですが、2020年にも増刷されていることから、まさにロングセラーといえる一冊です。その続編として『ことわざ絵本 Part-2』（1987年）も出版されており、あわせて200点のことわざが採録されています。本書は見開きで一つのことわざを扱っています。「絵本」の名の通り大きなイラストと短い文章によって構成されています。採録されていることわざには、「犬も歩けば棒に当たる」のような、小学校低学年でも知っていそうなものから、「隔靴掻痒」のような、中学生以上向けのものまであります。

1-2　教材としての魅力

『ことわざ絵本』という書名から、本教材は小さい子ども向けのように思われるかもしれません。しかし、ことわざの意味を知るだけではなく、実際の場面で活用することを考えた場合に、本教材は魅力的な構成を持っています。それは一つのことわざについて、ことわざの示す場面とその意味と共に、日常に即した形で著者が解釈を加えて言い換えた、いわば「現代版ことわざ」によって構成されていることです。この構成は、ことわざの学習において、日常の場面に即して活用する場合に参考になります。本教材の構成に基づいた創作活動は、実践の対象が既に多くの知識を持っている中高生であっても、新たなことわざの学習として位置づけることができます。

2 授業提案

2-1 授業のねらい

ことわざは、その意味を知識として知っていることも重要ですが、普段の生活の中で使うこともまた、伝統的な言語文化を活用する姿勢を育む上で欠かせません。ことわざを活用する場面は、学校生活など学習者の日常に設定するようにします。さらに、教材の分析を通して得たまとめ方に従って各自で「ことわざ絵本」のページを創作し、冊子にして共有します。これにより、様々なことわざの活用場面を、日常に即して学ぶこともねらいとなります。

2-2 授業の展開

授業は4時間構成です。以下、各時の大まかな流れを示します。

第1時 『ことわざ絵本』の構成を知り、担当することわざを決める。

まず、日常の様々な場面をことわざで捉えてみることを伝え、『ことわざ絵本』本文を分析した**資料1**を学習者に提示します。ここでのねらいは、現代版ことわざのイメージをつかませると共に、本文の諸要素をつなぐ接続表現に着目させることにあります。**資料1**に示した本文で用いられている接続表現「つまり」と「たとえば」は、特に重要な言葉です。「つまり」は、内容を要約して端的にまとめる言葉であり、「たとえば」は話題について、例示によって具体化する言葉です。これらは、国語科に限らず学習のあらゆる場面において必要になります。本提案では、教材本文の模倣を通して上記の接続表現の使い方に慣れることも目標となります。このような小さな学習活動を通して、適切な使用を積み重ねることで、接続表現を使いこなせるようにしておきたいところです。

次に、各自が担当することわざを決定します。対象学年・校種によって、指導者が用意することわざを変化させることで、学習活動の難易度を調整できます。中学生を対象とする際には、新たな知識となるようなことわざを用意します。また、小学校中・高学年であれば、既に知っているであろうことわざを用意してもよいでしょう。その場合、学習の目標はことわざの活用とその表現の習得に焦点化されます。学習者の状況に応じて、扱うことわざの質を変化させることが必要です。

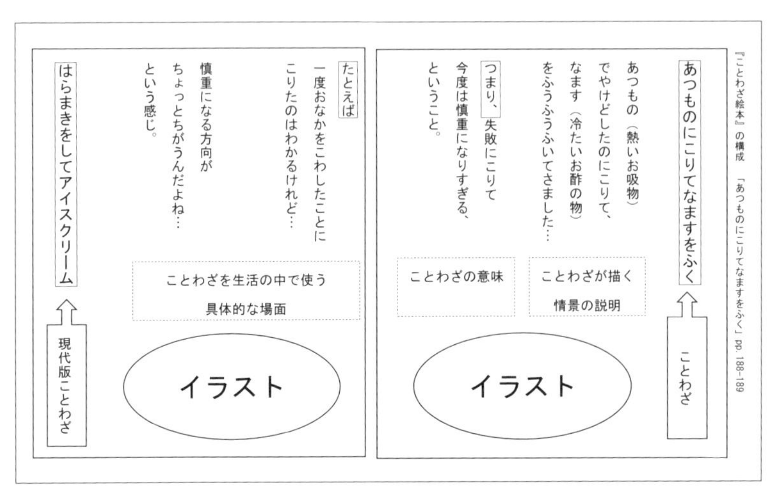

資料１　『ことわざ絵本』の構成と分析

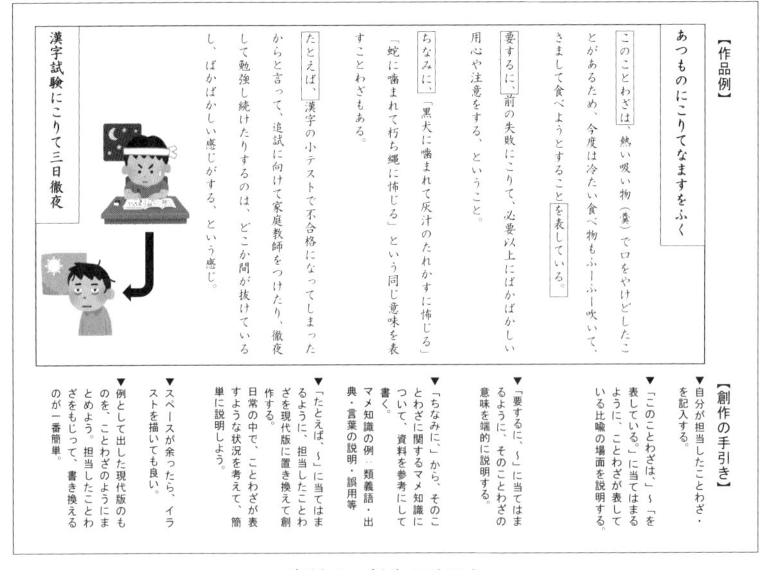

資料２　創作の手引き

第２時　作品例を見てイメージをつかみ、各自が担当することわざの資料によって構想を練る。

まず、**資料２**「創作の手引き」によって学習者に創作する手順を示します。前時に『ことわざ絵本』の分析を行ったものと同じもので手引きを作成すると、学習者の理解が促されます。ここでは、「羹に懲りて膾を吹く」を具体例として、指導者による作品例と手引きを示しました。作品例は、本授業における創作のゴールを学習者に示すものとなります。前時の『ことわざ絵本』本文の構成の分析の際に示した、接続表現を用いている点を特に注意させましょう。なお、**資料２**には『ことわざ絵本』には用いられていなかった「ちなみに」という言葉を加えています。下段の手引きは、作品例に沿って作成する際の留意点や、具体例を示して学習者が創作しやすいように工夫します。

次に、各自が担当することわざの資料を渡します。何の資料もない状態で学習を行うと、ことわざの意味を取り違えたり、誤った使い方をしたりする場合があります。資料は、ことわざの意味や用例が豊富に掲載されている辞典等を複数用いるのがベストです[1]。その後、資料と作品例・手引きを基に現代版ことわざの構想を各自で練っていきます。考える手立てとして、「部活でこんなことがあった」「授業を受けているといつも思うことがある」「友達を見ていてしみじみ感じることがある」のように、具体的な生活の場面を惹起させるような言葉を手引きに添えるのも有効です。

第３時　指導者による相談の時間を設け、作品を完成させる。

授業内容は前時の続きであり、この時間内で作品の完成を目指します。ただし、学習活動を学習者に任せきりにしないよう工夫が必要です。具体的には、ある程度時間が経ったら、学習者一人一人と、どのような状況をことわざに表そうとしているのか、個別に相談する時間を設けましょう。学習者は、ことわざの意味にのみ着目してしまい、文脈に適さない用い方をしてしまうことがあります。例えば、少しムッとしただけの状況であるのに、「怒りを表すことわざ」という理解によって、大きな怒りを表す「怒髪天を衝く」や「逆鱗に触れる」を用いてしまうことがあります。もちろん、それだけの怒りを覚える状況を想定している場合もありますが、それも含めて、学習者が意図していることがわかりやすくなるように、相談しながら適切な場面を探っていきましょう。本時では、イラストを積極的に取り入れるよう促したり、学校生活の様々な場面で活用できることを示したりして、他の学習者の作品を読むことが楽しみとなるような雰囲気づくりに努めます。

第４時　作品をまとめたクラスの冊子を共有する。

作品をまとめて、冊子にしてクラスに配布します。作品は、学習者の日常から切り取られた場面を、他の学習者がことわざで表したものであるため、興味を持って冊子を手にとることが期待できます。全体で読み進めながら、現代版ことわざがうまくまとまっている作品や、意外な活用の仕方をしている作品を紹介すると、他の学習者の優れた表現から学ぶ姿勢も身につきます。

2-3　授業のポイント

指導者との相談時間の確保

第２～３時の創作する時間には、指導者との相談をしながら行うことが重要です。文脈に即した適切なことわざの運用を目指す上で、学習者に任せきってしまって、誤用が多発する事態は避けなければなりません。学習者が創作しようとしている状況が、担当していることわざと合致するかどうか、指導者による確認が必要です。もし、学習者の人数や時間の都合上、全ての学習者と相談することが困難な場合、冊子にするものは文脈に適しているもの、誤用ではないものを選別して掲載するようにします。本提案は、創作さえすればそれでよい、ということではなく、あくまでことわざの適切な活用が目標であることを念頭に置いた授業を展開しましょう。

『ことわざ絵本』の分析に基づく言葉の指導

本提案は、ことわざの活用能力を高めると共に、『ことわざ絵本』の分析で示した言葉を用いて、文章を端的にまとめることも目標としています。手引きに取り上げた言葉は、この単元以外の学習活動においても活用可能なものです。特に、ことわざが示す事柄をまとめる際に用いる「要するに」という言葉は、内容を要約する際に重要なものです。手引きのフォーマットに即して実際に使ってみることを通して、短くまとめる力を身につけさせることも指導をする中で意識したいところです。

3 実践に向けて

外山滋比古はことわざについて、「自分に引き寄せて、すこし曲げて使うことができるようになっている。だからこそ、ことわざが日常多くの人に愛用されるのである。」と述べています[2]。本単元は、まさしく「自分に引き寄せて、すこし曲げて使う」ことを目標としています。ことわざは意味を暗記して終わりではなく、具体的な場面に即して活用することで、今と昔のつながりを実感するきっかけとなります。そのきっかけは、少し大げさにいえば、自分が古くから伝えられてきた伝統的な言語文化の担い手であり、次世代へつないでいく存在であることを自覚する第一歩であるともいえます。このような伝統的な言語文化を学ぶ上で必要となる姿勢を、本提案のような小さな学習によって少しずつ身につけさせましょう。

【注】

1 ことわざの出典や成立過程については『岩波ことわざ辞典』（時田昌瑞、岩波書店、2000年）が、用い方や誤用の例については『明鏡ことわざ成句使い方辞典』（北原保雄他、大修館書店、2007年）が参考になります。いずれも、小学校中学年から参照することが可能なものです。

2 『新版 ことわざの論理』（外山滋比古、東京書籍、2010年）より引用。本書は、「情けは人のためならず」の誤用の要因をめぐる考察など、ことわざの授業の導入に適しているエッセイが多数採録されています。

町田先生からのコメント

ことわざは語彙の学びの適切な教材となりますが、『ことわざ絵本』に倣って学習者が絵本を創るのは楽しい活動です。大村はま先生の『学習慣用語句辞典』を彷彿とさせ、「手引き」が効果的に用いられる点にも注目したいと思います。

「サンタクロース」で育む批判的思考力

李　軍

教材名 絵本『サンタのおばさん』(東野圭吾作・杉田比呂美画、文藝春秋、2001年)

校　種 小　中　高　大　おすすめ！（高）

こんな力がつきます：多面的に物事を捉え批判的に考える力

1　教材提案

1-1　素材の解説

フィンランドのある小さな村で、サンタ協会の毎年慣例のサンタクロース会議が開かれます。アメリカ・サンタの後任者について協議する時に、初の女性候補者・ジェシカが推薦されたことで、大騒動になってしまいます。各国のサンタ全員の承認を得なければサンタになれないという決まりがあるので、アメリカ・サンタは懸命に説得しますが、ヨーロッパ諸国のサンタをはじめ、反対意見が続出して、議論が白熱化していきます。

「なぜサンタクロースは男性だと決めてかかるのかね」というアメリカ・サンタの問いかけに対して、各国のサンタはサンタクロースの「標準スタイル」や自国の事情、慣習を理由に意見を述べますが、そこから固定観念や先入観による価値判断の「枠(基準)」が浮き彫りになってきます。これらの「枠」をどのように捉え、如何に乗り越えていくかがこの絵本のテーマです。

1-2　教材としての魅力

情報社会の進展により、世の中にサンタクロースのように作り上げられたイメージや既成概念が増えています。イメージにすぎないものが、いつのまにか揺るがない「常識」となり、人々の価値判断の基準を固定化してしまいます。この絵本は、一つの「常識」に拘泥する思考の限界性、物事の本質を見ようとしない認識の浅薄さ、そして違う視点から見る世界の豊かさなどがユーモラスに描かれており、楽しくかつ深く考えさせられる1冊です。

2 授業提案

2-1 授業のねらい

この授業では、まず、学習者が持っている「あたりまえ」や「常識」に切り口を入れることで、「既成概念や習慣が真の価値判断を超えて先入観を形づくり、ものを見る尺度を固定化してしまう」ことに気づかせ、問題意識を持たせます。次に、学習者は、協同学習の中で物事を多面的に捉え、目に見えない核心的な部分について議論することで、自分の認識や思考を省察しつつ、批判的なまなざしで物事を判断する体験をします。最後に、「サンタクロースらしさ」について議論してきたことを踏まえ、「○○○らしさ/○○○らしい」という言葉を批判的に捉え直し、この授業で気づいたことや学んだことを日常の言語生活に生かすことで、学びを深めていきます。

2-2 授業の展開

この授業は2時間設定で行います。

第1時 サンタクロースの審査員になろう。

第1時は**資料1**（第1時に使用するワークシート）に沿って授業を展開していきます。授業の最初に、本時の授業内容や目的、活動の流れについて説明します。

活動① 図①からサンタクロースらしい人物を探してみよう。

まず、**資料1**・図①を使用します。図①では、各国のサンタの日常が描かれています。例えば、イギリス・サンタは子どもをあやしており、ドイツ・サンタは書斎で読書しています。オセアニア・サンタは半袖・半ズボン姿で日光浴をし、アフリカ・サンタは洗濯した緑色のケープを干しています。日本サンタは綿入れ半纏の姿で炬燵に入って仮眠しており、次期アメリカ・サンタの候補者・ジェシカは目玉焼きを作って食事の準備をしています。絵本の原画には各国の国名とジェシカの名前が書かれていますが、学習材として提示する時には、それぞれの国名と人名を隠し、番号をつけておきます。

学習者は、まず個人で図①からサンタクロースらしい人物を選び、その理由を書きます。その後、各班で意見交換を行い、クラスで発表します。

ベルギー・サンタは自画像（白い髭、白い眉、赤い外套、赤いズボン）を描いており、フランス･サンタは赤い外套にアイロンをかけているので、「サンタクロースらしい人物」として選ばれる確率が高いと思われます。また、選んだ理由としては「標準スタイル」に関連するものが多いと推測されます。

ここでは、次のように説明し、学習者の固定概念や先入観に揺さぶりをかけます。なお、下記の内容は絵本の内容に基づいています。

・オーストラリアではクリスマスが真夏なので、オセアニア・サンタはアロハシャツでサーフボードに乗ってプレゼントを配っています。

・野生動物の多いアフリカでは赤色だと猛獣を刺激して襲われやすいので、アフリカ･サンタは緑色の服装でもよいということになっています。

活動②　審査員になって、サンタクロースにふさわしい人物を選ぼう。

次に、**資料１**・図②を使用します。図②では、ジェシカと男性５人の応募者（音楽家、会社員、工事業者、医者、パン職人）、計６人のイラストが描かれています。それぞれの人物に番号をつけておきます。

学習者は、図②からアメリカ・サンタの後任にふさわしい人物を選び、その理由を書きます。誰をどのような理由で候補者に選んでいるかに注目しますが、学習者の内面にある価値判断の基準や尺度を自らの言葉で表出させ、他者の意見を聞きながら、自分の判断基準や認識を批判的に見つめ直すことに活動の重点をおきます。

活動③　サンタクロース選考の必須条件をまとめてみよう。

最後に、審査員として自分なりの選考条件をまとめます。これだけは絶対に譲れない条件を書くように指示します。記入後、クラス全体で学習者の回答を共有、整理し、第１時の内容をまとめます。

第２時　サンタ会議で自分の意見を述べてみよう。

第２時は**資料２**（第２時に使用するワークシート）に沿って授業を展開していきます。授業の最初に、前時の授業内容を簡単に振り返り、本時の内容、目的、活動の流れについて説明します。

活動④　サンタ会議に参加し、自分の意見と根拠を示してみよう。

まず、アメリカ・サンタの推薦により、ジェシカが候補者になったことを

サンタクロースの審査員になろう

（　）年（　）組（　）番　名前（　　　）

（1）図①からサンタクロースらしい人物を選び、そう思った理由を書いてみよう。（複数可）

⦿サンタクロースらしい人物の番号を記入しよう。（個人）

⦿そう思った理由を書いてみよう。（個人）

⦿班の意見

図①（『サンタのおばさん』pp. 68-69）

（2）アメリカ・サンタの後任を決める会議の前に、あなたは審査員として応募者から一人を推薦する必要がある。図②の応募者から一人を選び、その理由を書いてみよう。

⦿アメリカ・サンタに推薦したい人物の番号を記入しよう。（個人）

⦿選んだ理由を書いてみよう。（個人）

⦿班の意見

図②（『サンタのおばさん』pp. 26-27）

（3）サンタクロースになるための必須条件とは何か。これまでの内容を踏まえ、まとめてみよう。（個人）

資料１　第１時に使用するワークシート

（　）年（　）組（　）番　名前（　　　）

（4）毎年慣例のサンタ会議が開かれた。ジェシカ（資料１・図②の①）がアメリカ・サンタの候補者として推薦されたことについて、各国のサンタは次のように意見を述べた。

▼意見①　女性が候補になるなんてことは想定してませんから。……一応標準スタイルとして決められています。白い髭、白い眉、赤い外套、赤いズボンなどです。（ドイツ・サンタ）
▼意見②　彼女には髭がありませんよ。それはどうするんです。（フランス・サンタ）
▼意見③　人類の半分は女性だ。女性には髭が生えない。だから女性サンタの場合には髭がなくてもいいことにする――そのように規則を変えればいいだけのことだ。（アメリカ・サンタ）
▼意見④　（なぜサンタクロースは男性だと決めてかかるのかと聞かれて）それは聖ニコラスが男性だったからです。（オランダ・サンタ）
▼意見⑤　サンタクロースは父性の象徴だと思うんです。……我が国では父親の地位が失墜しています。もし女性のサンタクロースが現れたら、子供たちは金輪際父性のありがたみを感じなくなるでしょう。サンタクロースはいわば、父親たちの最後の砦なのです。（日本サンタ）
▼意見⑥　サンタが父性の象徴とはかぎらないだろう。肝心なのは子供を愛する心だ。（カナダ・サンタ）

⦿前回の授業で選んだ候補者とその理由を踏まえ、右の意見に対して賛成できる部分、賛成できない部分を整理しよう。その上で、ジェシカの選出についてあなたの意見と根拠を示してみよう。（個人）

⦿班の意見

（5）課題（4）の自分の意見と第１時・課題（3）の自分の意見とを比較して、新たに気づいたことや感じたこと、考えたことを書いてみよう。（個人）

（6）これまでに「サンタクロースらしさ」について考えてきた。最後に、「〇〇〇らしさ／〇〇〇らしい」という言葉について吟味してみよう。「〇〇〇」に言葉を入れて、授業で気づいたことを生かし、「〇〇〇らしさ／〇〇〇らしい」にはどのような側面があるのか、批判的に考えてみよう。（個人）

資料２　第２時に使用するワークシート

伝え、資料２にある各国サンタの意見を紹介します。次に、学習者は第1時における自分の判断や根拠を踏まえながら、各国サンタの意見の正当性を判断し、女性サンタクロースの選出について自分の意見と根拠をまとめます。そして、異なる意見を持つ学習者で新しい班を作り、ディスカッションを行います。同じ立場であってもそれぞれの理由や根拠が異なるので、物事を多面的に捉え、本質的な部分について議論するように促します。

活動⑤　思考の変容を確認し、言葉で表現してみよう。

この活動では、学習者は第1時の最後にまとめたサンタクロースの選考条件と、活動④で出会った様々な意見や自らの新たな意見を比較することで、それぞれの思考の変化を把握します。例えば、最初は外見的条件や常識に囚われていた学習者は、授業を通して女性サンタクロースの可能性やサンタクロースの目に見えない内面的要素に気づくことができますし、これまで内面より外見ばかりに注目してきた自分を省察することもできます。

活動⑥　批判的に言葉を吟味してみよう。

最後に、「○○○らしさ/○○○らしい」を多面的批判的に捉え直します。クラス全体で学習者の回答を共有、整理し、授業を総括します。

2-3　授業のポイント

この授業では、批判的思考力の育成をねらいとしていますが、「批判的＝否定する」にならないように、事前に批判的思考力とは何かを確かめ、その認識を共有しておくことが重要です。また、議論をする際に、女性差別、男女平等という方向に偏らないように注意を要します。サンタクロースの役目が夢や希望、愛情を届けることだとしたら、外見や性別といった「標準スタイル」よりもっと大事な選考条件があることに気づかせたいところです。

本提案では、学習者の思考を誘導しないために、絵本タイトルの「サンタのおばさん」や物語の内容を伏せておきますが、例えば、授業の後半に、絵本の中で実際にどのように描かれ、どのような結末になったかを伝え、各国サンタの思考の変化と自分たちの考えの変容とを比較させることで、より理解が深まります。また、今回の授業の最後に、「○○○らしさ/○○○らしい」を取り上げますが、例えば、イメージで形づくられた社会現象について多面的批判的に捉え、その本質的な部分について議論することも考えられます。

3 実践に向けて

「絵本＝幼児向け、幼稚」という先入観を持つ学習者は少なからずいます。本提案を実践するにあたっては、その先入観や固定観念の「枠」を外して絵本の教育的価値や教材としての魅力、可能性に目を向けさせることが第一歩です[1]。また、ここで提示した図①、図②のほかにも、教材化できるような絵図や要素があるので、校種、学年、学習者の実態に合わせて絵本の教材化を工夫することも大切です。

私たちは日々多くの「あたりまえ」に囲まれて暮らしています。その「あたりまえ」が、「壁」のように私たちの日常を守ってくれる一方、多くのものを遮断し、見えなくしてしまう面もあります。「壁」を超えて外の世界を見るために、まず、「サンタクロース」を通してその「壁」の存在に気づいてほしいと思います。

【注】

1 絵本など図像テクストの教育的意義や可能性については、『国語科教育に求められるヴィジュアル・リテラシーの探究』（奥泉香、ひつじ書房、2018年）が参考になります。

町田先生からのコメント

日ごろはあまり意識されていない「常識」に相当する身近な問題に目を向けるところから出発します。サンタクロースを具体例として取り上げてジェンダーを含む多様な観点から検討するという活動は、効果的な学びが期待できます。

「私の夢の国」を紹介しよう

王　培

教材名 オリジナル写真

校　種 小｜中｜高｜大（おすすめ！：中〜高）

こんな力がつきます

想像を広げて言葉で表現する力

1　教材提案

1-1　素材の解説

学習者にとって写真は身近にある存在であり、日常生活にも学校生活にも欠かせない素材でもあります。写真を使って作文を書いたり、写真をスクリーンに映して発表したりする活動を取り入れるなど、国語科の授業で写真を扱うことが多くあります。高度情報化が急速に進展した現代社会においては、SNSをはじめ、インターネット環境や学習者の実生活の周りなど、文字だけではなく常に写真が溢れており、学習者を取り巻く環境には写真が欠かせない素材となっています。

1-2　教材としての魅力

ここでは、筆者が世界の各地で撮影した30枚の写真を取り上げます。筆者の趣味の一つは写真撮影ですので、普段からよく撮影しています。今回はその中から、「カラフル」をテーマとして写真を選びました。特に、見る人にメッセージと刺激を与えられるようなものを厳選しています。本提案では写真を使って学習者に視覚的な刺激を与えることで、授業への興味や関心を喚起させ、魅力的な写真から多様な読みを生み出すことを期待しています。これらのカラフルな写真はグループ活動の中で、話し合いの素材として豊富な話題を提供してくれます。複数枚の写真から得られる膨大な情報量によって、学習者から多様な読みが生まれることでしょう。作文にまとめる創作活動を通して、想像力と創造力を築き上げる教材として期待できます。

2 授業提案

2-1 授業のねらい

写真を見て適切な言葉で表現する活動では、写真は単に「見る」対象に留まりません。目にした内容を理解して、適切な言葉を選んで話したり書いたりすることが必要となります。また、授業中にグループ活動を取り入れることで、学習者は考えを話したり、他者の話を聞いたりして、自分の考えを深めることが期待できます。

本提案では写真を使って多様な読みを生み出す授業を目指します。そのため、多様な読みを引き出せる写真を選択することが極めて重要です。本提案で使用する写真の選択基準の一つは、その写真を目にした瞬間に、学習者に「これは何だろう？」「どこだろう？」「いつ見られるんだろう？」という疑問と驚きが生まれるような写真を選ぶことです。学習者が疑問と驚きを抱き、それらを抱いている学習者同士が学習活動に参加し、互いに考えを共有したりぶつかったりする過程で、互いの読みにズレが生じたり緩和したりすることになります。それらの活動は能動的な学習につながり、そこから多様な読みが生まれると考えられます。

このように多様な読みを体験し実感させた上で、さらに、想像力を発揮させるために、「もし、あなたが観光大臣だとしたら、自分の夢の国に来てもらえるように、どのような紹介をしますか。」と問いかけます。学習者はカラフルかつ神秘的な写真の中から、複数枚の写真を選んで「私の夢の国」をテーマにして作文を書く課題に取り組みます。写真の特質は学習者の興味や関心を喚起するだけに留まりません。学習者は、写真に含まれている情報を整理していく内に、想像力と創造力を発揮することでしょう。

また、グループ活動を通して多様な読みが生まれると考えるため、本提案では、考えを共有する場を確保することを重視しています。他者と交流したことを自分の考えと照らし合わせて新たな発想を生み出し、さらに、人に紹介することを前提とした「読み手を意識した作文創作」によって、より能動的な学習活動につなげることが本授業のねらいです。

2-2　授業の展開

・単元計画（3時間扱い）

第1時　写真を見て、読み取った内容をグループ内で共有する。

第2時　4枚以上の写真を選んで作文を作成する。

第3時　作文をクラス内で回し読みをして、その中から3部を選び、選んだ理由を考える。

第1時　①5人グループに分かれて、30枚の写真を6枚ずつランダムに配付する。配付された写真を見て、そこから読み取った内容を言葉で簡単にメモしてまとめる。次にグループ内で一枚ずつ読み取った内容を発表する。

事前に30枚の写真（図1）をランダムに5部に分けて配付します。配付した後で、次のような写真を観察する観点を提示します。

・どんな被写体が写っていますか。被写体の関係はどうなっていますか。

・どんな環境で撮影された写真ですか。

・構図はどうなっていますか。光の明暗はどうなっていますか。

・写真の色彩はどのようになっていますか。

以上のように、写真を観察する観点を多角度から提示することで、学習者の考えを促すことができます。また、学習者に写真を観察した経験があるかを確認することも大切です。

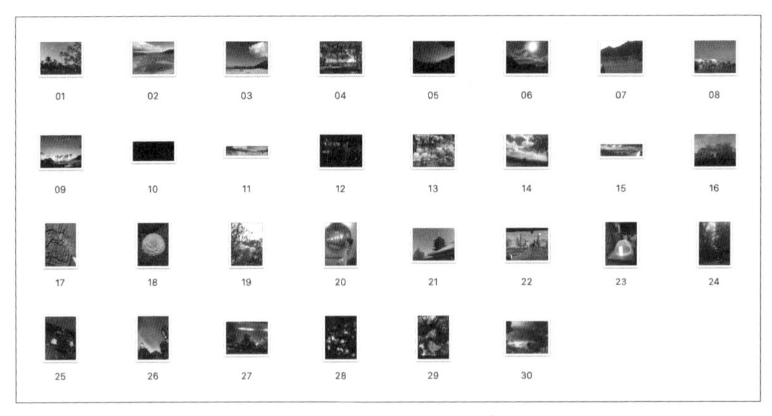

図1　使用する写真の例[1]

②各自が30枚の写真を4組以上のテーマ別に分類する。グループ内でそれぞれの分類とテーマを発表する。

①の活動を通して学習者は30枚の写真の内容についてある程度の理解を持ったので、次に、写真を整理して分類します。ここでは特に、それぞれの分類にテーマを決めることが重要です。写真から読み取った情報を既有知識と関連づけて関係性を持たせることをねらいとした学習活動です。

第2時　①30枚の写真から4枚以上選んで、「私の夢の国」をテーマにしてその国を紹介する作文の概要を決める。

本時では「私の夢の国」を紹介する作文を完成させます。まず、書く材料を決めます。第1時の授業を通して、30枚の写真の内容について多角度から理解することができました。ここでは、「私の夢の国」のテーマに相応しい写真を選び出します。書く材料が集まったらどのように書くか考えます。

②5人グループに分かれて、概要を簡単に発表してアドバイスをもらう。

作文の概要とテーマをグループ内で簡単に共有します。作文を書く際に、書く内容と構造が決まらない学習者に対しては、指導者からの直接的な支援が求められます。あわせて、学習者同士が話し合う時間を設けることも重要です。「何を書けばいいかわからない」「どう書けばいいかわからない」といった、作文創作に対して学習者が直面する二つの問題を、一人だけではなく、学習者同士の力で解決するための活動として位置づけられます。

③「私の夢の国」を紹介する作文を作成する。

選んだ写真をもとに「夢の国」を構想して、その「夢の国」に来てもらうための紹介文を書きます。ここでは、読み手を意識して書くことが大切です。

第3時　①10人グループに分かれて、作文の回し読みを行う。

ここでは作文の回し読みを行います。書き手と読み手としてだけではなく、審査員として作文を評価します。その作文を読んでその「夢の国」に行ってみたいと思ったかどうかを評価基準に設定します。

②「行ってみたい国」を三つ選んで、選んだ理由を簡単に記述する。

10部の作文の中から3部を選んで、理由を考えて記述します。書き手と読み手の立場を往還して、さらに作文を振り返って評価することにより、新たな学びが生まれることがねらいです。

③ 各グループの中で最も多く選ばれた作文をクラス内で共有する。

今までの活動は個人レベルとグループ活動レベルで行われてきましたが、授業の最後ではクラス全体での共有を通して授業を終えます。

2-3　授業のポイント

授業の開始段階から、写真を観察する観点を指導者から提示する必要があります。教科書の中でも挿絵として絵図や写真がよく使われていて、学習者にとっては教材としての写真は珍しいものではありません。しかし、その大半は文章テキストを理解する為の補助手段として用いられています。そのため、写真を観察して読み取った情報を既有知識と関連づけて関係を持たせる作業に不慣れを感じる学習者が多くいます。そこで、授業の導入段階で写真の観察の観点を提示し、写真を見るだけではなく読む行為として学ばせることができれば、学習者の困惑は解消されます。

次に、考えを共有する時間と場所を十分に確保することが大切です。学習者の感想から出発して、グループ活動における意見交換は自身の新たな発想を促します。学習者はこの活動を通じて、自分の知識と照らし合わせながら考えを深めて広げていきます。本提案では考えを共有する時間を各時に設けています。指導者はグループの様子を見ながら適宜支援をします。学習者間で積極的な意見交換ができてない場合は、指導者から質問を投げかけて考えを誘導することも必要です。

本提案の学習活動の最終目標は、読み手の評価を意識した作文創作です。写真から読み取った情報を既有知識と関連づけて関係性を持たせる第1時と第2時の学習活動は、第3時の授業に向けた重要な基礎作りの活動として位置づけられます。

3 実践に向けて

本提案は、数多くの写真を使用することが特徴の一つです。それらの写真の選択基準は数だけではなく、学習者に刺激や疑問、驚きを与えられるような写真が望まれます。筆者のように普段から多く撮影していない方は、ナショナルジオグラフィック社の写真コンテストの受賞作品なども活用するとよいでしょう。写真の選択は学習者の興味や関心の喚起、多様な読み及び授業への取り組みにも大いに影響します。指導者の事前の理解があると、より授業が効果的に進みます。さらに、グループ活動は長い時間を占めます。写真は学習者の交流の材料として機能し、グループ活動によって写真への理解を広げ深めていきます。学習者同士の学びの交流は能動的な授業を目指す重要な部分です。個人レベルとグループレベルの活動が交互に行われることで、個人の学びを深めながら学習者同士で考えを広げていくことが一つのねらいです。ただし、学習者に任せきりの授業は好ましくなく、指導者の適宜の指導が欠かせません。本提案の授業を通して、多様な読みから生まれた創造力に学習者自身が気づくことを大いに期待しています。

【注】

1 写真は下記の GoogleDrive にて公開しています。
https://drive.google.com/drive/folders/1sUT2QhzWUJeFkkBzrZ8PIG9h7fMDZYSZ?usp=sharing

町田先生からのコメント

写真の教材化の可能性が追究された提案です。指導者自身が撮影した様々な写真の中から教材として使用できるものを精選して、具体的な授業の構想が提案されたことで、画像をいかに言語化するかという課題に迫ることができます。

短歌と写真を組み合わせる—「うたらば」創作委員会—

吉川　七菜子

教材名 短歌×写真のフリーペーパー「うたらば」（田中ましろ、2010年～）

校　種 小　中　高　大（おすすめ！：中～高）

こんな力がつきます：表現効果を考えながら創作する力

1　教材提案

1-1　素材の解説

長い歴史をもつ短歌は、現在もたくさんの人に親しまれています。最近では、詠んだ短歌を発表する場や新しい表現の仕方が増えてきました。

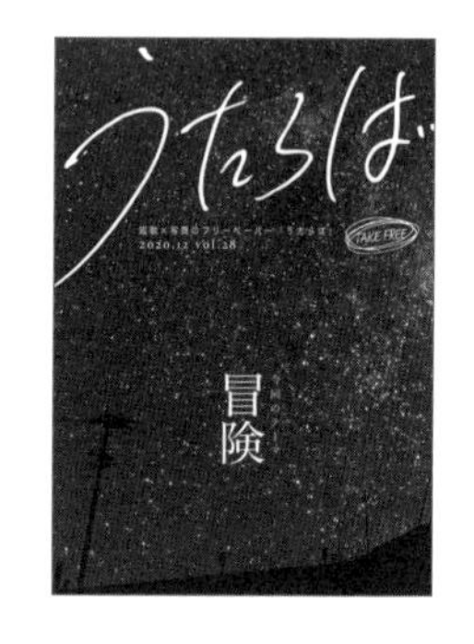

歌人であり、また写真家でもある田中ましろさんが制作している「うたらば」は、インターネットで手軽に短歌を投稿できる場として注目されています[1]。すべての冊子にテーマがあり、投稿された作品の中から選ばれた短歌は田中さんが撮影した写真とともに掲載されます。短歌を、そして誌面いっぱいに広がる鮮やかな写真を手に取った瞬間から楽しむことのできるフリーペーパーです。

1-2　教材としての魅力

近年、SNS上では、多くの人が日常の出来事や体験を写真で公開し、交流を深めています。最近では若年層を中心にフィルムカメラが流行するなど、写真は私たちの生活にとても身近な存在です。その一方で短歌は、「遠い昔のもの」「難しい」といった印象をもたれることが多々あります。

「一読して『なんかいいな』と感じてもらうことを意識して短歌作品の選歌と写真・デザインを吟味しています。」制作者の田中さんの言う「なんかいいな」は学習者が短歌の扉を開く鍵になります。

目に見える風景の一瞬を切り取る写真と、目に見えない心の一瞬を切り取る短歌。その両方が組み合わさり、新たな意味合いをも生み出す作品の表現の効果に着目し、短歌と写真の魅力に迫ります。

2　授業提案

2-1　授業のねらい

この授業ではまず、文字のみで味わう短歌の読み方と写真とともに読む読み方の両方を学習者が体験します。写真とともに短歌を読むことを通して、文字のみで読むときとは異なる印象をもったり、発想を広げたりし、短歌の読みに新しい視点をもつことがねらいです。

また「うたらば」を読み、短歌と写真の関係性について考察する時間を設けます。ここで得た気づきをもとに実際に学校を舞台とした「短歌×写真」の創作を行い、創作することの楽しさを体感します。

2-2　授業の展開

○単元計画（4時間計画）

第1時　「うたらば」を読む。

第2時　学校を探検し、題材を見つけて写真を撮る。

第3時　「短歌×写真」を創作する。

第4時　「短歌×写真」にストーリーを加え「うたらば○○学校編」を創作する。

○単元の目標

(1) 短歌と写真の相互のはたらきからその表現効果を捉えたり考えたりすることができる。

(2) 短歌創作を身近に捉え、楽しんで創作することができる。

第1時

① 短歌を読み比べる。

「うたらば」に掲載されている短歌1首を、まず短歌のみで学習者に提示し、感想を交流します。その後、鑑賞した短歌が掲載されている「うたらば」のページをそのまま学習者に提示し、写真がある場合の感想を交流します。学級全体での活動のため、「うたらば」のページを提示する際は、「うたらば」WEB版を用いて大きなスクリーンに映し出すという方法もあります。

②「うたらば」をグループで読む。

グループに1冊「うたらば」を配布し、鑑賞します。グループで読み合うことで他の学習者の感想から新たな気づきを得ることができるようにします。

③ 短歌と写真の相互のはたらき・ストーリー展開について考察する。

「うたらば」を見ると、短歌と写真、両者の距離感が近すぎず、遠すぎず、むしろ短歌に詠まれていないものが写真には登場したり、反対に写真にないものが短歌に詠まれていたりしていることに気がつきます。短歌と写真が互いを響かせ合いながらどのように表現されているかグループでページをめくりながら考え、意見を交流します。

また、掲載されている作品が全体として一つのストーリーになるように展開されているところに着目します。

④ 次時以降の学習につなげる。

③での考察を活かし、次時から実際に創作活動に入ることを伝えます。「短歌×写真　○○学校編」といったタイトルを提示するなど、創作の意欲を学習者が高められるようにします。

第2時（準備物：カメラ）

⑤ 本時の活動の見通しをもつ。

前時の学習を振り返り、本時から始まる創作活動「短歌×写真　○○学校編」の流れを示します。本時は、丸1時間学校を探検し、短歌の題材を見つけ、創作に使う写真を撮影します。グループに一つカメラを用意し、活動はグループで行います。

⑥メモを取りながら活動する。

学校を探検しながら短歌に詠みたいものや目に留まったものは、写真を撮るだけでなく、言葉にしてメモしておくように指示します。

普段利用する場所や思い出のある場所など、あらかじめ詠みたいものを決めておくと活動がスムーズに進むかもしれません。しかし、探検の途中でふと思い出したり考えたりする場面がたくさんあると思います。普段何気なく過ごしている学校をいつもより少し意識して歩くよう促して下さい。

⑦探検が終了したら教室に戻り、創作の準備をする。

撮影した写真は次の授業までに教師が用意します。学習者は各自で短歌に詠みたいテーマや写真を決めます。

第３時（準備物：写真、ペンなど）

⑧「短歌×写真」の創作を始める。（個人での活動）

短歌を詠み、写真を選びます（どちらが先でも構いません）。写真はA4サイズほどの大きさにし、短歌を手書きで書き込む余白を設けます（作品例1・2）。今回は文字のフォントやデザインを重視するのではなく、短歌と写真を関連づけて創作することが目標です。

一つ創作できたら、次の作品に挑戦するよう促します。

⑨創作した作品を交流する。

作品をグループで発表し、他者の作品への感想や創作して感じたことなどを伝え合います。

作品例1

作品例2

第４時

⑩ 他者の作品について意見を交流する。

前時に創作した全員分の作品をシャッフルし、グループに人数分ランダムに配布することで、他者の作品に数多く触れることができるようにします。学習者は作品を鑑賞し、グループで意見を交流します。

⑪ 作品を一つのストーリーにする。

１時間目の授業で「うたらば」は、それぞれの作品が全体として一つのストーリーになっていて、展開を楽しみながら読むことができるということを学習しました。⑩で鑑賞した作品をつなげたらどんなストーリーができるかグループで考えます。ストーリーを考えたら、実際に冊子にしてみましょう。世界に１冊しかない「うたらば○○学校編」を作成します。

⑫「うたらば○○学校編」の発表をする。

グループで考えた「うたらば○○学校編」を学級全体で交流します。

2-3　授業のポイント

①比べ読みをする

いきなり「うたらば」を提示するのではなく、短歌を文字のみで解釈する時間を設けることにより、写真の効果を捉えることができるようにします。その後、写真とともに掲載されたページを提示し、短歌を文字のみで読んだときとは異なる印象をもったり想像を膨らませたりする実感を得ることができるようにします。

②学校を「探検」する

教室で椅子に座り、頭の中で短歌をつくることは、難しく、とても窮屈なものです。今回は、実際に歩いて学校を探検し、短歌の種を拾いに行きます。普段何気なく生活している学校も少し意識して歩いてみると、今まで気づかなかったものを発見することがあるかもしれません。目で見るだけでなく、耳を澄ませたり、手で触れたりして体を大いに動かしてみましょう。

創作に用いる写真や短歌をあらかじめ教師が用意、設定することも可能ですが、実際に写真を撮る活動や短歌を詠む活動を通して、創作することの工夫や楽しさを体感することができると考えます。

3 実践に向けて

写真は短歌の解釈を狭めてしまわないか。以前の私はこう考えることがありました。しかし、「うたらば」と出会い、ページを開いて短歌を読んだとき、いつも以上に何度もその短歌を読み返したことを覚えています。写真によってより一層広がりのある情景を思い描くことができたのです。

今回の提案では、言葉で伝える短歌と視覚的に伝える写真を組み合わせることで、両者の新たな楽しみ方を体感し、創作することのおもしろさを学習者が実感できるようにしました。また、創作がゴールではなく、学習者同士で作品を鑑賞する時間を設け、自分の作品が他者にどう伝わっているか知ることで、写真や短歌の特徴を捉えたり、創作の工夫を考えたりすることができるようにしました。

学習者に身近な色々なテーマで「うたらば」を作ってみませんか？

【注】

1 うたらば | 短歌×写真のフリーペーパー https://www.utalover.com/ (2021年7月1日時点)

町田先生からのコメント

言葉と写真のコラボレーションは、様々な表現の可能性が拓かれて効果的です。短歌を写真とともに味わいつつ創作を楽しむという提案はとても魅力的で、学習者は短歌の世界を身近に感じつつ、表現への関心を育てることになります。

第2章

「映像」を使った授業提案

第２章で扱う教材はアニメーション映画、特撮テレビドラマ、舞台映像など、実に多様性に富んでいます。目で見て、耳で聞いて、多くの情報をもとに世界観を味わえる映像作品は、例え見慣れないものであったとしても、学習者の心を引きつけることができます。

一方で、すでに親しみのある映像作品を教材化することでその作品の新しい顔に触れ、一人では気づけなかった魅力を再確認することにもつながります。

学習者の「楽しい」や「好き」を生かした「見ること」「聞くこと」からはじまる言語活動の展開は、その他の教材を扱う際にも大切な国語の力を養ってくれることでしょう。

エリンの世界を情景描写から読み取ろう

小見　紗永子

教材名 アニメ「獣の奏者エリン」（浜名孝行、NHK、2009年）

校　種 小　中（おすすめ！）　高　大

こんな力がつきます
情景描写から心情や関係性を解釈する力

1　教材提案

1-1　素材の解説

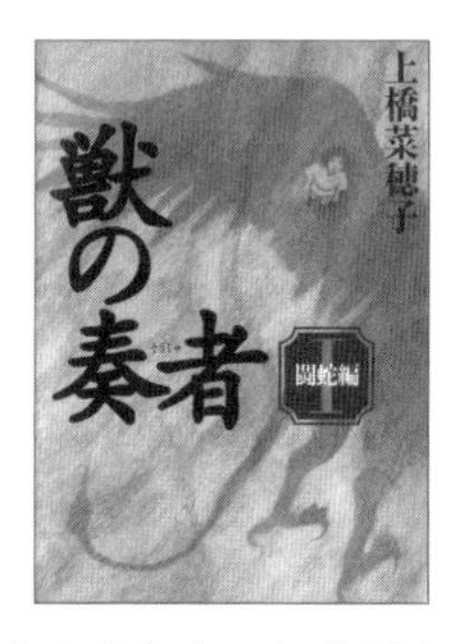

「獣の奏者エリン」は上橋菜穂子の小説『獣の奏者』をアニメ化した作品です。原作の『獣の奏者』は2006年から2010年にかけて講談社から全5巻が刊行されています。上橋が「子どもの本として書いていなかった」[1]と述べる通り、『獣の奏者』には子ども向けとするには容赦のない描写が見られるところがあります。上橋はアニメ監修日誌のなかで次のように述べています。原作は「『子どもでも大人でも、誰が読んでもかまわない』物語」でしたが、アニメ化に際して「はじめから『子どもたち』が観ることが想定されてい」たというのです[2]。つまり、「獣の奏者エリン」はターゲットである子どもたちにわかりやすいよう数々の工夫が施されているのです。

1-2　教材としての魅力

「獣の奏者エリン」に見られる工夫として特徴的なものは情景描写の使い方です。シリーズ構成の藤咲淳一が「監督が自然描写を入れてくれていて、あれでわかりやすくなっている部分もあると思う」と述べ、監督である浜名孝行も「間接的な表現として自然の映像を入れていて」[3]と述べるように、「獣の奏者エリン」には各場面において登場人物の関係性や心情などを示すために多くの情景描写が取り入れられています。このように、情景描写などの工夫を施し、子どもにわかりやすいように再構成された「獣の奏者エリン」は、登場人物の関係性や心情、直接描かれていない出来事を情景描写と関連づけて読み取っていく力をつけるために大変効果的な教材だと考えられます。

2 授業提案

2-1 授業のねらい

小説を読解する際、情景描写は登場人物の心情や関係性をより一層理解することができる重要な表現です。しかしながら、文章から読み取ることは少し難しいと感じる学習者もいるでしょう。そこで、アニメを用いてまず文章を読むという抵抗を緩和しつつ、色や声、音楽といった視覚や聴覚から情報を入れることで、情景描写を読み取りやすくするねらいがあります。情景描写も意味があって挿入されているのだということが理解でき、さらに情景描写が示す事柄を読み取る力をつけられるような授業を想定しています。

ところで、前述した通り、原作である『獣の奏者』は全5巻あります。そして、「獣の奏者エリン」は全50話あります。物語には闘蛇や王獣という架空の生き物や真王と大公、音無し笛など数々の独自の設定が存在するため、その世界観の理解が必要になります。情景描写もほとんどの話数で取り入れられており、さらに、無数に散りばめられた伏線が最後につながるおもしろさがこの作品の魅力です。以上のことから、本来なら全編を扱いたいのですが時間の関係上そうはいきません。そこで、今回取り上げる話数は『獣の奏者』の序章にあたる第1話「緑の目のエリン」、第6話「ソヨンのぬくもり」、そして、第7話「母の指笛」の3話とします。第1話で大まかな設定を提示でき、第6話と第7話で物語の起となる出来事を扱うことで、情景描写から物語全編の核となる登場人物の心情や関係性を読み取ることが可能であるからです。また、原作の『獣の奏者』は〈Ⅰ闘蛇編〉、〈Ⅱ王獣編〉、〈Ⅲ探求編〉、〈Ⅳ完結編〉、〈外伝　刹那〉という構成ですが、アニメ化および漫画化されているのは〈Ⅰ闘蛇編〉と〈Ⅱ王獣編〉です。その続編となる〈Ⅲ探求編〉と〈Ⅳ完結編〉、そして〈外伝　刹那〉は小説でしか書かれていません。つまり、物語のすべてが知りたければ小説を読むしかないということで、最終的には読書活動につなげられるという効果もあるのです。

2-2 授業の展開

授業は3～4時間程度を想定しています。各回とも検討する場面の直前になったら、声をかけて注目して視聴するよう促します。直前に声をかけるこ

『獣の奏者エリン』の情景描写を読み取ろう

組　番　名前（　　　）

一、第一話「緑の目のエリン」

情景描写	表す関係性	理由（根拠）

二、第六話「ソヨンのぬくもり」

場面	情景描写（天気）	表す心情	理由（根拠）
ソヨンが闘蛇の世話をする場面から牙の大量死の場面			
エリンが集会を盗み聞きする場面			
温浴場の前でソヨンが話す場面			
エリンとソヨンの夕食の場面			
ソヨンが監察官に連れて行かれる場面			

1

図１　ワークシート例

とで、検討する場面に集中できるようにするためです。

また、すべてを通してまずは個人でワークシート（図１）に取り組み、その後ペアまたは３～４人程度のグループで話し合い、最後にクラスで考えを共有し、情景描写の示すことを確認するという流れを取ります。

第１次：第１話「緑の目のエリン」の情景描写

第１次はまず、情景描写の持つ役割について確認します。そして、情景描写の役割を考えることを目的にして、情景描写が巧みに使われている「獣の奏者エリン」を視聴するのだと説明します。ワークシートを配布し、第１話「緑の目のエリン」を全編視聴します。第１話で検討する場面は18分52秒から20分37秒までの鷹とその雛を狙うイタチの情景描写です。この情景描写では闘蛇から必死に子を守る母・ソヨンと娘・エリンの母子関係が関連づけられています。場面を確認したら、まずは個人でワークシートに取り組みます。その後、ペアまたは３～４人のグループで話し合います。話し合いの後は教員が発問し、クラス全体で意見を共有し情景描写が表す関係性を確認します。共有が終わった後、残りの本編を視聴します。そして、次回は少し飛んで第6話を視聴することを伝えます。

第２次：第６話「ソヨンのぬくもり」の情景描写

第２次は、第６話「ソヨンのぬくもり」について検討します。最初に前回の復習として、第１話に描かれた情景描写とそれらが示す内容を確認します。その後、第６話では天気に注目して情景描写を考えることを伝えます。第６話は全編を通して天気の描写が入ります。冒頭から中盤にかけての激しい雨、その後に曇り空と風、ほの暗い夕焼け、澄んだ夜、最後に再び降る激しい雨が描写されます。そして、それぞれの天気と関連するように登場人物の置かれている状況や表情が描かれます。例えば、冒頭から中盤にかけての激しい雨はこれから起こる出来事に対するソヨンの苦悩や悲愴、それからエリンの不安を表しているといえるでしょう。このように、天気の情景描写と関連づけて心情を読み取っていきます。こちらは全編にわたっての読み取りなので、映像を流す前にそのことを伝え、天気の場面に特に注目して見るよう声をかけるとともに、適宜メモを取るよう指示して見させるとよいと思います。

第３次：第７話「母の指笛」の情景描写

最後に第３次は、第７話「母の指笛」の検討を行います。第２次と同様、はじめに前回の復習を行います。そして、今回は原作のとある重大な出来事を暗示するために情景描写が用いられていると伝え、情景描写がどのようなことを示しているのか考えていきます。第７話の情景描写は13分53秒から22分29秒までの一連の場面において描かれる赤い花弁です。原作では単行本の〈Ⅰ闘蛇編〉における47ページを見ると、その花弁の意味するところが血であることが見えてきます。ソヨンが剣で突かれて沼に落とされ、「闘蛇の裁き（罪人を野生の闘蛇に食い殺させる）」という死刑に処される場面であること、そしてその場面に赤い花弁が散る情景描写が挿し込まれていることを関連づけて考えます。この場面は原作の該当ページを配布して比較し、子どもをターゲットとしたアニメにおける描写の工夫として情景描写がその効果を発揮していることを確認します。まずは学習者自身で考えてみることが大切であるため、配布するのはクラスでの意見共有が終わった後がよいでしょう。配布後にもう一度該当場面の映像を流します。わかってから見ることで、一連の場面の情景描写の効果をより一層実感できると思います。

最後に今までの授業の感想を記入し、学習者自身で授業の振り返りができるようにします。最後に記入するのは、全体を通した上でそれぞれの情景描写の工夫から感じたこと、考えたことを導き出してほしいからです。その際に今後の展開への興味を喚起し、読書指導にもつなげられるよう原作を紹介します。各自でアニメの続きを視聴する場合は情景描写に注目して何を表しているのか考えながら見るように伝えると、学習者自身で演習を重ねられます。感想が書けたらワークシートを回収し、授業は終了になります。

2-3　授業のポイント

解釈を深めるために

情景描写から読み取ったことはまず各自でワークシートに記入しますが、その際に必ずそう考えた理由（根拠）も書かせるようにします。根拠を明記することで、なぜその情景描写がその事柄を示すのかということをしっかり関連させて考えさせるためです。また、個人でワークシートに記入した後、ペアまたは3～4人のグループでの話し合いを経てクラスでの共有に移りますが、これには段階を踏んで解釈を深めていくというねらいがあります。

読書指導に向けて

「2-1 授業のねらい」の項目でも書きましたが、「獣の奏者エリン」は読書指導への効果もあります。原作の『獣の奏者』は様々な仕様で展開されています。2021年5月現在では単行本、文庫本、そして挿絵入りの青い鳥文庫本が刊行されています。学習者によって読みやすい形態が異なると思いますので、自分に合った仕様の本を手に取ってほしいと伝えてあげてください。ただし、〈外伝　刹那〉は青い鳥文庫本にはなっていません。また、文庫本の〈外伝　刹那〉には新たに書き下ろされた短篇が収録されています。アニメの「獣の奏者エリン」もとても素晴らしい作品ですが、ぜひ原作も手に取ってみて、エリンの歩んだ人生を見てみてほしいです。

3　実践に向けて

今回は特に「獣の奏者エリン」の情景描写についての授業提案をしました。しかし、「獣の奏者エリン」の魅力はこれだけにとどまりません。原作者の上橋はアニメ監修日誌のインタビューにおいて「象徴の使い方の巧みさ」を称賛しています[4]。アニメのなかでは腕輪やミトン、リンゴなどが象徴として用いられていますが、このような象徴の意図する事柄とその効果を考える活動を行ってみても、興味深い考察ができることでしょう。

さらに、『獣の奏者』は武本糸会（たけもといとえ）により漫画化され全11巻が刊行されています。漫画へも手を伸ばし、小説、アニメ、漫画という各メディアによる表現の違いを比較する活動も、様々な発見があっておもしろいかもしれません。

アニメならではの表現に溢れた「獣の奏者エリン」を新たな教材として提案しましたが、原作や漫画も含めて学習者たちにこの壮大な物語をぜひ楽しんでもらえれば幸いです。

【注】

1 『獣の奏者エリン　オフィシャルアニメムック』（学研プラス、2010年）p.7
2 『獣の奏者エリン　～夜明けの鳥～挿入歌CD付きブック　アニメ監修日誌』（エムディエヌコーポレーション、2010年）p.115
3 注1と同書、p.9
4 注2と同書、p.16

町田先生からのコメント

小説を原作としたアニメーションが教材化され、情景描写に着目してアニメを理解する活動を中心とした提案になりました。個人レベルとグループレベルの効果的な連携やワークシートの工夫など、細部まで工夫が行き届いています。

「スーパー戦隊シリーズ」を企画しよう

小峰　梓

教材名 特撮テレビドラマ「スーパー戦隊シリーズ」（東映、1975年～）

校　種 おすすめ！（中〜高）

小　中　高　大

こんな力がつきます

創作を通じてイメージを表現する力

1　教材提案

1-1　素材の解説

「スーパー戦隊シリーズ」とは、複数の登場人物が色分けされたマスクとスーツ姿の戦士に変身して、チームとなって悪と戦う、という特撮テレビドラマシリーズです。1975年の「秘密戦隊ゴレンジャー」から現在まで長期間にわたり新作が毎年放映され続けている国民的な番組でもあります。各作品はそれぞれ独立しており、世界観や戦士のモチーフなども各ドラマシリーズでそれぞれ異なります。右図の「魔進戦隊キラメイジャー」（小学館、2020年）は、2020年3月8日よりテレビ朝日系列で放送された、宝石と乗り物がモチーフとなったスーパー戦隊シリーズです。「スーパー戦隊シリーズ」という名前を知らなくとも「色分けされたヒーロー」という存在は日本の文化として根付いているといえるでしょう。誰しも幼いころは、戦士が人間の姿から「変身」してスーツ姿のヒーローになる際に発せられるリズミカルな名乗りを、一度は真似したことがあるのではないでしょうか。

1-2　教材としての魅力

「スーパー戦隊シリーズ」という、学習者が幼いころに見たことがあるであろう「懐かしい」と感じるものを教材として扱うことで、学習者の興味・関心を抱かせることができるでしょう。また、「スーパー戦隊シリーズ」の要素であるモチーフや色といったものが、発想や連想を膨らませる材料となり、学習者の言葉探しの大きな助けとなります。

2 授業提案

2-1 授業のねらい

この授業では、創作活動を通して、イメージした事柄を言語化する力を育成し、また責任感を持ちながら創作したり、それを評価したりする態度を身に着けさせようとすることがねらいです。

活動ではオリジナルのドラマシリーズを創作します。具体的には、設定したモチーフや色から関連する言葉をイメージし、そのモチーフに合ったオリジナルドラマシリーズの戦隊名、戦士の名乗り、オープニング冒頭のナレーション、キャッチコピーなどを創作する活動を行います。これらの活動を通して、イメージした事柄を言語化する力の育成を目指します。

また、活動を行う上で学習者に番組制作者の責任を持ってもらいます。創作活動では、目的などが不明瞭であると活動が遊びになってしまうことが懸念されます。創作を楽しむことはよいことですが、それが遊びになってしまわないよう、視聴者である子どもでもわかるような作品を企画し、活動の最後にはクラスの中で企画審査を行うという活動のポイントとゴールを示します。これらのことを把握させることで、制作者としての自覚を持ちながら目的をもって活動に取り組むことができるでしょう。

2-2 授業の展開

創作活動は段階的に行います。まず、既存のドラマシリーズを使った創作練習を行い、その後、個人でモチーフに合ったオリジナルドラマシリーズの創作を行います。最後はモチーフが同じ学習者でグループを作り、話し合いを行いながらオリジナルドラマシリーズを企画書にまとめます。

単元のはじめには、学習者に「スーパー戦隊シリーズ」のどのドラマシリーズを覚えているか、知っているかなど発言させるとよい雰囲気になるでしょう。また、活動内容を把握させるとともに、「子どもを対象にした作品を企画する」「クラスで企画審査を行う」ことを丁寧に説明し、制作者としての自覚をもたせ、活動が遊びにならないように配慮する必要があります。

第１次　単元の説明と既存のドラマシリーズを使った創作練習（２時間）

単元のはじめに、「スーパー戦隊シリーズ」が子どもを対象にした番組であること、対象に訴えかけるための工夫点、シンプルでわかりやすいキャラクターと色のイメージの関連性、キャッチコピーなどの効果を説明します。創作練習として、「鉄道」という想像しやすいモチーフの「烈車戦隊トッキュウジャー」を使い、ワークシートに沿いながら以下の四つの創作を行います。

① モチーフから様々な言葉を連想させたり、スーツ姿の戦士の画像からそのモチーフの取り入れ方を見たりして、戦隊名を考える活動。
② 戦士の色から、それぞれの特徴やキャラクター性を連想させ、それらのイメージを言葉に書き、組み合わせて名乗りを考える活動。
③ 実際に使用されていたオープニング冒頭の映像から読み取ることのできることを言葉にし、それに物語のあらすじなどを取り入れたオープニング冒頭ナレーションを考える活動。
④主題歌の歌詞を参考にキャッチコピーを考える活動。

ワークシート（二）　月　日（　）
表現したいこと、伝えたいことを「書く」　――「スーパー戦隊シリーズ」を創作しよう――
（　）組（　）番　氏名（　　）
創作活動 練習①（戦隊名、名乗り）
練習３　【キャラクターイメージから名乗りを考えよう】各戦士は人間の姿から変身してスーツ姿になる際に名乗りを行う。「名乗り」には、そのスーパー戦隊のモチーフと各戦士の色、特徴が短い文でかつリズミカルに盛り込まれている。
（例）『それいけ！アンパンマン』（アンパンマン）元気100倍！アンパンマン！
（例）『爆竜戦隊アバレンジャー』（2003年～放送）
（赤）元気莫大！アバレッド！（青）本気爆発！アバレブルー！（黄）勇気で暴進！アバレイエロー！（黒）無敵の竜人魂！アバレブラック！（白）ときめきの白眉！アバレキラー！（赤）荒ぶるダイノガッツ（全員）爆竜戦隊！アバレンジャー！！
※好きな色を２つ選んで考えてみよう
○step1 それぞれの戦士の名前を考えよう　戦士名＝戦士の色（数字）＋戦隊名　（例）「爆竜戦隊アバレンジャー」アバレッド
戦隊名
色の名乗り方　日本語 or 英語（赤 or レッド）
数字の名乗り方　（例）６番列車
○step2 練習２の単語をつなげて文にしてみよう　（例）【黒】闇に潜む腹黒い影
【　】
【　】
○step3　step1とstep2をつなげて名乗りを完成させよう！

◇（　　戦隊　　）の実際の名乗りを見て
予告　（　　戦隊　　）あらすじ
西暦2014年、地底から現れた悪の帝国「シャドーライン」が世界を暗黒に包もうと猛威を振るい始めた。シャドーラインは拠点となる「ステーション」を増やすため、様々な場所で悪事を働き、闇の路線を増やそうとする。ライト、トカッチ、ミオ、ヒカリ、カグラは高い想像力・イマジネーションを持つ者として認められ、シャドーラインを迎え撃つ戦士・トッキュウジャーに選ばれた。５人は夢や想像力を持つ者だけが見える光り輝く線路「レインボーライン」の上を走る正義の軌道車両烈車に乗り込み「　　」としてイマジネーションの力で悪の路線シャドーラインを走る「クライナー」と戦う。

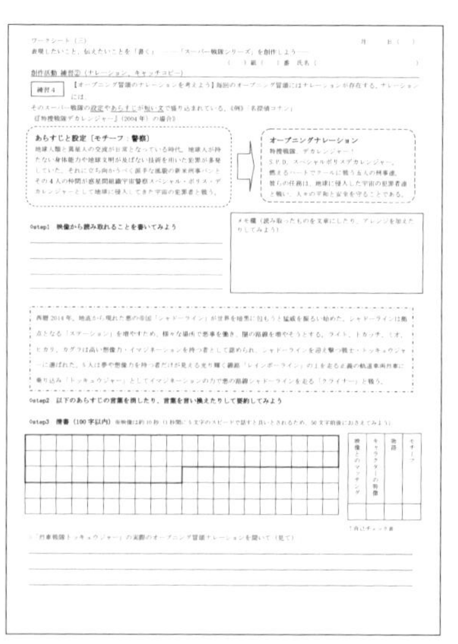
ワークシート（三）　月　日（　）
表現したいこと、伝えたいことを「書く」　――「スーパー戦隊シリーズ」を創作しよう――
（　）組（　）番　氏名（　　）
創作活動 練習②（ナレーション、キャッチコピー）
練習４　【オープニング冒頭のナレーションを考えよう】毎回のオープニング冒頭にはナレーションが存在する。ナレーションには、そのスーパー戦隊の設定やあらすじが短い文で盛り込まれている。（例）「名探偵コナン」
（『特捜戦隊デカレンジャー』（2004年）の場合）
あらすじと設定〔モチーフ：警察〕
地球人類と異星人の交流が日常となっている時代、地球人が持たない身体能力や地球文明が及ばない技術を用いた犯罪が多発していた。それに立ち向かうべく派手な風貌の新米刑事バンとその４人の仲間が惑星間組織宇宙警察スペシャル・ポリス・デカレンジャーとして地球に侵入してきた宇宙の犯罪者と戦う。
オープニングナレーション
特捜戦隊、デカレンジャー！
S.P.D．スペシャルポリスデカレンジャー。
燃えるハートでクールに戦う五人の刑事達。
彼らの任務は、地球に侵入した宇宙の犯罪者達と戦い、人々の平和と安全を守ることである。
○step1 映像から読み取れることを書いてみよう
メモ欄（読み取ったものを文章にしたり、アレンジを加えたりしてみよう）
西暦2014年、地底から現れた悪の帝国「シャドーライン」が世界を暗黒に包もうと猛威を振るい始めた。シャドーラインは拠点となる「ステーション」を増やすため、様々な場所で悪事を働き、闇の路線を増やそうとする。ライト、トカッチ、ミオ、ヒカリ、カグラは高い想像力・イマジネーションを持つ者として認められ、シャドーラインを迎え撃つ戦士・トッキュウジャーに選ばれた。５人は夢や想像力を持つ者だけが見える光り輝く線路「レインボーライン」の上を走る正義の軌道車両烈車に乗り込み「トッキュウジャー」としてイマジネーションの力で悪の路線シャドーラインを走る「クライナー」と戦う。
○step2 以下のあらすじの言葉を消したり、言葉を言い換えたりして要約してみよう
○step3 清書（100字以内）

映像とのマッチング	キャラクターの特徴	物語	モチーフ

↑自己チェック表
◇「烈車戦隊トッキュウジャー」の実際のオープニング冒頭ナレーションを聞いて（見て）

資料１　創作練習に使用するワークシート（一部）

第２次　オリジナルのドラマシリーズの個人創作（２時間）

個人でのオリジナルドラマシリーズの創作では、学習者はくじ引きでモチーフを選び、オリジナルドラマシリーズを創作します。モチーフはあらかじめ第３次で行うグループ活動を見据えた数を用意（40人クラスで４人×10個のグループを作るならば、10種類のモチーフ）します。活動はワークシートに沿いながら以下の四つを行います。

① くじ引きで選んだモチーフから様々な言葉を連想させ、その言葉を使って戦隊名を考える活動。
② 色から連想することのできるそれぞれの特徴やキャラクター性を言葉に書き、組み合わせて名乗りを考える活動。
③ 戦士の設定、悪の設定をまとめてストーリーにし、言葉や表現を工夫してオープニング冒頭ナレーションを考える活動。
④ キャッチコピーを考え、そのキャッチコピーからモチーフを想像することができるかを確認する活動。

第３次　オリジナルのドラマシリーズのグループ創作（２時間）

モチーフごとにグループをつくり、個人で創作したものを持ち寄りながら、グループで一つのオリジナルドラマシリーズを企画書にまとめます。企画書には、オリジナルドラマシリーズの戦隊名、コンセプト、キャッチコピー、物語あらすじ、戦士の名乗りなどを書きます。

第４次　企画審査と活動のまとめ（１時間）

企画したオリジナルドラマシリーズの評価と投票を行います。各グループの企画書は印刷してまとめ、評価を行いやすいように準備しておきます。

直感で評価しないよう、学習者に評価の観点を把握させましょう。グループで意見交換をしながら、担当するグループの企画の評価を行います。

評価が終わったら、各グループの代表者が順番に評価コメントを発表し、クラスに共有します。その際、各グループの企画書を見ながら聞くことや、必要だと思ったことをメモするように指示します。

最後に投票を行います。学習者は各グループの評価を参考にして根拠をもって投票できるとよいでしょう。投票後はクラスで１番になったグループの企画とその評価を指導者が単元のまとめとして話します。そして小説や漫画、テレビ番組などの作品作りには、読者や視聴者といった対象に伝えるための様々な工夫がされていることを再確認して、授業を終えます。

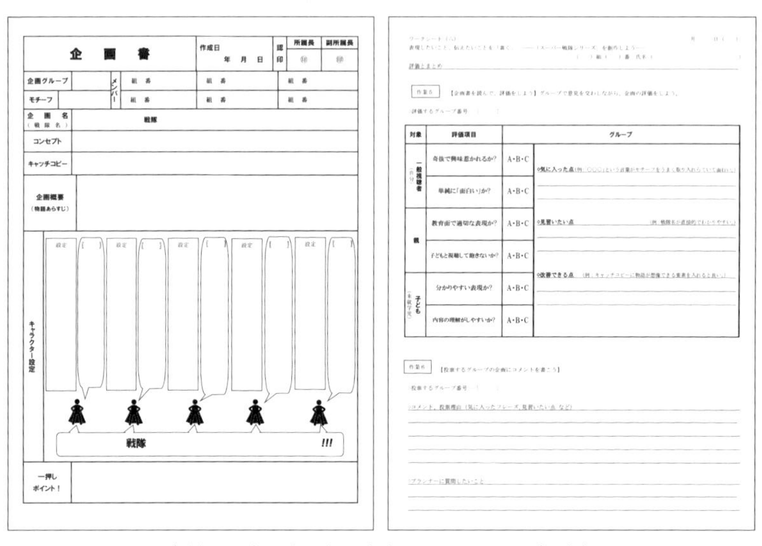

企画書

企画書	作成日　年　月　日	認印	所属長	副所属長
企画グループ	メンバー	組　番	組　番	組　番
モチーフ		組　番	組　番	組　番
企画名（戦隊名）	戦隊			
コンセプト				
キャッチコピー				
企画概要（物語あらすじ）				
キャラクター設定	設定	設定	設定	設定
一押しポイント！				

戦隊　!!!

表現したいこと、伝えたいことを「書く」 ——「スーパー戦隊シリーズ」を創作しよう——

評価とまとめ

作業5　【企画書を読んで、評価をしよう】グループで意見を交わしながら、企画の評価をしよう。

評価するグループ番号（　）

対象	評価項目	グループ	
一般視聴者	冒頭で興味惹かれるか？	A・B・C	○気に入った点
	単純に「面白い」か？	A・B・C	
親	教育面で適切な表現か？	A・B・C	○見習いたい点
	子どもと視聴して飽きないか？	A・B・C	
子ども	分かりやすい表現か？	A・B・C	○改善できる点
	内容の理解がしやすいか？	A・B・C	

作業6　【投票するグループの企画にコメントを書こう】

投票するグループ番号（　）

○コメント、投票理由（気に入ったフレーズ、見習いたい点 など）

○プランナーに質問したいこと

資料２　企画書と企画審査のワークシート（一部）

2-3　授業のポイント

創作の授業で最も大切なことは、創作しやすい環境づくりです。本提案では、創作をしやすい「鉄道」がモチーフとなったドラマシリーズで創作練習を行ってから、オリジナルのドラマ作品の創作を行います。そして個人で創作したものをグループで持ち寄り、一つの企画としてまとめます。このように段階を踏みながら活動を行うことで、創作が苦手な学習者も安心して取り組むことができます。また､創作の説明や手順､創作例が書かれたワークシートをあらかじめ指導者が用意することも重要です。ワークシートに沿って活動を行えるようにしておくと、円滑に活動が進められるでしょう。

今回扱った教材にはモチーフや色といった想像するための要素がありま

す。一番はじめの活動では、モチーフからイメージされる言葉をできるだけたくさん書き出します。この書き出したものをヒントに創作するので、時間をかけて行います。創作というと、どうしても成果物重視になってしまいますが、あくまでもイメージした事柄を言語化できるようにすることが本提案のねらいです。このような過程を、学習者だけでなく指導者が注視することが大切です。

3 実践に向けて

創作の授業はアクティブで楽しい授業に結びつくと考えられる傾向がありますが、表現すること自体に苦手意識を持つ学習者も多いことは確かです。また、目的が不明瞭であるといったい何を書いているのか学習者も指導者もよくわからなくなってしまうこともあります。このような事態を避けるためにも、目的の設定と、活動を円滑に行えるようなワークシートの準備は欠かせません。

また本提案では、授業時間は全部で7時間ですが短い時間に調整することも可能です。例えば創作内容を戦隊名と名乗りだけに絞るなら、創作練習と個人創作で1時間、グループ創作で1時間、企画審査で1時間、計3時間で授業を行うことができます。

現代には自分が創作したものを発表したり、他人が創作したものを評価したりすることが簡単にできるツールがたくさんあります。創作する楽しみだけでなく、作り手の責任と評価する責任を身につけさせたいものです。

町田先生からのコメント

2017-18年版学習指導要領の「言語活動例」に「創作」に関わる活動があり、現場で扱い方が模索される中、「スーパー戦隊シリーズ」の教材化はユニークな着想です。ワークシートなどの丁寧な構想が、しっかりと授業を支えています。

「耳すま」の映像と字幕から鍛える日本語の力

石井　明子

教材名 映画「耳をすませば」(近藤喜文、スタジオジブリ、1995年)

校　種 小　中　高　大（おすすめ！：中～大）

こんなカがつきます
映像を捉えて的確な言葉で表現する力

1　教材提案

1-1　素材の解説

映画「耳をすませば」[1]は1995年に公開された映画です。公開から25年以上経過しているにもかかわらず、テレビで放送される度に高視聴率を取り、舞台となった聖蹟桜ヶ丘駅周辺にはいまだにロケ地巡りをする観光客が訪れています。あらすじは、中学3年生の月島雫が同学年でヴァイオリン作りの職人を目指す天沢聖司と出会い、夢に向かって頑張る聖司に徐々に惹かれつつ自らも進路を考えながら成長していく、という青春映画です。このようなあらすじなので、自分の将来と向き合い進路を選択していく中学生から高校生以上まで、幅広く教材として扱える映画となっています。

1-2　教材としての魅力

一番の魅力は主人公が中学3年生というところです。学習者と同じような学校に通い、同じように友達と笑い合い、同じように恋をする――自分たちによく似た生活を送る主人公たちが描かれる作品を扱うと、学習者は彼らに感情移入しやすくなります。主人公たちが何を考えているかを想像しやすいことは国語科の教材としてかなりのポイントになると思われます。また、生まれた時から携帯電話が身近にあった世代の学習者はスマホ一つで何でもできる環境にありますが、主人公たちは携帯が流行する前の時代を生きており、神社で告白されたり学校の屋上で話したりします。スマホで連絡すれば何でも会話したことになる感覚の学習者たちが、面と向かって会話するセリフを意識的に学ぶことができることもこの教材の魅力です。

2 授業提案

2-1 授業のねらい

本単元では映像を正確に「読むこと」で内容を掴む活動に加え、英語字幕から推測できるセリフを的確に言語化することで、日本語の力を鍛えます。ねらいは、①映像から内容を読み取ること、②英語字幕を日本語で的確に表現すること、③学習者が書いたものと実際のセリフを比較して日本語の特徴を学ぶこと、です。

2-2 授業の展開

授業は全３時間で行います。扱う場面はＡ「主人公雫が猫を追いかける場面」、Ｂ「神社で雫が杉浦に告白される場面」、Ｃ「学校の屋上で聖司と雫が話す場面」の三つです。主な授業の流れは次の通りです。なお、活動はすべて４名から６名ほどのグループで行います。

〈第１次〉
音量を０にした上でＡ・Ｂ・Ｃの場面の映像を見て、そこから読み取れる内容を単語で表現しつつプロット（重要な出来事をまとめたもの）を完成させ､次に英語字幕のセリフから日本語のセリフを完成させていく。
〈第２次〉
完成したセリフを読む声優係や音響係などに各グループで役割分担し、次の時間の発表に向けて練習する。
〈第３次〉
完成させたセリフを映像に合わせてグループごとに発表する。最後に映画の音量を上げて実際のセリフを聞き、学習者たちが考えたセリフと比較する。

続いて各時間の詳細を説明していきます。

〈第１次〉 ① それぞれの場面の映像を見る[2]。

音量を０にして、全員一斉にＡ・Ｂ・Ｃの場面を見ます。その際、各々の場面から読み取れることやイメージできる単語をメモに取ってもらいます。

② グループワークでそれぞれが書いた単語を整理し、プロットを書く。

メモが完成したら、グループごとに学習者それぞれが書いた単語を照らし合わせて整理し、プロットを完成させ全体の流れをまとめていきます。

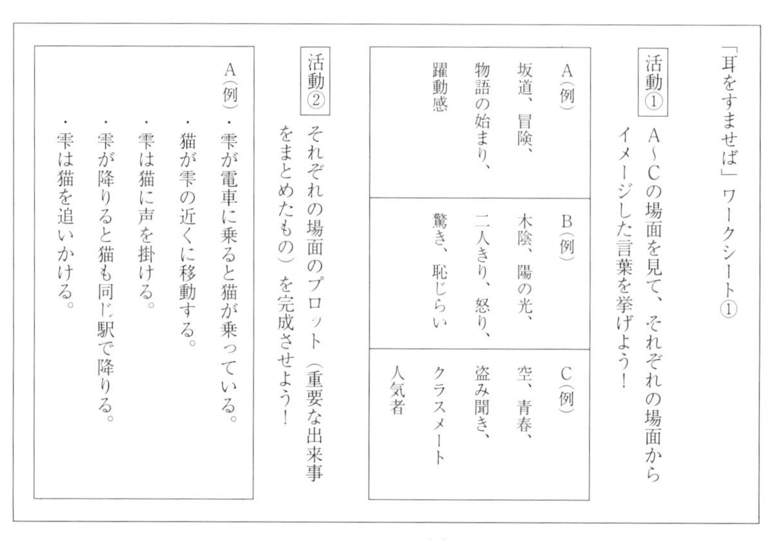

「耳をすませば」ワークシート①

活動① A~Cの場面を見て、それぞれの場面からイメージした言葉を挙げよう！

A（例）
坂道、冒険、
物語の始まり、
躍動感

B（例）
木陰、陽の光、
二人きり、怒り、
驚き、恥じらい

C（例）
空、青春、
盗み聞き、
クラスメート
人気者

活動② それぞれの場面のプロット（重要な出来事をまとめたもの）を完成させよう！

A（例）・雫が電車に乗ると猫が乗っている。
・猫が雫の近くに移動する。
・雫は猫に声を掛ける。
・雫が降りると猫も同じ駅で降りる。
・雫は猫を追いかける。

ワークシート例

③ 英語字幕を見ながら日本語のセリフを完成させる。

続いて、表示した英語字幕を参考にして日本語のセリフを完成させます。英語字幕の中で難しい表現や単語はあらかじめ配付したワークシートに記載しておくことで、学習者の負担を減らします。後で映像に合わせて披露することを踏まえ、グループごとに完成度を高めていきます。

【A「主人公雫が猫を追いかける場面」の例】

[字幕] Hey, cat! Where are you going? Do you live around here?

[予想される訳]（下線は著者による）

「はい、猫！　あなたはどこに行きますか？　ここの周りに住んでいますか？」

[訳す際のポイント]

英語の和訳のようにすべての単語を文字通りに訳すのではなく、主語を省略したり呼びやすい呼び方で呼んだり、さらに、砕けた表現を使ったりすると、実際のセリフに近づいていくと思います。

④ 上演する場面を決める。

時間に余裕があればすべてのグループがA、B、Cの場面をすべて上演しても構いませんが、学習者の負担も考慮し、各グループがどれか一つの場面を上演するのがよいでしょう。すべてのグループがバランスよく分かれるように配慮していきたいものです。

〈第２次〉 ① 配役を決める。

セリフが完成したらグループ全員で配役などを決め、練習をしていきます。登場人物たちに合わせて上演する声優係だけでなく、音響として足音などを出す係なども決め、グループ全員が協力して上演できるように配慮します。

② 上演の練習をする。

決めた配役で本番に向けた上演の練習をしていきます。

〈第３次〉 ① グループごとに上演する。

A、B、Cの順に担当グループがそれぞれ発表していきます。発表時間は準備や片づけも含めて５分とすることでスムーズに発表できるように配慮していきます。事前に撮影したものを上映するようにしてもよいでしょう。

② 他のグループに対する評価をする。

他のグループが発表し次のグループが準備をしている間に、発表が終わったグループの評価をしていきます。評価は事前に配布した評価シートの各項目に○をつけ、総合評価A＋(90点以上)、A(80点以上)、B(60点以上)、C(40点以上)のどれかをチェックするだけにしておくことで、簡単に評価できるようにします。回収後に教師が総合評価を集計すれば、すぐに結果発表をすることもできます。

③実際のセリフと自分たちのセリフを比較する。

上演がすべて終了したら、実際に映画館で公開された時のセリフを確認していきます。一字一句全く一緒ということはほとんどないと思いますので、学習者が考えたセリフとの相違点や工夫されている所をまとめさせることで、日本語表現の特徴に気づかせていきます。

【A「主人公雫が猫を追いかける場面」の例】

［実際のセリフ］

「猫くん、どこ行くの？　この辺に住んでるの？」

［工夫されている所］（下線は著者による）

・「猫くん」→他にも呼び方があるが「くん」と呼んでいる。

・「どこ行くの？　この辺に住んでるの？」→どちらも主語を省略している。

・砕けた表現→仲のいい友人のように、親しく感じている。

［主な日本語表現の特徴］

・多様な呼称表現

・必ずしも主語を必要としない表現

・親疎がわかりやすい表現

④ 全体のまとめをする。

教師が全体を通したまとめをします。上演の感想だけではなく、③で気づかせた日本語表現の特徴などにも言及した上で、今後の運用にも繋げられるように配慮したいものです。

2-3　授業のポイント

本実践のポイントは、映像や字幕を活用して学習者同士で映画の場面を完成させていく点です。セリフを丸暗記している学習者もいるかもしれませんが、グループ全員の知識や語彙力を結集させ、その映像に一番ふさわしいセリフは何なのか、よく話し合い吟味して完成させてほしいと願っています。そうして完成したセリフは、多少ぎこちない上演になってしまったとしても、非常に価値の高いものになっているはずです。教師もその面を十分に評価するべきだと考えています。

なお、昨今の新型コロナウィルス感染症拡大の状況に伴い、オンライン授業が実施されることもありますが、本実践はオンラインでも対応できる内容です。もちろん、教室で活動することがベストですが、万が一教室に集まれない状況になっても共有できる映像さえあれば実践できるでしょう。

3 実践に向けて

授業の中で日本語の特徴や言い回しに自覚的になれるような指導を普段から行っておくと、本実践にも対応しやすくなると思いますし、学習者の日本語に対する意識も徐々に変化していくと考えられます。その上で、映像を読み取る授業や日本語と英語を比較させるような連携授業も適宜導入していくと継続的な授業が実現できるので、年間指導計画の中でバランスよく設定していきたいものです。

例えば、扱う教材に出てきた表現や語彙を用いて日常生活の一場面をロールプレイで見直してみたり、身の回りで使われている比喩表現を見直してみたりするなど、無意識に触れている日本語を意識的に捉える活動をするだけでも学習者の姿勢は変わるでしょう。また、学期ごとに映像や英語の難易度を少しずつ上げていくと、学習者が戸惑うことなく各々の活動に主体的に取り組めると思います。なお、いずれの活動も教員自身が楽しんで実践することが一番大切です。

【注】

1 「耳をすませば」Ⓒ 1995 柊あおい/集英社・Studio Ghibli・NH
(発売元:ウォルト・ディズニー・ジャパン、5,170 円)

2 本作や「魔女の宅急便」の映像を活用した授業実践については、『「サブカル×国語」で読解力を育む』(町田守弘、岩波書店、2015 年)で言及されています。

町田先生からのコメント

学習者と同世代の人物が登場する話題のジブリアニメを教材化して、三つの場面を取り上げて映像からセリフを創造するという活動が展開される提案です。特に英語と関連する学びが取り入れられたことには、注目したいと思います。

映像の表現効果を「読む」

後藤　厚

教材名 映画「父と暮せば」（黒木和雄、パル企画、2004年）

校　種 小　中　高　大　（おすすめ！：中〜高）

こんな力がつきます
映像の表現効果から解釈を深める力

1　教材提案

1-1　素材の解説

井上ひさしの戯曲「父と暮せば」は、1994年に井上ひさし主宰の劇団「こまつ座」によって初演され、2004年に映画化された作品です。俳優の宮沢りえによって演じられたことでも話題になりました。原爆投下から3年経った広島の図書館で働く福吉美津江の前に木下という一人の青年が現れ、美津江は意識し始めますが、芽生え始めたその恋心を打ち消そうとします。そんな美津江の前に「恋の応援団長」として父・竹造の幽霊が現れ、エールを送るのですが……。原爆で亡くした友人や父への負い目から、人を好きになるということを厳に禁じた美津江の心の葛藤が作品の中心テーマです。

1-2　教材としての魅力

『父と暮せば』[1]は、まず原作である戯曲それ自体が一つの完成された文学作品です。原爆に関して残された様々な資料を博捜の上、入念に書かれたという成立事情だけでなく、原爆で命を失った竹造が美津江の恋を成就すべく幽霊となって出現するという虚構性は、読む人を魅了せずにはおきません。文庫本にして百頁余という長さも教材として扱うのに適しています。

また、映画化されたことによって、「読む」ものにとどまらず、「見る」ものとしても教材価値の高い作品といえます。この作品は原作にかなり忠実に映画化されています。セリフはほぼ原作そのままです。そうであるからこそ、原作と映画の差異を見出し、そこに着目することによって文字テクストと映像テクストとの違いを際立たせることが可能となるのです。

2 授業提案

2-1 授業のねらい

この授業のねらいは、映像の表現効果を「読む」ことにあります。その前提として、原作という一次テクストを「読む」ことが必要となってきます。

原作が映像化されるとき、たとえ原作に忠実な映画化であっても、そこには表現の差異が生じるはずです。この授業では、映像化によって実現された表現に着目し、そのねらいや象徴性について考えさせることをねらいとします。原作との違いを考え、映像の表現効果を「読む」ことは、学習者の関心・意欲を高める有意義な学習活動となることでしょう。

2-2 授業の展開

〔単元計画〕6時間配当

第1次 原作を「読む」(第1～2時)

文庫本をクラス人数分用意できるのであれば、教室や図書館などで1～2時間使って読ませるのもよいでしょう。ここでは、事前個人課題として、原作を読んでこさせる場合を想定します。以下に具体的な流れを示します。

まず、「あらすじ」を確認します。

> 昭和23(1948)年7月。広島の図書館で働く福吉美津江の前に、原爆資料を探しに青年・木下が現れ、美津江の心は一瞬ときめく。それ以降、美津江の前に、父・竹造の幽霊が現れる。竹造は、「恋の応援団長」として美津江の幸せを願い、木下が収集した原爆資料を自宅で受け入れるべく準備を進めるが、美津江の気持ちは進まない。3年前の8月6日、美津江は、親友・福村昭子からの手紙の返事を投函するために家を出た直後、原爆投下に遭遇するが、庭の石灯籠の下に手紙を落としたことで、直撃を免れた。一方、昭子は命を落とし、美津江は自分が生き残ったことに不自然さと申し訳なさとを感じるようになった。父を見捨てて逃げた自分に幸せになる資格はない、と責める美津江を、竹造は、自分の分まで生きてほしいと叱咤激励する。竹造は闇に消え、美津江は「おとったん、ありがとありました。」との言葉を残して幕が下りる。

「あらすじ」をクラス全体で共有した後は、学習者の感想や疑問の交流を行い、さらに理解を深めるため、例えば、次のような言葉に着目し、その意味を考えさせます。

図書館で木下から饅頭をもらった美津江と父・竹造との間で交わされる次の会話があります。

竹　造　いまの話じゃがのう、木下さんはおまいが気に入ったけえ、饅頭をくださったんじゃ。そこらへんをもうちっとわかってあげにゃあいけん。

美津江　おとったんは饅頭に意味を求めすぎます。

竹　造　饅頭にも意味ぐらいあらあのう。おまいにその意味を読み取る勇気がないだけじゃ。（p. 22 下線は引用者による。）

> 問１　竹造の言葉「おまいにその意味を読み取る勇気がないだけじゃ。」の「勇気」とは、どのような勇気のことか。

美津江が木下から饅頭を受け取るという行為には、単に饅頭を受け取るという文字通りの意味以上に深い意味が込められています。「その意味を読み取る勇気」とは、人を好きになることを固く心に禁じた美津江が、その戒めを自ら乗り越え、木下の好意を受け止める勇気だと捉えることができるでしょう。親友の昭子や竹造を原爆で失い、自分だけ生き残ったことに後ろめたさを感じずにはいられない美津江には、その勇気がないのです。

> 問２　幕切れの美津江の言葉「おとったん、ありがとありました。」には、どのような意味が込められているか。

この言葉は、竹造から、自分の分まで生きてほしいと叱咤激励を受け、自らの罪障感を乗り越え、木下と生きていくことを受け入れた美津江が、「恋の応援団長」として現れた父に感謝する言葉であると同時に、父との決別を意味する言葉だといってよいでしょう。自ら幸せに生きる勇気や希望を取り戻した美津江の前に、父が現れる必然性や必要性はなくなるのです。

いずれの問いも、それぞれ言葉の前後だけでなく、テクスト全体を読み込む必要があり、そうすることで全体の中での部分の意味を捉える力がつきます。

第２次　映画を「見る」（第３～４時）

映画[2]は100分弱なので、1単位時間50分の授業であれば、2時間を配当します。時間割の変更が可能であれば2時間連続で一気に見せたいところですが、2回に分けるのもやむをえないでしょう。

第３次　映像の表現効果を「読む」（第５～６時）

いよいよ授業のヤマ場となります。原作と映画との違いについて考えさせます。原作では、美津江と竹造の話題の中にしか出ない木下が、映画では実際に登場することに気づきますが、最大の違いは「終わり方の違い」にあるでしょう。執筆者が実際に授業を行った際にも、多くの学習者がそのことを指摘していました。

原作では、美津江の「おとったん、ありがとありました。」の言葉の後、原爆資料を持ち込む木下のオート三輪の音が近づいてくる気配のうちにすばやく幕が下ります。一方、映画では、美津江の言葉の後、台所で美津江が料理をする場面がしばらく続きます（①）。そのままカメラの視点が上がり、原爆ドームの天蓋を内側から仰ぐ形になります（②）。つまり、原爆ドームの下側に美津江の家がある格好になります。カメラは次に原爆ドームを外側から捉え（③）、建物の下側へ視点が移動すると、そこには二輪の夏の花が咲いているのです（④）。この結末は大変印象深いもので、多くの人に様々な感慨を抱かせるものでしょう。こうした終わり方の表現効果について考えさせてみることにします。

まず、個人毎に考えをまとめさせ、グループでまとめて発表させましょう。

執筆者の授業での経験から、原爆ドームの下に咲く二輪の花は、美津江と木下の二人を表わしていると考える学習者が多いようです。そうした見方が出てきたら、そこで終わりとするのではなく、「果たしてこの花は、美津江と木下だけを表わしているのだろうか。」とさらに問いを投げかけてみたいものです。原作には次のような一節が見られます。

あのときの被爆者たちは、核の存在から逃れることのできない二十世紀後半の世界中の人間を代表して、地獄の火で焼かれたのだ。(「前口上」)

被爆者が、二十世紀後半の世界中の人間の代表だとすれば、美津江と木下はその被爆者の中の代表として、この作品の中で形象化されていると考えることができます。とすれば、原爆ドームの下に美津江の家が存在する意味も見えてくるはずです。美津江の家は原爆で被害を受けた家のうちの一つにしか過ぎません。原爆の象徴としてのドームの下には何万という人々がおり、その一人一人にかけがえのない命や生活があったということをあの映像は示しているのでないでしょうか。原作の終わりが、美津江という一人の人間の罪障感の克服を意味するとすれば、映像化はさらに、同じような経験を共有する多くの人々の可能性を示唆する働きがあったと考えることができます。

以上の分析は、あくまでも一例にしか過ぎませんが、グループでまとめて発表させると様々な見解が出てくるにちがいありません。

2-3　授業のポイント

このような教材を授業で扱うと、「原爆は悲惨だ。二度と戦争は起こしてはならない。」といった、一般的な感想が出てくることがよくあります。しかし、国語の授業である以上、そうした観念の追認に終わるのではなく、やはり、作品に即した確かな言葉の力がつく授業にしたいものです。そのために、具体的な「言葉」や「映像」にこだわることが大切です。原作や映画のどこに着目して、どう教材化するかということの一例を以上で示しましたが、実際は、学習者の実態に合わせて、柔軟に学習課題を設定するとよいでしょう。

3 実践に向けて

「読む」活動といっても、第1次の学習課題は、原作という閉じられたテクストの中で解答の方向性が定まるのに対し、第3次の、映像の表現効果についての学習課題は、多様な解釈が出てくることが予想されます。解釈のゆれが生じるところにおもしろさがあるといってもよいでしょう。表現効果とは、表現「する」側の意図とは違って、表現「される」側の受け止め方の問題ですから、一義的に正解を定めることはできません。そのために、評価を工夫する必要が出てきます。説得力や論理性、妥当性のある見解を評価するために指導者だけでなく学習者どうしの相互評価が有効になります。また、学習の総括として、個人単位でレポートをまとめさせると、グループでの学習が一人一人の学びに還元され、それを評価の対象とすることも可能です。

今回は、「父と暮せば」という作品を一例とした授業提案を行いましたが、同じように原作が映画化された他の作品を個人ないしはグループで取り上げて、その違いを分析し、批評文や紹介文などにまとめたりすると、さらに学びの幅が広がることが期待されます。

【注】

1 使用するテクストは『父と暮せば』(井上ひさし、新潮社、2001年)。
以下、引用はすべてこれに拠ります。

2 「父と暮せば」原作：井上ひさし　監督：黒木和雄
(販売元：バンダイナムコアーツⒸ2004「父と暮せば」パートナーズ)
授業等で使用できる著作権処理されたDVDをご利用ください。

町田先生からのコメント

原作を読む活動と、それを映画化した作品を見るという活動を相互に関連づけて展開するという、工夫に満ちた提案になりました。教材化された原作と映像との比較を通して、それぞれの表現の特質の理解を深める効果が期待できます。

星新一のショートショートを「見て」「読んで」味わおう

深澤　克俊

教材名　アニメ「生活維持省」（青池良輔、NHK、2009年）
小説「生活維持省」（『ボッコちゃん』星新一、新潮社、1971年）

校種　小　中　高（おすすめ！）　大

こんな力がつきます
描写に注目して作品を解釈する力

1　教材提案

1-1　素材の解説

生涯で1000編以上の作品を残し「ショートショートの神様」と呼ばれたSF作家・星新一。「新鮮なアイデア」「完全なプロット」「意外な結末」という三要素を備えた短い物語は、読者をあっと驚かせるものばかりです。

今回は星新一ショートショートの中から「生活維持省」という作品を取り上げます。政府機関の「生活維持省」によって保たれている「平和」は、真の「平和」なのか。そして物語の結末は……。小説としてのおもしろさはもちろんのこと、今回はアニメとして星新一の描き出す世界観を味わいます。小説とは異なるストーリー展開に、作者と映像制作者、それぞれのメッセージがあるようにも感じられる作品です。

1-2　教材としての魅力

星新一作品の魅力は、単に短くておもしろいというだけではありません。場面設定や物語の展開が独特でありながら、その特異さは実生活と乖離したものではなく、今日的な話題や社会問題とも密接に関係しています。

特に本教材で扱う「生活維持省」という作品は、人口爆発の末に人類がたどり着く一つの方法を示したような内容となっています。私たちが問題とどのように向き合っていくべきか、考えさせられるような作品です。

学習者によってはSFの世界観を理解するのに時間がかかりますが、今回はアニメを使うことでその問題を解決します。アニメであれば全員が同じタイミングで見終わる上、活字ではイメージするのが難しい場面を視覚的に捉えることができます。また視聴時間が約4分間のため、学習者を飽きさせることもありません。学習者は関心を持って取り組んでくれることでしょう。

2 授業提案

2-1 授業のねらい

星新一のショートショートは、起承転結と物語の結末が明確にわかる作品が多く、文学作品をこれから読むための練習教材として教科書に採録され、親しまれてきました。本授業も文学作品の基本的な型を学ぶことができます。

今回はアニメを中心に同一作品の小説を比較することで、作品をより深く味わう授業となっています。本授業のねらいは大きく分けて以下の2点です。

① 題名や作品内の描写からイメージを膨らませ、想像する力を育てる。

本作品でまず目を引くのは題名です。アニメを見せる前に、題名から物語のイメージを膨らませます。「"○○省"ということは政府機関なのか」「国民の生活を維持するにはどんな政策が必要か」といった質問を投げかけることで、学習者にとって身近な話題となり、作品への興味喚起になります。

次にアニメを見せて、「生活維持省」の実態を理解させます。物語の世界では、国民の安全な生活は、人口の制限よって維持されているのだと知ります。そして衝撃の結末。学習者は息を飲んでその結末を見ることでしょう。結末から伝わるメッセージは何か。クラス全体で考え、共有します。

② アニメと小説の比較を通して、異なる描写から解釈する力を育てる。

アニメの後に原作である小説を読ませます。既に学習者は結末を知っているため、結末への伏線を探しながら読むように指示しましょう。文章中の細かい描写にも注目させることで、物語の結末へどのように繋がっていくのかを考える力を育みます。

そして再度アニメを見せると、アニメにおける最後の場面が小説では中盤に描かれていることがわかります。また登場人物のセリフにも違いが見られます。これらの違いによって、作者の星新一とアニメ制作者とが、それぞれどのようなメッセージを残そうとしたのか、学習者の意見も共有しながら、作品を解釈する力を育んでいきます。

①②に共通して重要なのは正解を求めすぎないことです。作品を通して星新一という作家が何を伝えたかったのか。それをアニメとして映像化する際、制作者は何を意図したのか。学習者の想像力を働かせ、様々な意見を共有し、人によって感想が異なるのだと知ることが重要だと伝えましょう。

2-2　授業の展開

○単元計画（配当時間：1～2時間）

活動１　題名から物語を想像する。

本活動では、学習者の作品への興味・関心を喚起します。

①「星新一」という作家について知る

星新一が1997年に亡くなっているという情報を知っておくと、彼の未来予知のような作品の数々に、授業後の学習者は驚くはずです。

星新一のショートショートを読んだことがある学習者も一定数いると考えられるので、これまでに読んだ作品を紹介させるとよいでしょう。

②「生活維持省」という題名について考える

「○○省」が政府機関の名前であることから、実在する省庁についても触れてみましょう。「生活維持省」によって、物語の世界では国民の生活がどのように維持されているのかを想像させます。

活動２　映像を視聴して、結末を予想し、感想を共有する。

本活動では、「生活維持省」のアニメを視聴します。視聴する際には、ワークシートなどには触らず、見ることに集中させます。

①「生活維持省」のアニメを結末直前まで視聴する

まず結末の直前の2分30秒（アリサさんが撃たれて暗転する場面）までを視聴します。この後、物語がどうなるのか、学習者に想像させてみましょう。時間を決めて、ワークシートに書かせるとよいですね。

②「生活維持省」のアニメの結末を視聴する

星新一特有のオチを味わいます。今回のオチは「生活維持省」の職員の一人が次の人口制限の対象者に選ばれてしまうというものです。まずは作品内の細かい描写の解説はせずに、結末を中心に考えていきます。

③結末について考え、感想を共有する

この作品に込められたメッセージを考え、感想をワークシートに記入し、グループやクラスに共有します。学習者自身が想像した結末には、それぞれのよさがあることに気づかせ、認め合うことが重要だと伝えましょう。

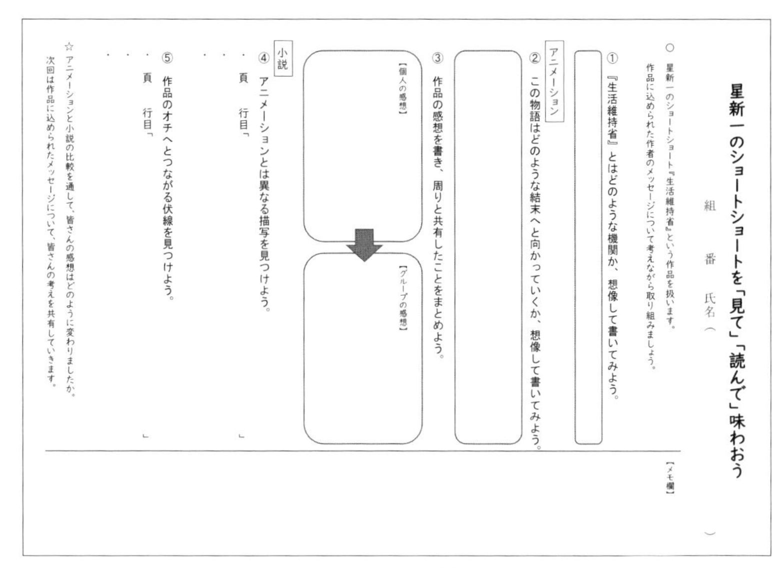
星新一のショートショートを「見て」「読んで」味わおう

組　番　氏名（　　）

○星新一のショートショート『生活維持省』という作品を扱います。
作品に込められた作者のメッセージについて考えながら取り組みましょう。

①『生活維持省』とはどのような機関か、想像して書いてみよう。

アニメーション

②この物語はどのような結末へと向かっていくか、想像して書いてみよう。

③作品の感想を書き、周りと共有したことをまとめよう。

【個人の感想】

【グループの感想】

小説

④アニメーションとは異なる描写を見つけよう。

・　頁　行目「　」
・
・
・

⑤作品のオチへとつながる伏線を見つけよう。

・　頁　行目「　」
・
・
・

☆アニメーションと小説の比較を通して、皆さんの感想はどのように変わりましたか。
次回は作品に込められたメッセージについて、皆さんの考えを共有していきます。

【メモ欄】

ワークシート例

活動３　小説とアニメを比較する。

本活動では、小説を読み、アニメとの比較を通して考えを深めていきます。

①「生活維持省」の小説を読む

読ませる際にはアニメと異なる描写を探すことを意識させます。

アニメが助けとなって、場面をイメージできます。しかし学習者によっては、文章から思い描くイメージがアニメとは異なる場合があります。学習者ならどのような情景を思い浮かべるかを考えさせることで、作者とアニメ制作者によっても解釈が異なることに気づかせることができます。

②小説とアニメによって異なる描写を確認する

小説とアニメでは、ストーリー展開に違いがあります。特にアニメでは最後に描かれていた少年がうさぎを追いかける場面（３分８秒）が、小説では物語の中盤で描かれています。次の対象者に選ばれた職員が少年に向けて発した「おい！　がんばれ！」というセリフも、死を目前にすることで印象が変わります。この他にも、小説の冒頭には課長から依頼される場面があったり、アニメでは対象者になった職員が「ベジタリアンなんだ」と発言したり、随所に見られる小説とアニメの違いから、作者である星新一とアニメ制作者が伝えたいメッセージにも、違いがあるように思われます。

結末の伏線や細かな描写の違いについても、学習者から出た意見は積極的に取り入れて共有しましょう。

活動４　比較を通して、作者・アニメ制作者のメッセージについて考える。

本活動では、小説とアニメの比較からわかった描写の違いを踏まえて、作者と制作者が作品に込めたメッセージを考え、共有させます。

① 作者とアニメ制作者、それぞれのメッセージを考える

物語の内容は同じですが、受け取るメッセージには違いが生まれると予想できます。特に最後の場面における「がんばれ！」というセリフから考えられるアニメ制作者の意図は何か。小説やアニメの描写をヒントに学習者に想像させ、作品に込められたメッセージについて考えさせます。

② 考えを記入し共有する

学習者自身の考えをワークシートに記入させ、グループやクラス単位で共有します。学習者が読み取ったメッセージの共通点と相違点から、解釈の多様性を認めつつ、その根拠となる描写について解説を加えます。

③ 授業のまとめをする

授業を終えた感想を記入させます。

2-3　授業のポイント

この授業では、作品を「見ること」から始めて「読むこと」へと関連づけていきます。重要なのはいずれも「描写から想像する力」です。視覚的に得られる情報に頼らずに、活字からでも場面をイメージしていくためには、同じ作品を異なる媒体で味わうことが一つの手立てとなります。そして想像したものを仲間と共有し、作品の味わい方は多様であることを知ることで、自由に発想したり、多様な考えを受容したりする力を育てることができます。

また、起承転結や伏線、オチのわかりやすさは、今後の文学作品を読むための足がかりとなります。登場人物の言動や風景の変化などのすべてに伏線があるわけではないですが、伏線を探しながら読むことで、文学作品の細かな描写にも注目するきっかけとなるでしょう。

教材を扱う上での留意点

今回扱う「生活維持省」という作品には、少女が亡くなることが暗にわかる場面が存在します。直接的な描写はありませんが、教室において学習者への配慮が必要な場合には、他の作品を選ぶとよいでしょう（「プレゼント」「ねらわれた星」「愛用の時計」「不眠症」などがおすすめです）。

3 実践に向けて

「SFだけど日常的なお話」「一話が短く内容も簡潔」「オチがおもしろい」。星新一のショートショートは、読書嫌いな中高生にこそ読んでもらいたい作品です。星新一のショートショートにはマンガも存在します[1]。マンガも取り入れて三種類の媒体から学ぶ発展的な授業も可能です。また作品自体が短いので、1時間に複数の作品を読み比べしてみるのもよいですね。結末部分を伏せて、オチを創作するような活動もおもしろいでしょう。

星新一が描いた世界に、私たちは少しずつ近づいているような感覚を覚えます。今回の物語の設定や結末から伝わるメッセージは、学習者にどのような影響を与えるのでしょうか。文学作品を通して、学習者が何を想像し何を表現するのか、国語科はその多様な形を受容し、互いの考えを深めるための時間にしていくことが重要なのではないかと考えています。

【注】

1 『コミック星新一　午後の恐竜』（川口まどか他、秋田書店、2003年）

町田先生からのコメント

ショートショートは、分量の短さや「オチ」に向かっていく物語の構成が教材に適しています。本提案では原作とともにアニメーションとなった作品を教材化して、「見ること」から「読むこと」へと展開する点に特色が見られます。

ジャミラの変身を読み取る

市川　涼

教材名　特撮テレビドラマ「ウルトラマン」第23話「故郷は地球」（円谷プロダクション、1966年）

校　種　小　中　高　おすすめ！　大

こんな力がつきます
映像やセリフから物語を解釈する力

1　教材提案

1-1　素材の解説

©円谷プロ

「ウルトラマン」第23話「故郷は地球」（以下、「故郷は地球」）に登場するジャミラは、「ウルトラマン」シリーズの中でも広く知られた怪獣の一つです。また、神谷和宏によれば、ジャミラは学習者にも一定の認知をされていることがうかがえます[1]。

「故郷は地球」は、怪獣ジャミラの登場もさることながら、ストーリーの展開がわかりやすいことも大きな特徴の一つです。ジャミラは、もともとは人間の宇宙飛行士でした。しかし、人間ジャミラの乗る衛星が事故に巻き込まれ宇宙を漂流することになります。さまよう中で辿り着いたのは、水や空気のない異常な気候風土を持つ星でした。そこで生き延びていくうちに、怪獣ジャミラへと変身してしまったのです。怪獣ジャミラとなって、衛星の事故を隠蔽した地球に再び帰ってきます……。ここでは、「故郷は地球」から怪獣ジャミラへの変身を映像に基づいて読み取る授業を提案します。

1-2　教材としての魅力

映像作品であることによって、ジャミラの変身過程を視覚的に捉えることができます。文章の読み取りが苦手な学習者であっても、人物の表情や行動が映像として映し出されることにより読み取りが円滑に進むことが想定されます。また、ストーリー展開が明快であることによって人間ジャミラが怪獣ジャミラへと変身する過程が読み取りやすいといえます。

2 授業提案

2-1 授業のねらい

ここでは、以下の二点をねらいとして設定しています。

(1) 映像を読み取る観点を学ぶ

(2) 話型（「変身譚」）の構造を学ぶ

今日では、様々な映像作品と出会う場面が増えてきました。映像を根拠にして読み取ることは、これからの社会を生きていく上で学習者にぜひとも身につけてほしい能力です。映像からは、文章には現れ出ない人物の表情や効果音といった視覚的・聴覚的な情報を根拠にすることができます。

また、話型は古くから現在まで継承されている言語文化の一つです。その中でも、中島敦「山月記」やカフカ「変身」などにみられる「最後まで執拗に打ち消せない不可思議さ」を有する[2]「変身譚」は広く知られています。話型を可視化して構造として捉えることによって、学習者は今後の学習や読書の際に文章を俯瞰的に考えていくことができます。

2-2 授業の展開

配当時数は1時間を想定しています。ここで1時間としているのは、本授業の学習後に発展的な学習を柔軟に組み合わせられるようにするためです。ワークシート（図 1）は各《ステップ》に沿って展開していきます。

《ステップ 1》「変身譚」について自身の経験を整理する。

本ステップは、単元の導入として話型、および変身譚について知ることを目的に設定しています。そのため、物語には様々な型があること、物語の型として変身譚があることについて説明を行う必要があります。

さらに、学習者が話型や変身譚に興味や関心を持つことができるように、学習者の経験から「変身譚」の構造を有す作品について考えさせます。考えたものをクラス全体で共有することで、学習者は経験の中に変身譚の構造を持つ作品が根付いていることを確認することができるでしょう。

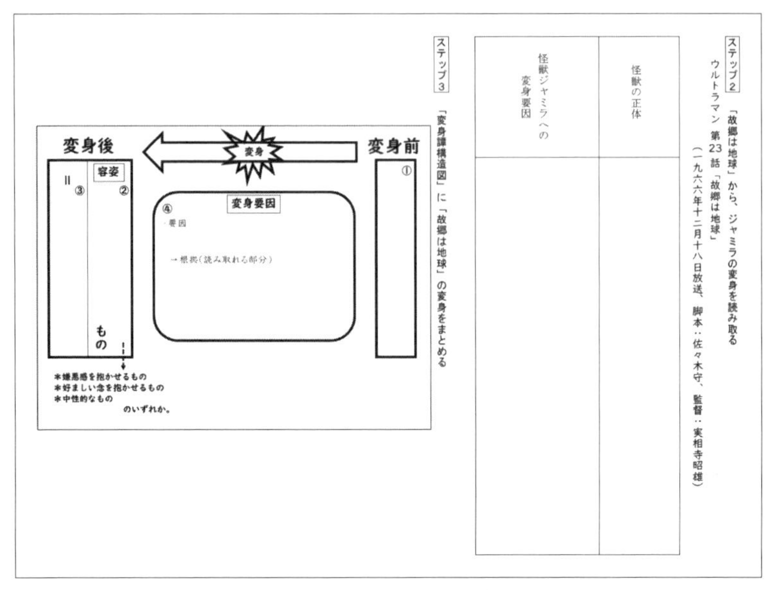

ステップ2 「故郷は地球」から、ジャミラの変身を読み取る
ウルトラマン 第23話「故郷は地球」
（一九六六年十二月十八日放送、脚本：佐々木守、監督：実相寺昭雄）

怪獣の正体	怪獣ジャミラへの変身要因

ステップ3 「変身譚構造図」に「故郷は地球」の変身をまとめる

変身前
①
変身
変身後
容姿
②
もの
＝
③
変身要因
④
・要因
→根拠（読み取れる部分）
＊嫌悪感を抱かせるもの
＊好ましい念を抱かせるもの
＊中性的なもの
のいずれか。

図１　ワークシート（抜粋）

《ステップ2》「故郷は地球」から、以下の２点を読み取る（視聴する）。

１　怪獣ジャミラの正体

２　怪獣ジャミラへの変身要因

「故郷は地球」のあらすじを全体で確認します。その後、実際に映像を視聴させ、映像、およびスクリプト（図２）から「怪獣ジャミラの正体」「怪獣ジャミラへの変身要因」の二つの観点に絞って読み取らせます。ここでスクリプトを配布するのは、学習者の多くが映像を読み取る経験に乏しいと考えられるからです。スクリプトを映像とともに活用することで、学習を円滑に行えるようになります。

この時、「故郷は地球」全編ではなく、科学特捜隊が怪獣ジャミラを追う場面（以下、シーンⅠ）[3]、ジャミラを夜通し探索する場面（以下、シーンⅡ）[4]の二場面に絞って視聴させます。シーンⅠで、隊員Ｂは「怪獣ジャミラの正体」に気づいていることが示唆されています。シーンⅡでは、具体的な「怪獣ジャミラへの変身要因」が明かされていくのです。

読み取らせる際には、必ず根拠となる箇所を挙げさせるようにすることが

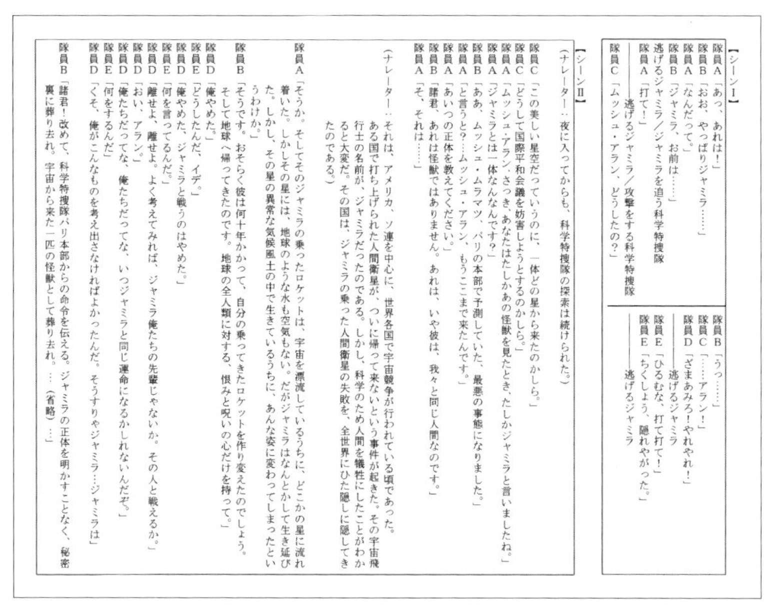

【シーンⅠ】
隊員A「あっ、あれは！」
隊員B「おお、やっぱりジャミラ……」
隊員A「なんだって。」
隊員B「ジャミラ、お前は……」
逃げるジャミラ／ジャミラを追う科学特捜隊
隊員A「打て！」
――逃げるジャミラ／攻撃をする科学特捜隊
隊員C「ムッシュ・アラン、どうしたの？」
隊員B「うっ……」
隊員C「……アラン！」
隊員D「ざまあみろ！やれやれ！」
――逃げるジャミラ
隊員E「ひるむな、打て打て！」
隊員E「ちくしょう、隠れやがった。」
――逃げるジャミラ

【シーンⅡ】
（ナレーター：夜に入ってからも、科学特捜隊の探索は続けられた。）
隊員C「この美しい星空だっていうのに、一体どの星から来たのかしら。」
隊員C「どうして国際平和会議を妨害しようとするのかしら。」
隊員A「ムッシュ・アラン、さっき、あなたはたしかあの怪獣を見たとき、たしかジャミラと言いましたね。」
隊員A「ジャミラとは一体なんなんです？」
隊員B「ああ、ムッシュ・ムラマツ、パリの本部で予測していた、最悪の事態になりました。」
隊員A「と言うと？…ムッシュ・アラン、もうここまで来たんです。」
隊員A「あいつの正体を教えてください。」
隊員B「諸君、あれは怪獣ではありません。あれは、いや彼は、我々と同じ人間なのです。」
隊員A「そ、それは……」
（ナレーター：それは、アメリカ、ソ連を中心に、世界各国で宇宙競争が行われている頃であった。ある国で打ち上げられた人間衛星が、ついに帰って来ないという事件が起きた。その宇宙飛行士の名前が、ジャミラだったのである。しかし、科学のため人間を犠牲にしたことがわかると大変だ。その国は、ジャミラの乗った人間衛星の失敗を、全世界にひた隠しに隠してきたのである。）
隊員A「そうか。そしてそのジャミラの乗ったロケットは、宇宙を漂流しているうちに、どこかの星に流れ着いた。しかしその星には、地球のような水も空気もない。だがジャミラはなんとかして生き延びた。しかし、その星の異常な気候風土の中で生きているうちに、あんな姿に変わってしまったというわけか。」
隊員B「そうです。おそらく彼は何十年かかって、自分の乗ってきたロケットを作り変えたのでしょう。そして地球へ帰ってきたのです。地球の全人類に対する、恨みと呪いの心だけを持って。」
隊員D「俺やめた。」
隊員E「どうしたんだ、イデ。」
隊員D「俺やめた、ジャミラと戦うのはやめた。」
隊員E「何を言ってるんだ。」
隊員D「離せよ、離せよ。よく考えてみれば、ジャミラ俺たちの先輩じゃないか。その人と戦えるか。」
隊員D「おい、アラン。」
隊員D「俺たちだってな、俺たちだってな、いつジャミラと同じ運命になるかしれないんだぞ。」
隊員E「何をするんだ」
隊員D「くそ、俺がこんなものを考え出さなければよかったんだ。そうすりゃジャミラ…ジャミラは」
隊員B「諸君！改めて、科学特捜隊パリ本部からの命令を伝える。ジャミラの正体を明かすことなく、秘密裏に葬り去れ。宇宙から来た一匹の怪獣として葬り去れ。…（省略）…」

図２　「故郷は地球」スクリプト

大切です。「怪獣ジャミラの正体」では、怪獣がもとは人間であったことを読み取らせます。具体的には、シーンⅡの隊員B、ナレーターの言葉を根拠として考えることができます。また、「怪獣ジャミラへの変身要因」はシーンⅡの隊員Aの発言を根拠にすることで変身要因を「水の無い星で生き延びるために身体が適応したから」と定めることができます。

《ステップ3》「変身譚構造図」（図１）に「故郷は地球」の変身をまとめる。

ここで取り上げる「変身譚構造図」（以下、構造図）は、変身譚という話型を理解するために作成しました。構造図は、①に変身前の姿を記します。②には、変身後の容姿を「嫌悪感を抱かせるもの」「好ましい念を抱かせるもの」「中性的なもの」の中から選択して記入します。ここでは、変身後の姿が物語の中でどう捉えられているかを描写や表現を踏まえて選択させたいところです。③には、変身したものを記します。④では、変身要因を挙げさせるのですが、根拠をもって変身要因を挙げさせることで、作品を適切に読み取れているのかを教員が判断できます。

構造図は《ステップ2》で読み取ったことを踏まえれば、おおむね埋めることができるようになっています。たとえば、《ステップ2》「怪獣ジャミラの正体」は、構造図の②「容姿」について選び取る際の判断材料となります。

根拠となる箇所において、変身後の作品の登場人物が怪獣ジャミラにどのような反応を示すのかを読み取る必要があるのです。

《ステップ4》 授業で学んだことをまとめる。

最後に、この授業で学んだことを学習者の言葉でまとめさせます。この記述内容の分析を通して、学習者の理解度を測ることができます。おおむね理解できている場合には、他教材と組み合わせてさらに発展的な学習を行っていくことも可能です。

2-3 授業のポイント

映像の読み取りに慣れていない学習者のために

映像の読み取りに慣れていない学習者を対象に、筆者が実践を行った際には、想定していた時間よりもかなりの時間を要しました。スクリプトの配布だけではなく、授業者の手立てとして「映像のここに注目！」「映像の中でもセリフと合わせて、人物の表情・行動に注目する。」という具体的な指示や観点を学習者に提示することが必要です。さらに、机間指導を行う中で「●隊員の表情に着目してみよう。」などのように個別に指導を行えるとワークシートが埋まらない学習者を減らすことができます。

授業の評価

①映像を読み取る際の観点を理解すること、②「変身譚」という話型の構造を理解することを授業のねらいとして掲げました。①は映像の読み取りを扱う次の学習時に、学んだことを活かせているかどうかを観察することで評価することができます。また、②はワークシート《ステップ3》構造図の記述内容をもとに達成できたかどうかを判断することができます。

3　実践に向けて

本提案は配当時数を1時間としています。これは、この授業があくまでも導入の位置づけに過ぎないと考えているからです。次の学習として、三つの方向性が考えられます。

一つ目は、映像の読み取り方を引き続き学習していくことです。次の学習では、効果音やコマ割りなどのさらなる観点を取り上げたり、あるいはこの授業で学んだ観点を活用する映像の読み取りを行ったりすることが可能です。

二つ目は、話型に着目した学習です。次の学習では、「異類婚姻譚」や「異常出生譚」といった話型を取り上げ、その話型の構造を分析していきます。つまり、言語文化に対する関心を高めていく授業を展開していくのです。

三つ目は、変身譚に引き続き着目していく学習です。具体的には、中島敦「山月記」の学習につなげていきます。筆者が実践を行った際には、「故郷は地球」と「山月記」を比較することで、「山月記」の理解が深まったことが実感として挙げられます。

【注】

1 『ウルトラマン「正義の哲学」』（神谷和宏、朝日新聞出版、2015年）p. 57
2 「変身譚の一考察」横田美恵子（『東海大学紀要 文学部』25、東海大学文学部、1976年）p. 118
3 『ウルトラマン』vol. 6［DVD］「第23話 故郷は地球」（円谷プロダクション、2009年）11:10 ～ 13:02
4 注3に同じ。13:03 ～ 17:04

町田先生からのコメント

著名な特撮のテレビドラマを取り上げて、登場人物が怪獣に変身するという側面に着目し、変身譚という観点から話型の理解へと繫ぐ活動がきわめてユニークな提案です。同じドラマと「山月記」との比較も、興味深い活動になります。

ミュージカルの楽曲の歌詞を創作しよう

江口　千晶

教材名　ミュージカル「宝塚グランドロマン『新源氏物語』」（宝塚歌劇団、2015年）

校　種　小　中　高　おすすめ！　大

こんな力がつきます

多様な情報をまとめて表現する力

1　教材提案

1-1　素材の解説

いま、ミュージカルは空前の盛り上がりを見せています。ミュージカルが人を引きつける理由の一つは、物語の展開と深く関わるような内容の歌詞が、気持ちを盛り上げるような曲と一体となって場面ごとに挿入されることにあるでしょう。また、これらの楽曲は演技とともに披露されます。歌詞・曲・演技が合わさってできるミュージカルの楽曲は、見る・聞く・解釈する楽しみを与えてくれます。今回取り上げる「宝塚グランドロマン『新源氏物語』」は、田辺聖子『新源氏物語　上・中・下』（新潮社、1984年）をもとに柴田侑宏が脚本・演出を担当し、2015年に花組で公演されたもので、同年にBlu-rayなどでも販売されました。光源氏と藤壺の女御との関係を基軸に、若紫・六条御息所・葵の上といった光源氏を取り巻くお馴染みの女性たちとの場面が展開されます。揺れ動く光源氏や女性たちの心模様は、楽曲においても豊かに歌い上げられています。

1-2　教材としての魅力

視覚的・聴覚的情報は、学習者にとって物語を読み解くための大きなヒントとなります。ミュージカルの曲を「聞く」、そして演技や衣装、舞台装置などを「見る」ことで多方面から情報を引き出し、登場人物たちの心情に迫ることができます。『源氏物語』のそれぞれの場面や人物を切り離すのではなく、ミュージカルにおける様々な情報を手掛かりに一つの壮大な物語として理解することで、普段古典的世界と隔たりのある学習者も親しみを持って学習に臨むことが期待できます。

2 授業提案

2-1 授業のねらい

ここでは「読むこと」「聞くこと」「見ること」から得た情報をもとに、光源氏の心情を言語化する授業を展開します。

近年では2016年公開の新海誠監督による長編アニメーション映画「君の名は。」の大ヒットに伴い、原作にあたる『小説　君の名は。』(KADOKAWA、2016年) の売り上げが100万部を突破しました。映画やドラマなどで実写化する小説も多く、文字情報と視覚的・聴覚的情報を行き来して物語世界への理解を深め、想像を広げて楽しむことは一般的になっているといえます。

そこで、本提案では『源氏物語』の学習において、教科書に載っている文章を「読むこと」を通して得た情報と、「聞くこと」「見ること」を通して得た情報を合わせて光源氏や女性たちの心情を理解していきます。さらに、ミュージカルの曲に合う歌詞を創作することで、理解した内容を整理して言語化する力の育成を目指します。

2-2 授業の展開

授業は12時間で展開します。まず、大きな流れを以下に示します。

〈1時間目〉
- 宝塚グランドロマン「新源氏物語」を視聴し、『源氏物語』の概要を掴む。

〈2～11時間目〉
- 光源氏や女性たちについて、グループに分かれて調べて発表する。
- 教科書に掲載されている『源氏物語』の文章を読む。
  - ＊ミュージカルが光源氏と藤壺の女御との関係を基軸にしていることから、「光源氏の誕生」「藤壺の入内」(『高等学校　古典B　古文編』平成30年度改訂版、三省堂) を中心に扱うと、学習者にとって関連が見えやすいです。

〈12時間目〉
- 宝塚グランドロマン「新源氏物語」を視聴し、楽曲の歌詞を考える。

ここでは、ミュージカルの楽曲を扱う〈12時間目〉に焦点を当てます。

〈12時間目〉までの準備として、物語の登場人物たちについて調べて発表をしたり、教科書教材を用いながら場面を読み込んだりすることで、『源氏物語』そのものや光源氏と藤壺の女御への理解を深めておくことが、この後の活動をより効果的なものにするでしょう。

〈12時間目〉の授業の流れは次のようになります。

① 光源氏や藤壺の女御について知っていることをワークシートに書かせる。

これまでの学習者による発表や教科書教材を「読むこと」を通し、光源氏や藤壺の女御について学習したことをまずは整理させます。

② 宝塚グランドロマン「新源氏物語」を視聴し、場面展開や光源氏の心情を整理する。

今回扱う「第３場　雨夜の品定め」から「第４場　ただ一人の女」を視聴します。本ミュージカルでは「雨夜の品定め」で頭中将たちが女性談義を繰り広げるのを聞いた光源氏が、理想の女性として藤壺の女御のことを考え、思慕の念を抱くという展開になっています。ワークシートを用いて、この展開をまず確認します。

③ 楽曲「第４場 ただ一人の女」を視聴して曲や演技などを分析する。

楽曲「第４場 ただ一人の女」では、光源氏が舞台上に一人になり、藤壺の女御への思いを歌い上げます。憂いを帯びた曲調に、悩まし気な表情で彼方へ手を伸ばす光源氏の演技が合わさって思いを表現しています。これらを視聴し、聞いたこと/見たことを書き出させ、それらが何を表現しているのかを分析させます。この後、楽曲の歌詞の一部を創作するため、この段階では楽曲自体は聞かず、楽曲部分は演技や衣装など他の部分に注目させるのもよいでしょう。

④ 楽曲「ただ一人の女（1）」[1] の空欄に当てはまる歌詞を考え、ワークシートに書かせる。

楽曲「ただ一人の女（1）」の歌詞の一部を（　）にしたものを提示し、どのような言葉が入るかを考えさせます。以下に歌詞を引用します。

紫の藤の花かげ　たおやかに気高く
この世に一人ただひとり
あなたがすべて　ほかは（　1　）
恋のひと夜のためならば
（　2　）悔いはない
あなたと過ごすひとときと
（　3　）（　3　）ひきかえよう

（　）にあてはまる言葉を考える際に、前後の歌詞がヒントになることを学習者とともに確認します。例えば、(1)であれば直前の歌詞が「あなたはすべて」なので、比較して「ほか」の女性たちが光源氏にとってどのような存在なのか考えると、空欄部分に入る言葉が思い浮かぶのです。なお、歌詞は創作の位置づけとするため、本来の歌詞と一致している必要はありません。

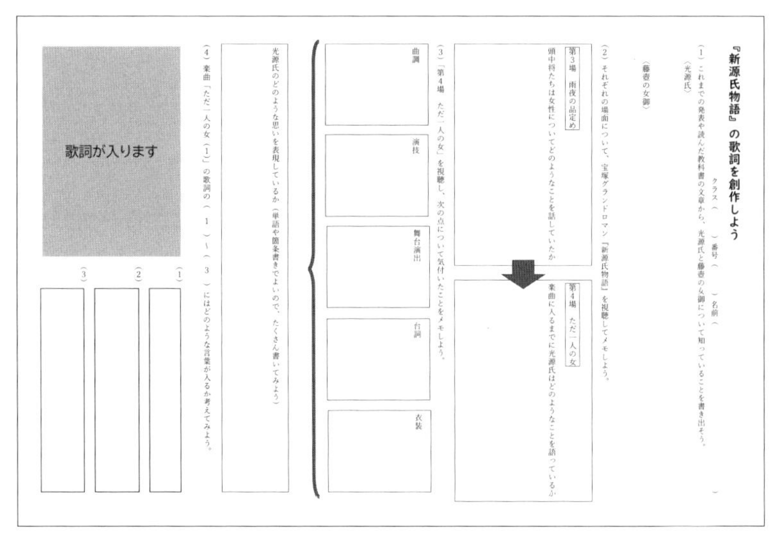
『新源氏物語』の歌詞を創作しよう
クラス（　）番号（　）名前（　）
(1) これまでの発表や読んだ教科書の文章から、光源氏と藤壺の女御について知っていることを書き出そう。
〈光源氏〉
〈藤壺の女御〉
(2) それぞれの場面について、宝塚グランドロマン『新源氏物語』を視聴してメモしよう。
第3場　雨夜の品定め
頭中将たちは女性についてどのようなことを話していたか
第4場　ただ一人の女
楽曲に入るまでに光源氏はどのようなことを語っているか
(3)「第4場　ただ一人の女」を視聴し、次の点について気付いたことをメモしよう。
曲調
演技
舞台演出
台詞
衣装
光源氏のどのような思いを表現しているか（単語や箇条書きでよいので、たくさん書いてみよう）
(4) 楽曲「ただ一人の女（1）」の歌詞の（　1　）～（　3　）にはどのような言葉が入るか考えてみよう。

(1)
(2)
(3)

ワークシートの例

⑤グループになり、歌詞を曲に合わせて発表する。

曲に合わせて空欄の部分の歌詞を、4人一組のグループでそれぞれ発表します。その時に以下の評価の観点を示し、グループで代表作品を一つ決めます。

《評価の観点》
・曲に合った歌詞になっているか。(内容、リズムなど)
・演技に合った歌詞になっているか。
・知識や読解に基づく内容になっているか。(光源氏と藤壺の女御との関係など)

最後に、各グループの代表作品を鑑賞します。それぞれのグループが紡ぎだす言葉をもとに光源氏と藤壺の女御との関係を振り返り、『源氏物語』そのものへの理解の深まりをクラスで確認することでまとめとしたいと考えます。

2-3 授業のポイント

本提案では「読むこと」「聞くこと」「見ること」から得た情報をもとに歌詞を創作しますが、〈12時間目〉では「聞くこと」「見ること」による情報収集を主としています。「聞くこと」では曲調はもちろん、登場人物の台詞からも多くの情報が得られます。例えば、楽曲「ただ一人の女(1)」の直前の場面では、藤壺の女御が父帝に入内したことを光源氏が語った上で、彼女への思いが「いつのまにか淡い恋に変わっていき、ものぐるおしい日々が私を苛むようになった」と自らの心情を吐露します。この台詞を聞き取ることで、楽曲「ただ一人の女(1)」の歌詞に読み込まれる光源氏の心情を推察することができるでしょう。

「見ること」では役者の演技に加え、衣装・背景・照明などを含めた舞台装置からも多くの情報を得られます。例えば、今回の授業で扱う場面では、光源氏は白地に藤の模様の着物を衣装として着ています。なぜこの場面でこの着物を着ているのか考えることで、舞台演出の一つとして衣装に込められた光源氏の藤壺の女御に掛ける思いの深さが表現されていることに気づくことになります。

また、得た情報を整理し、歌詞として創作させるところに一つの言語活動が成り立ちます。創作なので、「読むこと」「聞くこと」「見ること」から得た情報や知識を基に、発想を膨らませて曲に合う歌詞を考えることになります。曲や演技からイメージした言葉をワークシートにメモし、歌詞創作の際の手がかりとしたいですね。

3 実践に向けて

稀代の名作『源氏物語』を用いた作品は、様々なジャンルで残されています。漫画の大和和紀『あさきゆめみし』(講談社、2008年)は広く知られていますが、映像作品でも「千年の恋　ひかる源氏物語」(東映、2001年)、「源氏物語　千年の謎」(東宝、2011年)などが挙げられます。今回紹介した「宝塚グランドロマン『新源氏物語』」と合わせて視聴することで、「見ること」「聞くこと」で得た情報を「読むこと」で得た情報と比較し、光源氏や女性たちの心情の検討をさらに深めることもできそうです[2]。

【注】

1 楽曲には光源氏が一人で歌う「ただ一人の女(1)」と、光源氏・藤壺の女御・王命婦の三人で歌う「ただ一人の女(2)」があります。今回は、光源氏が一人で藤壺の女御を思う場面で用いられる「ただ一人の女(1)」を使用します。

2 古典と現代の接点については、『国語科授業構想の展開』(町田守弘、三省堂、2003年)を参照してください。

町田先生からのコメント

『源氏物語』の理解を促すためにミュージカルを扱うという提案は独創的です。古典の発展的な学びとして「読むこと」「聞くこと」「見ること」から得た情報をもとに歌詞を創作する活動は、古典への新たな興味・関心を育ててくれます。

「グッド・バイ」に終焉を

岡田　和樹

教材名 テレビドラマ「グッド・バイ」（篠原哲雄、TBS、2010 年）

校　種 小　中　高　大（おすすめ！：高〜大）

こんな力がつきます

様々な情報を捉えて創作する力

1　教材提案

1-1　素材の解説

「BUNGO ―日本文学シネマ―」（以下、「文学シネマ」）は、2010 年に TBS や BS-TBS などで放送された短期ドラマシリーズです。文豪が著した短編小説を 30 分程度の映像作品に仕上げており、全 6 作品が存在します。本稿では、それらのうち「グッド・バイ」（監督・篠原哲雄）を用いた実践を提案します。

© 日本文学シネマ製作委員会

1-2　教材としての魅力

「グッド・バイ」の特徴として、原作者の太宰治が執筆途中に死亡したため、絶筆となった点が挙げられます。物語に一区切りがつき、新たな展開を迎えようとするまさにそのときに中絶してしまっています。図らずも結末が失われた本作ですが、「結局この後どのような展開を迎えるのだろうか」と、学習者の想像力を広げるための教材として非常に効果的です。

結果的に自由な発想を許容しやすい作品となったためか、様々な年代において、また様々なメディアにおいて、設定を一部変更しつつ映像化が果たされています。「文学シネマ」版も原作と比べ多少の相違は見られますが、大筋は変えておらず、原作と同様の場面をエンディングとしています。相違点としては、例えば原作では主人公の田島が小悪党のように描写されることが多いのに対し、「文学シネマ」版では打算的ながらもどこか憎めないかわいげのある男性として描かれている点が挙げられます。女房役のキヌ子に足元を見られ、女癖の悪さをなじられながらも、いつしかキヌ子を女性として意識してしまう――そんな田島の複雑な内面を学習者に考えさせることができます。

2　授業提案

2-1　授業のねらい

映像作品には文字情報だけでなく、映像による視覚的情報や音声・BGM等の聴覚的情報など、多種多様な情報が散りばめられています。これらの情報を確実に拾うことを最初の目標とします。内容確認の手助けとして、専用のワークシート（**資料1**）を用意しておくと便利です。

次に、拾っていった情報を基にして、主人公やヒロインの人物像・関係性を推定します。この部分にはっきりとしたイメージを持つことができるかどうかで、次の創作活動の出来が変わってきます。

最後に、推定した人物像・関係性を基にその後の展開を学習者が想像し、自身の言葉で記述していきます。

このように物語の筋や設定をきちんと確認し、その枠組みの中で創作活動に入るという流れを仕組むことで、作品の世界観に即した妥当な創作活動を促すことができると考えています。

2-2　授業の展開

配当時間は1時間を想定しています。丁寧に答え合わせをし、創作の時間を多めにとり、発表もさせたいという場合は2時間構成にするという選択肢も考えられます。

①太宰治についての紹介・本時の目標の提示（1～2分）

「グッド･バイ」の原作者が太宰治であることを伝え､彼の作品や生涯など、知るところを学習者に尋ねます。｢グッド･バイ｣は未完結の作品であるため、太宰に代わって作品を完結させてほしいという旨を伝えます。視聴前にタイトルだけを見て、作品内容を想像させてもよいでしょう。

②ワークシート配布

視聴前に1分程度時間をとり、ワークシートの質問内容をある程度把握させておくとよいです（その間に放映の準備等をしておくと無駄がありません)。

ワークシートにはセリフの空欄を埋めるなど情報を拾うことを促す問を設定します。㊀作品を注意深く見るという意識づけ、㊁ワークシートを見ればある程度作品の内容を振り返ることができる、という二点の狙いがあります。

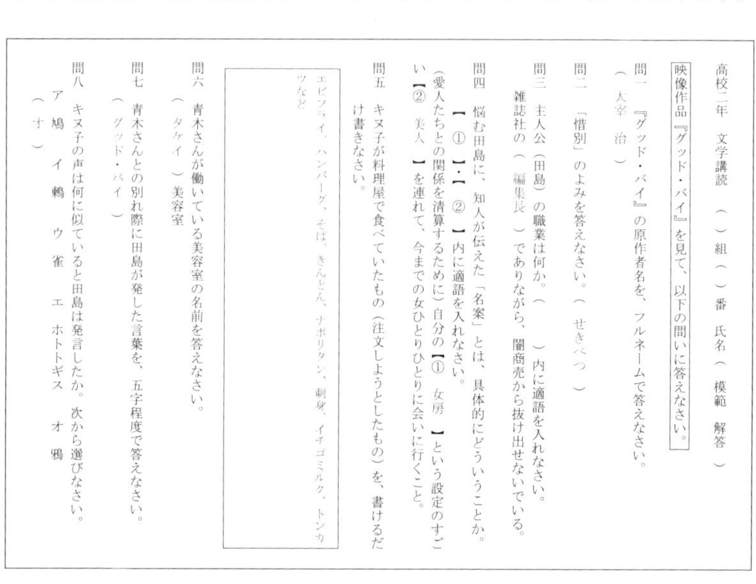

高校二年　文学講読　（　）組（　）番　氏名（　模範　解答　）

映像作品『グッド・バイ』を見て、以下の問いに答えなさい。

問一　『グッド・バイ』の原作者名を、フルネームで答えなさい。
（　太宰　治　）

問二　「惜別」のよみを答えなさい。（　せきべつ　）

問三　主人公（田島）の職業は何か。（　　）内に適語を入れなさい。
雑誌社の（　編集長　）でありながら、闇商売から抜け出せないでいる。

問四　悩む田島に、知人が伝えた「名案」とは、具体的にどういうことか。【　①　】・【　②　】内に適語を入れなさい。
（愛人たちとの関係を清算するために）自分の【①　女房　】という設定のすごい【②　美人　】を連れて、今までの女ひとりひとりに会いに行くこと。

問五　キヌ子が料理屋で食べていたもの（注文しようとしたもの）を、書けるだけ書きなさい。

エビフライ、ハンバーグ、そば、きんとん、ナポリタン、刺身、イチゴミルク、トンカツなど

問六　青木さんが働いている美容室の名前を答えなさい。
（　タケイ　）美容室

問七　青木さんとの別れ際に田島が発した言葉を、五字程度で答えなさい。
（　グッド・バイ　）

問八　キヌ子の声は何に似ていると田島は発言したか。次から選びなさい。
ア　鳩　イ　鵜　ウ　雀　エ　ホトトギス　オ　鴉
（　オ　）

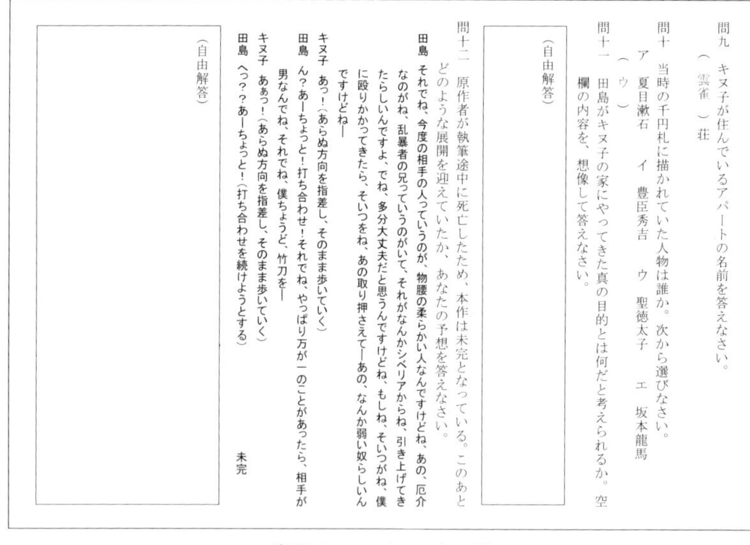

問九　キヌ子が住んでいるアパートの名前を答えなさい。
（　雲雀　）荘

問十　当時の千円札に描かれていた人物は誰か。次から選びなさい。
ア　夏目漱石　イ　豊臣秀吉　ウ　聖徳太子　エ　坂本龍馬
（　ウ　）

問十一　田島がキヌ子の家にやってきた真の目的とは何だと考えられるか。空欄の内容を、想像して答えなさい。

（自由解答）

問十二　原作者が執筆途中に死亡したため、本作は未完となっている。このあとどのような展開を迎えていたか、あなたの予想を答えなさい。

田島　それでね、今度の相手の人っていうのが、物腰の柔らかい人なんですけどね、あの、厄介なのがね、乱暴者の兄っていうのがいて、それがなんかシベリアからね、引き上げてきたらしいんですよ、でね、多分大丈夫だと思うんですけどね、もしね、そいつがね、僕に殴りかかってきたら、そいつをね、あの取り押さえて―あの、なんか弱い奴らしいんですけどね―

キヌ子　あっ！（あらぬ方向を指差し、そのまま歩いていく）

田島　ん？あ―ちょっと！打ち合わせ！それでね、やっぱり万が一のことがあったら、相手が男なんでね、それでね、僕ちょうど、竹刀を―

キヌ子　あぁっ！（あらぬ方向を指差し、そのまま歩いていく）

田島　へっ？あ―ちょっと！（打ち合わせを続けようとする）

未完

（自由解答）

資料１　ワークシートの例

③「グッド・バイ」視聴（30分程度）

④ワークシートの答え合わせ（5～10分程度）

基本的には口頭での確認でよいでしょう。ただし、学習者の過半数が答えを見つけられない問については、もう一度その場面を再生して、可能な限り学習者自身に答えを発見させるようにします。

⑤その後の展開の創作

残った時間で「グッド・バイ」のその後を想像し、言語化します。参考として、ワークシートには「文学シネマ」版の結末部分を掲載しました[1]。

問十二については、例えば以下のような解答のパターンが考えられます。

ア　田島にまつわる女性たちとの関係がすべて切れるパターン

すべての愛人に別れを告げ､妻子のところに戻ろうとするも､妻子から（後にキヌ子からも）「グッド・バイ」を告げられ、一人ぼっちになる。

イ　田島がキヌ子に成敗されるパターン

Ⓐ無事に愛人達と別れて最終的に妻子ではなくキヌ子と結ばれようとするが､結局田島の女癖は治らず､浮気が発覚してキヌ子に張り倒される。

Ⓑ実際は浮気によって既に傷つけているにもかかわらず、愛人たちに対し優しくあろうとする田島の奇妙な倫理観に呆れたキヌ子は、逆に愛人たちと仲良くなる。最終的には愛人たち同士で結託し田島に対して逆襲する。

ウ　田島とキヌ子の「夫婦」関係が継続するパターン

Ⓐ行く先々で愛人達とトラブルが起こり、そのたびにキヌ子から「助けてほしかったら〇〇円よこせ」と（金が続く限り）金をせびられ続ける。

Ⓑ田島の女癖は治らず、新たな愛人がまた現れてしまう。そのたびにキヌ子が「女房」として登場し､二人の奇妙な「夫婦」関係は継続する（田島はキヌ子に情を抱いており、キヌ子と「夫婦」関係を演じる大義名分を得るために愛人を作るようになる）。

評価の観点としては、「視聴した範囲内での作品内容に根拠を（可能ならば複数）求められているか」をまずポイントにおくとよいでしょう。例えば、パターン「ア」では、タイトルでもある「グッド・バイ」を活用して意見を組み立てています。「グッド･バイ」を言う側であった田島が､最後には「グッド・バイ」を言われる立場になってしまう、と捻りを加えています。また、パターン「イ」では田島は女癖が悪いという設定や、それを非難するキヌ子の言動を根拠としています。そしてパターン「ウ」は、二人の内面や関係性に着目した意見です。ことあるごとに金を求めるキヌ子と、（愛人関係を清算しなければならないはずなのに）キヌ子に揺れてしまう田島。素直に結ばれることは無さそうな、この二人ならではの関係性を表現しています。

このように自由な創作というよりも、作品内容に関連性を持たせるという条件下での創作を意識させると、評価をつけやすいのではないでしょうか。

2-3　授業のポイント

ワークシートの問は、可能な限り全編にわたって満遍なく配置しておくと、緊張感を保った状態での視聴がしやすいです。また作品の鑑賞に集中できるように、ワークシートは答えが明確かつ簡潔に書けるような問を多めに配置するといった配慮を心掛けた方がいいでしょう。さらに、効果音やBGMなどの聴覚的情報・画面に映る文字情報・文字ではっきりとは表されない視覚的情報など、様々な種類の情報処理を必要とする問をそれぞれ設定すると、映像作品というメディアの特性が活かされるのではないでしょうか。

問の内容も、可能な限り物語設定や人物像の確認につながるようにすべきです。例えば本稿では「キヌ子が食べていた料理を書けるだけ書きなさい」という問を設定しました。食事の場面は数秒だけしか映らないため、すべてを書ききることは非常に困難です。先ほど述べた「答えが明確かつ簡潔に」という配慮が全くなされていない問ですが、このような問をあえて設定することで「キヌ子は、（ご馳走してもらう立場ならば）一度に書ききれないほどの量を食べようとする人物なのだな」と学習者に読み取らせることができます。一目でわかる問題のみを設定するのではなく、一・二問程度このような不親切な問を配置しておくと、答え合わせの際に「もう一度あの場面を見返してみたい」という雰囲気が自然と発生します。

3　実践に向けて

映像作品は、人物の表情や仕草、セリフを発する際の声色など多様な情報を組み合わせて作品世界を表現しています。一瞬で流れ去ってしまうわずかな情報が、作品理解の重要な手がかりになる場合もあります。これらの情報を逃さず拾うトレーニングの題材として、映像作品は有効です。映像では文字情報ではっきり説明されない分、解釈の可能性を広げることもあります。さらに結末が失われている「グッド・バイ」ならば拾った情報を組み合わせて結末を創作する、という活動に違和感なく移行できます。

今回は創作活動を主眼に置いたため「グッド・バイ」を取り上げましたが、「文学シネマ」の他の作品も教材化することが可能であると考えています。私見では、「黄金風景」や「魔術」なども学習者の興味・関心を惹きつける作品であるように思います。いきなり「グッド・バイ」を鑑賞して創作活動に入るよりも、「黄金風景」や「魔術」を先に鑑賞し、「多様な情報を拾いながら鑑賞する」という学習活動に慣れさせたほうがより効果的です。

今回提示した「グッド・バイ」のワークシートは、以前「魔術」を取り上げた際に立命館中学校・高等学校の角谷早恵子先生に作成していただいたフォーマットを踏襲しています。この場を借りて感謝を申し上げます。

多忙を極めるなか、毎回自分一人で効果的な学習活動を考えることは不可能です。まわりの協力者の助言や本・インターネットなど、身近にある様々なヒントを活用できれば、余裕を持って「明日の授業」の準備ができるのではないでしょうか。本稿が、その一助となれたら幸いです。

【注】

1　筆者が映像作品を見て書き起こしたものです。

町田先生からのコメント

太宰治の絶筆となった「グッド・バイ」は未完の小説で、様々な映像化が試みられています。本提案は映像の観賞を通して結末を想像することを主な活動として工夫されたもので、短時間で扱えるという点も重要な特色となっています。

比べることで考える―単元『詩歌の世界』

加藤　晴奈

教材名 映画「言の葉の庭」（新海誠、コミックス・ウェーブ・フィルム、2013年）
『小説 言の葉の庭』（新海誠、KADOKAWA、2014年）
楽曲「Rain」（作詞・作曲：大江千里、歌：秦基博、2013年）

校種 小　中　高　おすすめ！　大

こんな力がつきます
多様なジャンルを関連づけて解釈する力

1　教材提案

1-1　素材の解説

映画「言の葉の庭」（以下、「言の葉の庭」）は2013年に公開された、新海誠監督のアニメーション映画です。高校に息苦しさを感じる孝雄と、働き続けるという歩みをとめてしまった雪野が、公園で雨の日だけの逢瀬を重ねていく物語です。万葉集の和歌を一つの重要な題材とし、美しい雨の描写とともにストーリーは展開します。『小説 言の葉の庭』は、監督本人が映画公開後に執筆し、映画にはなかったエピソードが盛り込まれています。「Rain」は、大江千里の楽曲「Rain」を秦基博が「言の葉の庭」のためにカバーしたもので、作品の内容にも通ずる、切ない心情が歌われています。

1-2　教材としての魅力

「古典」「万葉集」と聞くと、抵抗感を示す学習者も散見されますが、学習者たちにとってなじみ深い新海誠監督の作品である「言の葉の庭」を教材とすることで、興味を持たせやすくなります。加えて、雨を美しく描いたことが強みとされる映画を、小説という全く別の手法でどのようにして表現したのかについて比較することは、そのジャンルならではの表現方法を学ぶことにもつながります。また、「Rain」の歌詞と「言の葉の庭」をあわせて見ると、不思議とリンクしているように感じられるため、歌詞の解釈の手掛かりとなります。

2 授業提案

2-1 授業のねらい

この授業は、「ジャンルをまたいで比較する」ということを重視しています。ジャンルが異なる作品を比較することで、そのジャンルならではの手法を学ぶことができます。また、比較は解釈の上で大きな手掛かりにもなります。文学の授業で多様なジャンルを扱うことや比較することは、国際バカロレアの「言語Ａ：文学」でも求められており、本授業はそこからヒントを得ています[1]。

2-2 授業の展開

○単元「詩歌の世界」

第１次　現代と古典の和歌の解釈や創作の工夫を知る。

第２次　「言の葉の庭」における和歌の位置づけを考える。

第３次　「言の葉の庭」小説版と映画版を比較し、それを踏まえて「Rain」の歌詞を解釈する。

第４次　J-POP楽曲及び歌手のエッセイから、作詞の工夫を考える。

＊ここでは、第２・３次の内容を中心に取り上げます。

○単元の目標

(1) ジャンルの異なる教材を比較することで、そのジャンルならではの表現方法を知る。

(2) 比較するという方法で、作品の解釈を深める。

第２次　映像・文字による表現の違い/作品中の和歌の位置づけ（２時間）

第１次で、俵万智と万葉集の和歌を扱っており、和歌に対する導入をした状態で第２次に入ります。映像を見る前に、『小説 言の葉の庭』の、孝雄と雪野が出会う場面（第二話）を配布します。この本文は一部が空欄になっており、（「［　A　］声が十代の若さ」・「へ、という［　B　］息」等、発声にまつわる部分）、文脈から空欄にあてはまる語句を考えます。音声を言葉でいかにして表現するかを考えることが狙いです。その後、同じ場面を映画で見て、実際にどのように喋られているか確認します。それをふまえ、もう一度空欄の答えを考えます。映像や音を、文字ではどのように表すのか考えることがねらいです。

次に、雪野が孝雄に告げた「鳴神の 少し響みて さし曇り 雨もふらぬか 君を留めん」という和歌がどのような意味で、登場人物の心情をどのように表しているかということを考えます。この場面では、雪野は自分が孝雄の学校の古典教師であることを示唆するために和歌を詠んでいるにすぎません。しかし、「あなたを引き留めたいから、雷が鳴って、曇って、雨が降ってくれないか」という歌の意味を踏まえることで、彼女が心の底では孝雄との再会を求めていることが読みとれます。そして、この和歌が示すとおり、雨の日だけの二人の逢瀬が始まっていくのです。

古典の和歌の解釈を苦手とする学習者は少なくありませんが、物語や映像によって、興味関心を抱きやすくなっているはずです。

第３次 『言の葉の庭』小説版と映画版を比較し、それを踏まえて「Rain」の歌詞を解釈する。（２時間）

第３次では、前次で扱った和歌の返歌を、孝雄が雪野に告げる場面（第八話）と、映画版の最後の場面（第九話）を扱っていきます。前次の場面から小説版にして250頁ほど話が進みますので､映画版であらすじを押さえたり、教師からあらすじのみ説明したりするとよいでしょう。

第２次で扱った和歌の返歌である「鳴神の すこし響みて 降らずとも 我は留まらん 妹し留めば」が登場するため、これも前次と同様に意味を解釈していきます。

意味の解釈を行った上で、この返歌の意味とそれを詠む孝雄の心情とがどのように重なりあっているかを第八話の本文をもとに考えます。孝雄は雨の日の午前中だけ雪野との逢瀬を重ねていましたが、本当はいつでも彼女と会いたかったこと、彼女に抑えがたい恋心を抱いていることが本文から読みとれます。こうした孝雄の恋心が和歌の意味にうまく重なっています。

授業の後半では、「Rain」と映画のラストシーンを取り上げます。「Rain」より、下記に示した箇所を配布し、この曲を「言の葉の庭」に当てはめると、誰の目線になると考えられるか、意見を交換します（下線は筆者による）。

どしゃぶりでもかまわないと　ずぶぬれでもかまわないと
しぶきあげるきみが消えてく　路地裏では朝が早いから
今のうちにきみをつかまえ
行かないで　行かないで　そう言うよ

映画のラストシーンから考えると、これは地元に帰る雪野に対する孝雄目線の歌詞になると考えられます。

そして、小説と映画の結末の違いを比較検討します。『小説 言の葉の庭』は映画のその後の物語まで描かれており､雨の描写で終わっています。一方、映画は雪の景色で締めくくられます。天候という情景描写が作品解釈に与える影響や、曲の与える印象、なぜ作者が結末を変えたのか、を考えた上で、学習者自身はどちらの結末がよいと思うかを記述します。

2-3　授業のポイント

「比較することで解釈を深める」ことをねらいとした授業ですが、それぞれの教材を最大限に活用するために、まずは一つの教材だけを見た/読んだ/聞いた印象を書き留めておくことが大切です。比較する前と後で、その印象が変わる可能性が高いからです。映像や音楽は印象が強く残りやすいので、小説や歌詞を先に学習者に提示した方が、イメージに引っ張られにくいでしょう。

「予想する」というのも効果的な学習方法であると考えられます｡学習者は、限られた材料を組み立てて自分で推測していく必要があるからです。予想させるためにも、教師は情報を小出しにしなければならないので、小説のテキストは短く区切ったものを毎次配布することが望ましいです。

また「比較する」や「予想する」といった学習活動は、学習者にとって取り組みやすいといえます。なぜなら､何をすればよいか明確だからです。「意見を交換しなさい」という指示では発言できなかったり、無難な解答にまとめたりしようとする学習者も散見されますが､「比較する」「予想する」という活動では、自然な形で意見交流がされやすいです。予想や比較をするためには与えられた教材から情報を読み取る必要があるため、自ら精読することにもつながります。

実践した際には、「予想する」活動が特に盛り上がりました。第一次の、音声にまつわる記述の空欄に入る言葉を考える活動では、映画で登場人物らが喋る声を聞きながら、それをどうやって言葉で説明すればよいのか、喧々諤々としていました。

最後に、「小説か映画か、どちらの結末がよいか」を記述させますが、これを最後の課題としたのは、印象だけを答えるのではなく、それまでの授業のすべての分析をふまえられるようにすることがねらいです。記述した後、学習者が書いたものを教室で共有します。

実践した際には、「どちらの結末がよいか」は半々ぐらいの結果となりました。「雪野と孝雄の関係について、続きが気になるから、詳しく書いてある小説がよい」という意見がある一方、「自由に想像できる映画の方がよい」という意見もあがりました。また、雨の描写で終わるか、雪の描写で終わるかについては、「映像で見るなら、雪の映像のほうが、画面が明るくて印象に残りやすい」と、「雨がテーマの作品だから、最後まで雨で締めくくってほしい」等、様々な意見があり、議論が盛り上がりました。さらに、「Rain」の歌詞についても、小説に重ねるなら雪野の視点とも考えられるのではないか、ということも議題に上りました。「Rain」については、楽曲の情報について学習者に告げずに、「言の葉の庭」の主題歌であるということだけ提示していたため、大半の学習者は「言の葉の庭」のために作られた曲、つまり「言の葉の庭」の内容をふまえて作曲されたと考えていました。それゆえに、学習者らはすべて「言の葉の庭」の内容になぞらえて「Rain」の歌詞を解釈していましたが、実はオリジナルは1988年に収録されたものであり、映画よりずっと前に作られた曲です。「言の葉の庭」を表現した曲だと思って聞いているのと、まったく関係なく作られた曲として聞くのでは、感じ方が違うと言う学習者もいました。「解釈する」ということが、作品そのもの以外の情報にも影響されるということを実感する機会になったのではないでしょうか。

普段の授業で話し合う活動を行うと、なかなか意見が出ないということもありますが、本実践では活発な雰囲気で授業を進めることができました。

3　実践に向けて

実際の授業は、第1次と第4次を加えた2時間×4日間の8時間で実施し、その際には『万葉集』の別の歌や、俵万智『サラダ記念日』（短歌）、『考える短歌―作る手ほどき、読む技術―』（評論）、米津玄師「Lemon」（楽曲）、野田洋次郎『ラリルレ論』（エッセイ）、等を教材として使用しました。「言の葉の庭」以外は、一つ一つを深く読み込むというよりは、色々なものを少しずつ見て比べていく、というスタンスで行いました。

今回は2時間×4日間というかなり恵まれた時間数で実践したため、このように幅広い教材を扱うことができましたが、時間数に応じて必要な教材を取捨選択することで様々な場面で応用できます。「ジャンルの違うものを比較する」という手法はどんな教材に対しても使えますので、アレンジの可能性は無限大です。

【注】

1　国際バカロレア機構『「言語A：文学」指導の手引き』（International Baccalaureate Organization 15 Route des Morillons, 1218 Le Grand-Saconnex, Geneva, Switzerland、2011年）

町田先生からのコメント

新海誠監督のアニメーションを主な教材として、様々な関連資料が補助的な教材として登場する提案です。特に古典和歌への興味喚起が重要な目標となることから、小説版との比較、音楽との関連など多様な学びが目指されています。

「かぐや姫の物語」と『竹取物語』の比較読み

金田　富起子

教材名 映画「かぐや姫の物語」（高畑勲、スタジオジブリ、2013年）
「天の羽衣」（『竹取物語』）

校　種 小　中　高（おすすめ！）　大

こんな力がつきます
作品を比較し批評する力

1　教材提案

1-1　素材の解説

「かぐや姫の物語」[1]は、2013年に公開された長編アニメーション映画です。高畑勲監督が制作に８年をかけて、日本最古の物語『竹取物語』の映像化に取り組んだことでも話題を呼びました。また、本作は第87回アカデミー賞長編アニメーション賞にノミネートされ、海外からも高い評価を受けています。

「かぐや姫の物語」は、竹から生まれた少女が翁と嫗の元で美しく育ち、やがて５人の貴公子と帝に求婚されるも、それを受け入れることなく月へと帰っていくというストーリーです。基本は原作の筋に従いながらも、新たな解釈を加えて作りかえられています。本提案では、原作の「天の羽衣」に当たる、映画の最終場面のみを扱います。

1-2　教材としての魅力

かぐや姫が月に帰る場面は、昔話「かぐや姫」などを通じて子どもの頃から馴染みがあります。内容自体は読み取りやすいため、発展的な学習に取り組みやすい箇所です。また、該当場面では、表情一つ変えない天女に対して、かぐや姫は涙を流しながら抑揚のある話ぶりをするなど、月と地球の対比がわかりやすく描き分けられています。さらに、原作でも月と地球の対比が明確に描かれているため、同じ観点で比較することができます。

以上より、〈学習者が親しみやすい点〉、〈表現からテーマを読み取りやすい点〉、〈原作と同じテーマで比較ができる点〉が教材の魅力として挙げられます。

2 授業提案

2-1 授業のねらい

本提案は、「かぐや姫の物語」の批評文を書くために、原作『竹取物語』との比較を行う授業です。2作品を同じ観点で見ることで気づく相違点や共通点を足がかりに、批評文を書くことをねらいとしています。

また、作品を批評する上で、古典作品の読みを生かせることを知るというのも本提案のねらいの一つです。「かぐや姫の物語」は、原作を知らなくても十分理解ができる作品です。しかし、原作を知っていれば、作品をより多角的に見ることができます。例えば「かぐや姫の物語」では、原作では触れられていない、かぐや姫の生い立ちや彼女の感情が丁寧に描かれています。原作との差がアニメーション独自のよさを生み出していることに気づくことで、作品の「読み」が深まります。以上のことから、古典学習を現代作品の「読み」に繋げられるような授業が期待されます。

2-2 授業の展開

○単元計画（計6時間）

第1次：「かぐや姫の物語」を「読む」（2時間）

第2次：『竹取物語』「天の羽衣」を読む（2時間）

第3次：2作品を比較し、「かぐや姫の物語」を批評する（2時間）

第1次：「かぐや姫の物語」を「読む」

①映画を「読む」ための観点（人物、色彩、台詞、音楽）を紹介する。

②「かぐや姫の物語」の紹介をする。

③人物、色彩、台詞に注目して、本編（2:03:10～2:11:21）を視聴する。

④観点ごとに月と地球の対比を確認する。

⑤該当場面で、子ども達が歌う「わらべ唄」を紹介する。地球の音楽としての「わらべ唄」の歌詞には、どのような特徴があるかを考える。

第1次の目標は、アニメーションを決められた観点で見て、月と地球の表現の違いをまとめることです。この授業は、言語と非言語が混じり合うアニメーションから、読み取ったものを言語化する活動です。

『かぐや姫の物語』を読む　〔　〕組〔　〕番

一、視聴箇所を、「月と地球の表現の対比」に注目してまとめましょう。

	月	地球
人物		
色彩		
台詞		

二、別紙の「わらべ唄」の歌詞を見て、傍線部「まわれまわれ」に関連する言葉を、抜き出しましょう。

三、『かぐや姫の物語』の最終場面において、月と地球はそれぞれどのようなイメージとして描かれていたでしょうか。

〈月〉

〈地球〉

	月	地球
人物	・無表情、血色のない肌 ・宙に浮く	・表情が変化する、血色のある肌 ・歩く、走る
色彩	・天女来訪時の月：光輝く ・かぐや姫から見た月：白黒	・天女来訪時の地球：白黒 ・かぐや姫から見た地球：青い、彩がある
台詞	・平坦な言い回し ・天女から見た地球：「この地の穢れ」	・感情がこもっている、叫ぶ ・かぐや姫から見た地球：「穢れてなんていないわ」「彩に満ちて」

表１　人物、色彩、台詞のまとめ方の例

人物、色彩、台詞は、例えば**表１**のようにまとめることができます。

第２次：『竹取物語』「天の羽衣」[2]を読む

①『竹取物語』の「天の羽衣」を読み、登場人物と場面設定を確認する。

②かぐや姫の行動をまとめる。

③天の羽衣を着せられる前後の、感情の変化を読み取る。

④「天の羽衣」における、月と地球の対比をまとめる。

第２次の目標は、原作の『竹取物語』で、月と地球がどのような場所として書かれているかをまとめることです。

原作は現代語訳ではなく古文で読み、必要に応じて文法も解説します。天人の台詞「いざ、かぐや姫。穢き所に、いかでか久しくおはせむ」や、かぐや姫の台詞「衣着せつる人は、心異になるなりといふ。物一言、言ひ置くべき事ありけり」などを基に、天人の地球への評価、かぐや姫の月への評価をまとめます。

第３次：２作品を比較し、「かぐや姫の物語」を批評する

① 前次までの学習を振り返り、２作品の共通点と相違点をまとめる。
② 再度、「かぐや姫の物語」の該当箇所を視聴する。
③ 原作と比較した上で、「かぐや姫の物語」の批評文を書く。テーマは、「月と地球の対比の描かれ方」。
④ 書いた批評文を生徒同士で交換し、**表２**を基に評価とコメントを書く。
⑤ 評価とコメントを読み、批評文を推敲する。

第３次の目標は、前次までにまとめた月と地球の対比について、原作と比較しながら「かぐや姫の物語」の批評文を書くことです。この授業では、制作段階の指示がわかる絵コンテや、「かぐや姫の物語」のムック本や雑誌の高畑監督のインタビュー記事も提示します。批評文を書く際には、自分が作品から読み取ったものに加え、必要に応じて制作者の意図が示された書籍等を参考にしながら、根拠を明らかにして考えをまとめます。

また、批評文を生徒同士で交換する際には、以下の《批評文を書く際のポイント》に従って、ルーブリック評価（**表２**）を行います。

《批評文を書く際のポイント》

①２作品の特徴を挙げて、比較できているか。
②根拠を上げて、説得力のある批評文が書けているか。
③まとまりのある文章が書けているか。

	A	B	C	D
①	具体的に2作品の共通点、相違点が挙げられている。	比較して、特徴が書けている。	翻案作品の特徴を挙げているが、比較できていない。	2作品の特徴を挙げられず、比較できていない。
②	根拠を元に、説得力のある批評文が書けている。	根拠を挙げ、作品の評価が書けている。	作品の評価が書けている。	作品を評価していない。
③	論旨が一貫しており、文と文との繋がりも適切である。	文と文との繋がりが適切である。	適切な語彙が使えている。	語彙が不適切で文意が通じない。

表2　批評文評価のルーブリックの例

2-3　授業のポイント

イメージの言語化

第1次の最後には、「かぐや姫の物語」で月と地球がどのようなイメージとして描かれているかをまとめる活動があります。学習者は、月については「淡白」、「抑揚がない」、「機械的」、地球については「色鮮やか」、「感情的」など、多様な語彙を使って表現することが想定されます。どれも、台詞やキャプションとして作品に出てくる言葉ではなく、言語化されていない〈人物、色彩、台詞〉から読み取ったイメージを、自分なりに言葉を補って表現することになります。

さらに、学習者同士で書いたものを共有することで、映像に表れたイメージを他の学習者がどのように言語化したかを知ることになります。これにより、他者の視点や、自分の表現の特長・課題に気づくことができ、より一層「言語化能力」の育成が期待できます。

原作とアニメーションの比較

原作を持つ翻案アニメーションを主教材としていることは、「作品を比較して批評する力」を育成するための重要なポイントです。多くの学習者が、アニメーションを「読む」という経験がない中で、読み取った上で批評することは、ハードルが高いものだと考えられます。そこで言葉で書かれた原作を読むことで、アニメーションの根幹にある物語がどのように表現されているのかを言葉で理解することができます。また、『竹取物語』での月と地球の対比を確認した上で、改めて「かぐや姫の物語」を見ると、原作にはない独自の表現やエピソードに気づきます。原作との比較は、作品の批評を書くための助けになるはずです。

3　実践に向けて

学習者が書いた批評文の評価方法としては、表2のルーブリックを用いた相互評価と自己評価を取り入れています。批評文をクラスで共有して相互評価をすることには、一つの作品の解釈の多様性に気づかせたり、他者の解釈と比較して自分の考えを整理させたりするねらいがあります。同一作品を視聴しても、他者とは着眼点が異なるということに気づくことで、自分の読みを相対化できます。異なる価値観に触れることで、作品に対する視点を増やすことができると期待しています。

【注】

1 「かぐや姫の物語」Ⓒ 2013 畑事務所・Studio Ghibli・NDHDMTK
（発売元：ウォルト・ディズニー・ジャパン、5,170 円）

2 『新版 竹取物語現代語訳付き』（室伏信助訳、角川書店、2001 年）

町田先生からのコメント

「かぐや姫の物語」は『竹取物語』の翻案アニメーションとして広く知られています。本提案は、それぞれの作品の最終場面を読んで比較する活動を経てアニメの批評文を書くというもので、楽しく古典を学ぶよい契機になっています。

「13人目の陪審員」として、議論を小説化してみよう

小林　賢太郎

教材名　映画「12人の優しい日本人」（中原俊、アルゴ・ピクチャーズ、1991年）

校　種　小　中　高　おすすめ！　大

こんな力がつきます
メディアの特徴を理解して創作する力

1　教材提案

1-1　素材の解説

映画「12人の優しい日本人」は中原俊監督によって1991年に公開されました。この映画の原作は、三谷幸喜が劇団東京サンシャインボーイズのために書き下ろした戯曲です。1990年に同劇団によって初演されてから、今日に至るまで度々舞台化されてきました。また、2020年5月にはWeb会議アプリZoomを用いた「12人の優しい日本人を読む会」が配信され、「オンライン演劇」の草分けとして大きな反響を呼びました。

ストーリーは夫をトラックに轢かせて死亡させた妻が有罪か無罪か、12人の陪審員たちが議論を重ねるというとてもシンプルなもの。しかし、議論は混迷を極め、陪審員たちの意見も一向にまとまりません。

作品の随所に散りばめられた「日本人あるある」は我々に共感をもたらしてくれます。そして、我々は物語世界へと没入し「13人目の陪審員」として議論の行方を見届けることになるのです。

1-2　教材としての魅力

この作品には大きな場面転換がなく、ほとんど陪審員たちの会話によって物語が展開していきます。さぞかし立派な議論が展開されるのかと思いきや、はじめからその期待は裏切られます。当の陪審員たちは至って大真面目に議論していますが、セリフの端々にユーモアが溢れており、我々に親近感を覚えさせます。各陪審員たちの主張に共感したり反発したりしながら作品を視

ることで、「多様なものの見方・考え方」を追体験することができるでしょう。

2 授業提案

2-1 授業のねらい

ここでは映画「12人の優しい日本人」を小説化（ノベライズ）する授業を提案します。この授業を通して学習者に身につけてほしい力が二つあります。一つ目は映画・小説というメディアが発信する情報を各メディアの特徴に即して読み取る力、二つ目は読み取った情報を言語化する力です。

映画（映像）の表現上の特徴として、人物の内面（心情や思考内容）を直接描くことはできないという点が挙げられます。したがって、映像を観る者はその人物のセリフ・行動・表情などの情報から、人物の内面を推測します。

一方、小説では人物の内面を直接描くことができます。ただし、思考内容がつまびらかに記述されることはあっても、感情が直接表現される（「嬉しかった」「悲しかった」などの感情を表す形容詞が使われる）ことはあまりありません。したがって、読者は文章として書き込まれた登場人物のセリフ・行動・表情や情景描写をもとに、人物の内面（特に心情）を読み取ります。

以上のように、映画（映像）と小説では、人物の内面の描き方に大きな差異があることがわかります。このことを体感するために、映画を小説へ変換する学習活動を行い、映画と小説それぞれのメディアに対する理解を深めることを目指します。また、映画という視覚情報を文字情報に変換することで、自分が読み取った内容を言語化する能力を育成することにもつなげます。

この映画では各陪審員たちの心情が極めて明確に表出されています。しかし、その心情を小説として表現する方法は必ずしも一つに絞られるわけではありません。同じ心情でも映画と小説では抱く印象が違うことを学習者たちに体感させられるとよいでしょう。

2-2 授業の展開

授業は全7時間を想定して展開します。ここでは7時間の授業を大きく四つに分けました。最初の3時間では映画全編の鑑賞を行います。次の1時間では映画の分析（映画の「読み」の交流）を行い、作品の理解を深めます。

次の2時間で小説を作成し、最後の1時間ではできあがった作品を学習者同士で鑑賞します。

第1次　映画の全編を鑑賞する*1。(全3時間)

第4次までの授業の流れを学習者に説明した後、映画全編のシナリオ(セリフと簡単なト書きが掲載されている)[1]、登場人物の情報(職業・年齢、性格など)を整理するためのワークシートを配布します。各陪審員の特徴的なセリフ·行動などがあればシナリオに線を引いたりメモをとったりしておく、あるいはワークシートに記入しておくよう指示します。これによって、第3次で小説化するための資料を学習者自身が手作りすることになります。

また、第2次で作品の細部を分析する際の準備として、作品全体の理解を深めるための【課題】についても考えさせます。

【課題】

① なぜ「12人の優しい日本人」というタイトルが付いているのか(特に、なぜ「優しい」という形容詞が含まれているのか)。

② 12人の陪審員のうち、自分に似ている(もしくは、共感を覚えた)陪審員は何号か。

映画全編は115分あるので、1コマ50分授業を想定すれば、おおよそ3時間で鑑賞することになります。50分間ただ鑑賞するのではなく、適宜映像を止めて、ワークシートへの記入、感想や疑問点の意見交換を行うなどして、メリハリの効いた授業にします。

第2次　映画の分析を行う。(全1時間)

第1次で行った鑑賞を踏まえて、映画の内容を改めて整理します。ワークシート、二つの【課題】の内容をグループ・レベル、クラス・レベルで共有します。第3次で映画を小説化することを考えると、各陪審員の描かれ方を念入りに確認したいところです。特に、作品が進むにつれて陪審員2号と11号の描かれ方が変化している点は見逃せません。この点については、次のように説明する必要があるでしょう。

陪審員2号は「人を殺せば罪になる」という至極真っ当な説を携え、無罪を主張する者たちを論理的に説得していました。しかしながら、議論が進むにつれて冷静さを失い、ついに結末では彼が一番論理的でなかったことが露呈します。

一方で、陪審員11号は作品の後半まで議論に積極的に加わりませんでした。しかし、ある時点から彼が議論の中心に躍り出ます。それは4号が無罪派の最後の一人となった時点です。有罪派からの説得に屈しない4号に対して11号は共鳴します。そして、11号は、自分の意見を論理的に主張できなかった4号と10号が抱いたふとした疑問を巧みに拾いあげ、議論を一気に前進させます[2]。

このように「12人の優しい日本人」では、陪審員2号と11号の変化が核となって物語が展開していきます。他の陪審員たちはこの変化に触発され、有罪と無罪の間で大きく揺れ動きます。このことは小説化する際、念頭に置く必要があります。また、作品に散りばめられた伏線がどのように回収されているのか分析し、それを小説化する際に生かしてみると、より高度な活動が展開できそうです。

第3次　映画の小説化を行う。（全2時間）

映画の小説化に入る前に、まず「2-1 授業のねらい」でも述べた映画と小説の表現上の特徴を学習者に整理させます。「12人の優しい日本人」を鑑賞した経験や今まで学習してきた小説作品などを例に挙げると考えやすくなるでしょう。

次に、小説化の下準備に移ります。各学習者に以下の2点について検討させます。

① どの場面を小説化するのか（作品はA4用紙2～3枚程度に収める）。

② 1人称視点と3人称視点、どちらの視点で書くのか。また、1人称視点の場合、どの陪審員の視点で書くのが効果的なのか。

特に②については、他の小説、ドラマ・映画のノベライズ本などをサンプルとして示して検討させるのもよいでしょう。

映画を小説化する時には、映像に表出されない語り手や登場人物の内面（心情や思考内容）を具体的に想像し、それを記述しなくてはなりません。そのため、映画の隅々まで小説として忠実に再現することはほぼ不可能でしょう。

したがって、多少の脚色を含めたり、セリフも適宜カット・編集したりしてよいことにします。この作品はとにかくセリフ量が多いため、すべてのセリフを小説化しようとすると、文章の流れが悪くなる恐れがあります。それを防ぐために、脚色、セリフのカット・編集を行いながら小説化するのです。もちろん、映画のストーリー展開を逸脱しないようにするのが条件です。

第４次　できあがった小説を学習者同士で鑑賞する。（全１時間）

４～５人程度のグループを作り、学習者同士でできあがった小説を鑑賞します。同じ場面を小説化した者が複数いれば、その学習者たちを同じグループにしてもよいでしょう。

学習者には小説化の際に工夫したことをあらかじめワークシート等に記述させておき、できあがった小説と一緒にそれも回覧させます。このようにして、映像を小説として言語化できているか、自分の施した工夫が表現として結実しているか、他の学習者に判断してもらいます。

2-3　授業のポイント

この授業を実施する際に一番大切なのは、映画を繰り返し視聴できる環境を整えることです。今回は便宜を図ってシナリオを配布するということにしましたが、これはややもすると「映画の小説化」ではなく「シナリオの小説化」になってしまう危険性も孕んでいます。シナリオだけ見ていては、この映画の肝である会話のテンポ感、口調などを味わうことができません。タブレットやPCといったICT機器を用いるとより効果的な授業になるのではないでしょうか。

3　実践に向けて

この授業の評価を行う際はワークシートの記入状況、創作した小説を判断材料にします。あらかじめルーブリック評価表を示しておき、学習者による自己評価でも用いると学習成果がより明らかになるでしょう。

今回は映画「12人の優しい日本人」を小説化の題材として位置づけましたが、小説化以外の活動でもこの作品を教材として扱うことが可能です。以下に3点の活用例を示します。

A　シナリオを用いて朗読劇として上演する。（「話すこと・聞くこと」）

B　陪審員たちの議論の様子を議事録にまとめる。（「書くこと」）

C　各陪審員の主張と根拠の結びつきを批判的に検討し、主張の妥当性を確かめる。（「読むこと」）

このように、「12 人の優しい日本人」は多種多様な学習活動を展開できるという点で、「開かれた教材」であるといえます。この点を活かして、複数の学習活動を授業で展開してもおもしろいかもしれません。

【注】

1 『'91 年鑑代表シナリオ集』（シナリオ作家協会編、映人社、1992 年、p. 311–355）を使用しています。このシナリオが手に入らない場合は、戯曲版の「12 人の優しい日本人」（『しんげき』No. 461、白水社、1991 年、p. 102–161）で代替することも可能です。セリフの異同・入れ替えなどがありますが、基本的なストーリーは映画とほぼ同じです。

2 「日本人と議論—映画『12 人の優しい日本人』を題材に—」深谷秀樹（『ライフデザイン学研究』、東洋大学ライフデザイン学部、2013 年、p. 349–346）では、「議論に慣れた人々」「議論に不慣れな人々」という観点から、各陪審員たちの果たした役割が詳しく分析されています。

＊1　観賞用 DVD/Blu-ray について

授業で使用する DVD/Blu-ray は業務用に許諾されているものを必ず使用してください。図書館用書籍の発注先（流通）から購入することができます。市販されているセル専用商品は、家庭内で個人観賞用に限って利用が許諾されており、有償・無償に関わらず貸出や上映用に使用することは著作権法違反となります。

町田先生からのコメント

教材となったのは戯曲が原作の映画で演劇の要素が色濃く漂う作品で、この映画をノベライズするという活動を中心とした提案になりました。映画を繰り返し鑑賞することによって理解を深めつつ、表現に繋ぐ点に工夫が見られます。

アニメーションを“読み”、“刺さる”CMをつくろう

中川　甲斐

教材名　映画「秒速５センチメートル」（新海誠、コミックス・ウェーブ・フィルム、2007年）
楽曲「One more time, One more chance」（山崎まさよし、1997年）

校種　小　中　高　おすすめ！　大

こんな力がつきます
映像分析を生かして表現する力

1　教材提案

1-1　素材の解説

「秒速5センチメートル」[1]は2007年に公開された新海誠監督によるアニメーション映画です。惹かれ合っていた男女の時間と距離による変化を、小学校時代から社会人に至るまでの３話の短編構成で描きます。また、主題歌は山崎まさよしの「One more time, One more chance」で、最終話（第３話）では東京を主な舞台に、主題歌とともにこれまでの物語がフラッシュバックするかのような構成・演出となっています。

©Makoto Shinkai/
CoMix Wave Films

1-2　教材としての魅力

このアニメーション映画では舞い落ちる桜の花びらが重要な役割を果たしています。“秒速５センチメートル”で舞い落ちると作中で表現される桜の花びらが、降り積もる雪やこぼれる雨のしずくと重なり、時の経過とともに喪われるもの、叶わぬ初恋の切なさやいつまでも纏わりつく未練を断とうと再スタートを切る人々の情景をセンチメンタルに描き出していきます。

日本人は古来、「雨」や「雪」という自然現象に多くの名前を分け与え、個別のものとして取り扱ってきました。これは日本人や日本の文化にとってそれらがいかに重要なものであったのかを物語っているはずです。作り手がそれぞれのシーンに込めたねらいを、学習者が分析的に読み解くという経験は、批判的（クリティカル）な読解力･思考力を育成することになりますし、日本の伝統文化について主体的に考えることをも可能にするでしょう。

2　授業提案

2-1　授業のねらい

映像作品をクリティカルな視点で分析的に読み解き、作り手のねらった映像表現と楽曲のコラボレーション効果について深く考えます。「高等学校学習指導要領（2018年告示）」「文学国語」の「3 内容」「〔知識及び技能〕(1)」の「イ」には「情景の豊かさや心情の機微を表す語句の量を増し、文章の中で使うことを通して、語感を磨き語彙を豊かにすること」とあります。「文章」と向き合う際に、それぞれの場面で様々な景物を想起し奥行きをもって捉えたり、登場人物の心の微妙な動きや変化について実感を伴って理解できたりする能力を育むことがその目標であるといえるでしょう。

本提案では、まず『小説　秒速5センチメートル』と映画「秒速5センチメートル」とを比較し、文字情報で提供していることと作り手が映像で表現したかったこととの差異を確認していきます。文字表現と映像表現それぞれが得意とするところや不得意なところを整理し、作り手の工夫や表現上のねらいを探っていきます。次に映画主題歌の歌詞と映像表現のコラボレーションについて考えを深めていきます。「いつでも捜してしまう/どっかに君の笑顔を/急行待ちの踏切あたり/こんなとこにいるはずもないのに」という歌詞によって浮かび上がる情景は普遍的で、年代を問わず「自分の物語」として受け取ることができるのではないでしょうか。ここで重要なことは、この楽曲はこの映画のために制作されたわけではないということです。楽曲が喚起するイメージと作品世界がどのように重なり合っているのか、作り手の工夫やねらいについてまで深掘ることができれば学習効果は一層高まると考えられます。そして結びでは、学びの集大成として夏目漱石『こころ』[2]を素材に、学習者それぞれが『こころ』のオリジナルCMを制作するという設定で絵コンテの作成と主題歌の選定を行います。『こころ』を教材に、学び・考えたことが活かされる主題歌を探したり、小説全編の中から特徴的に示すシーンを選択したりすることで、学習者自身の『こころ』観が現れたCM作品が形作られてくるのだと考えます。以上の学習活動を通して、学習者の読解力・分析力・発信力を鍛えていくことをねらいとしたいと思います。

2-2　授業の展開

授業は7時間で展開します。大きな流れは以下のようになります。

第1次（2時間）映画版（全63分）を鑑賞した後、映画主題歌歌詞を配布し、楽曲と作品のリンクするところについて個人レベルとグループレベルで考える。

多くの学校現場では1コマの授業時間内に映画全編を視聴することは難しいと思います。本作品は短編アニメーション3編の連作形式であるため、1時間目に第1話と第2話を視聴し、2時間目に第3話を視聴するということになるでしょう。2時間目のはじめに第1話を再度視聴することで、より分析的な視点で物語を捉えられるようになり、楽曲と作品のリンクについても深く考察できるようになると思います。

第2次（1時間）最終話「秒速5センチメートル」の小説版を配布し、映像で表現された内容と文字で表現された部分との差異について個人レベルとグループレベルで確認する。

例えば映画において、最終話における主人公・貴樹の状況説明はほぼなされません。小説版はその状況を補足する役割を担っており、小説を読んで初めて「こういう状況だったのか」と理解できることがあります。一方、散文的・抒情的に描写する映画版は、視聴者それぞれが自身の想像力で物語を紡いでいくこともできるということは学習者に気づかせたいポイントです。

第3次（2時間）『こころ』の主題歌を選定し、CM絵コンテを作成する。

ワークシート（図1）を配付しCMの構成を練ります。最終的にはグループに5枚程度の画用紙を配付し、そこに完成版の絵コンテを描いてもらいます。映像表現のカット割りの一つ一つが、画用紙の一枚一枚にあたります。発表会では紙芝居のイメージでページ（画用紙）をめくることでシーンを展開させていきます。クラシック音楽など、無歌詞のものを主題歌に使用する場合も想定されます。小説作品の世界観・雰囲気に相応の楽曲を捜し求めて行く中で、歌詞という文字情報による補足はむしろ蛇足であると判断するに

図１　使用するワークシート（記入例含）

至った学習者の工夫については存分に評価したいですね。

また、学校事情で大きく状況は異なりますが、ICT 機器の整備が進み、学習者用のタブレットや PC が十分な分量で揃っているようならば、映像編集ソフトを用いて 30 秒程度の動画を作成することにもチャレンジしたいところです。たとえば iPad などのタブレット機器をグループごとに配付し、そこにインストールされている映像編集ソフトを利用すれば、学習者に過重なストレスをかけずに CM 動画が作成できます。

第４次（２時間）　グループごとに制作した CM（絵コンテ）をプレゼンし相互評価をし、発表会を通した単元の振り返りをする。

プレゼンテーションと相互評価とをシームレスに行うためのツールの一つに Web を利用したリアルタイム評価支援システムである「REAS」があります。REAS の基本的な機能には、Web による調査票の作成と集計、集計閲覧機能、および回答データの CSV 形式によるダウンロードなどがあるので、評価の際にスムーズに作業することができます。

2-3　授業のポイント

「作り手の視点」を学ぶ

新海誠監督による「君の名は。」や「天気の子」といった作品は、アニメーション本編と主題歌・劇伴（劇中で使われる音楽）が同時進行で制作されたそうです。その過程では、映画の壮大な世界観と美しい映像表現に楽曲がマッチするよう何度も楽曲を作り直すことや、映像のコマ割りを提出された音楽により合うものとするために絵コンテを改編していったことがあったと聞きます[3]。

一方、「秒速5センチメートル」の主題歌は映画のために制作されたものではありません。本来、映画の作り手の構想する物語世界と楽曲の喚起する世界は別個のものといえますが、完成した映像作品を見ると驚くほどに両者はマッチしています。学習者には「映画監督としてどのような意図をもって表現しようとしているか」「どのような工夫をした結果、どのような映像表現となっているか」といった視点でその映像に向き合わせたいと思います。その際、劇場公開に向けて制作された「予告編」を分析資料として提示することが考えられます[4]。映画製作者が全63分の物語を1分30秒ほどに凝縮した成果物から、そこに込められた想いや工夫を汲み取り、学習者オリジナルのCMの制作のヒントにしていくのもおすすめです。

「読み」をメンバーで共有する

『こころ』という長大な物語を学習者がどのように切り取り、自身の『こころ』観を具現化するかがCM作成上のポイントです。小説と楽曲の両者を「重ね合わせる」ということは、それぞれに対する深い理解が必要とされるので、曲の選定が「ただ自身が好きな楽曲だから」という理由のみでなされては学習の意義はほぼ消失してしまいますね。個人レベルに留まらず、グループレベルで歌詞の細かなところまで分析的に読み込んでいけば、それまで見えていなかったものも新たに見えてくるといったことが期待されます。『こころ』の「読み」についても、グループメンバーで話し合い「読み」を深めたり、解釈の多様性を確認したりすることができるでしょう。

マンガ・絵本・写真

映像

音楽

その他

3　実践に向けて

本提案後半では学習者が小説に楽曲を併せてCMを制作するという活動を示しましたが、扱う作品の射程は小説に限らず詩や短歌、俳句、古典作品まで及ぶ可能性を秘めています。韻文は文字情報が少ないこと、古典は現代に生きる私たちと用いる言語の表記上の差異が大きいことなど、ハードルは高そうですが、むしろその制限があることがおもしろみを生むのではないかとも思います。テクストと楽曲の意外な取り合わせは学習者の柔軟な発想によって産みだされるのではないかと期待しています。

【注】

1 「秒速5センチメートル」DVD : 4,180円 Blu-ray : 6,050円　発売 : コミックス・ウェーブ・フィルム

2 『こころ』（夏目漱石、新潮社、2004年）などを使用。

3 「『天気の子』Blu-ray コレクターズ・エディション」（東宝、2020年）の特典ディスクに完成までの約1年間の制作過程をドキュメンタリー映像として仕上げたものや、主人公の声優を務めた醍醐虎汰朗・森七菜が楽曲制作を担当したRADWIMPSとアフレコや楽曲制作の秘話など制作の裏側を語ったものなど様々な本編外部の情報が収録されています。

4 「予告編」はAmazon Prime Videoで無料で視聴することができます。（2021年7月1日時点）。

町田先生からのコメント

新海誠監督の「秒速5センチメートル」を教材化し、映画の主題歌および小説版との比較を試みるという活動が、小説に楽曲を関連づけた『こころ』のCM創りへと発展する提案です。アニメーションの新たな可能性が示唆されました。

身体表現を言語化しよう—戯曲と舞台のはざまで

柳本　彩子

教材名 戯曲『朝日のような夕日をつれて　21世紀版』（鴻上尚史、論創社、2014年）

校　種 小　中　高　おすすめ！　大

こんな力がつきます

身体と言葉を関連させて表現する力

1　教材提案

1-1　素材の解説

『朝日のような夕日をつれて』の初演は、1981年、作者の鴻上尚史は22歳でした。その後、時代の洗礼に負けずくり返し上演され、最近では2014年に再演されました。構成は､サミュエル･ベケットの『ゴドーを待ちながら』（1952年）をベースに､「待つ」と「遊び」の二つの世界が交錯しながら進みます。「遊び」は、時代の変遷に合わせて、ルービックキューブからテレビゲーム、そしてバーチャルリアルティーへと変わります。しかし、演劇としての挑戦は変わりません。『朝日のような夕日をつれて　21世紀版』で鴻上は、「自分が何かにすがっているんだと自覚すること、気づくこと、うめくこと、痛むことは、大切にしたいと思っています」と述べています[1]。軽妙な笑いの一方で、「ぼくは　ひとり」と語る時、生きるという孤独を言葉が貫きます。スピード感のあるセリフ回しと役者の身体表現が、笑いと孤独を両立させる圧巻の舞台作品です。

1-2　教材としての魅力

『朝日のような夕日をつれて』には、戯曲と映像が存在します。「読むこと」から得られる言語感覚と、「見ること」「聞くこと」から得られるそれとを比較し､そこに介在するギャップを言語化するという貴重な学習が可能です｡ギャップを意識化するため、身体に言葉を乗せることを試みます。その言葉から得られる解釈の広がりを感じ、自身の言葉で「話す」「書く」ことで身体と言葉の連続性を体感することは、言葉の創造性を広げる一助になるはずです。

2 授業提案

2-1 授業のねらい

本授業では、戯曲の詳細な読解に重きは置かず、身体を学習者の意識上に浮上させること、そこに言葉を結びつけていくことをねらいとします。教材としての『朝日のような夕日をつれて』には、①詩的な側面、②かけ合いによる笑い、③作品全体を貫く「ゴドーの存在」と「遊び」について考える、という三つの要素があります。本提案では、学習者の表現活動には一つ目の要素を主に活かし、戯曲と舞台表現の比較鑑賞で二つ目、三つ目の要素を活用します。これらを総合することで、終結部の群唱では「生きるとは何か」という問いを、身体を通した言葉表現で考えることができます。また、本提案では授業のはじめにアイスブレイクの時間を取り入れています。これは、表現に対する身体の緊張をほぐすという目的に加え、山縣太一が『身体と言葉』で述べているように、同じような動きをしていても「ひとつとして同じ身体はない」[2] ことを意識的に観察してもらいたいというねらいがあります。

2-2 授業の展開

授業は全6時間で展開します。5人程度のグループを作り、椅子のみを持ち寄ります。また、アイスブレイクとしての身体活動は5分程度を想定しています（以下、授業計画には㋐と記す）。

【第1時】

㋐ 自分の身体を意識しよう。

学習者自身が自分の姿を見られるよう、タブレットのカメラ機能などを使用します。「足踏み」「右手を挙げる」など授業者の指示に合わせて、順番にカメラの前に立ち、自身の身体の動きを観察します。

『朝日のような夕日をつれて』冒頭の詩的セリフ（以下、詩）を鑑賞し、音読・群唱する。

① 冒頭の詩のみを配布し、文字情報として読み、その感想を書く。

② 舞台版映像の冒頭部分を観る。

③ 個人表現（音読）からグループでの群唱を試みる。

1）まず、個人で様々な姿勢を取り、体を動かしながら音読を試します。

2）次に、グループで群唱を行います。①姿勢の違いによって詩の持つイメージがどのように異なったか、②戯曲のみから抱いた感想と、声に出し、姿勢を変えて読んだ時とで異なったことはあったか。以上2点についてグループでまとめ、強調したいところは二人で読むなど簡単な群唱を行います。

【第２時】

㋐ ジェスチャーゲームで自分の身体を意識しよう。

授業者は、動作をお題としてカードを作成しておきます。グループごとに「虫が体にとまった」「探し物をする」「朝寝坊をした」など、カードの内容を一人もしくは二人が表現し、その他が当てるというゲームを行います。

シーン１から２を扱い、本教材の特徴をつかむ。

① シーン１から２の戯曲を配布し、輪読および音読をする。

シーン1をグループで輪読し、シーンの設定を共有します。ト書きに注意し、世界観の入れ替わりが起こりながら進む演劇であることを確認します。

シーン2は、教室内を歩きながら（その場足踏みでも可）各自音読を行います。動きながら言葉を発することを体感し、自分なりのリズムやテンポを持つことが目的です。

② 舞台版映像のシーン１からシーン２を観る。

鑑賞をしながら、おもしろいと感じたセリフには線を引いていくよう指示をします。鑑賞後、おもしろいと感じた理由を書き込みます。

③ グループ内で意見を交流する。

交流のポイントは、なぜ該当のセリフに目が留まったのかという点です。戯曲のみで読んだ時との差異に注目し、グループごとにまとめます。

【第３・４時】

シーン３から終結部までを鑑賞する。

以下の2点について考えながら鑑賞します。

A. ゴドーとは何か。

B. 本作品で語られる「遊び」とはどのようなものか。

「待たれ続けるゴドーとは何を象徴しているのか」、「人が必死に遊ぶということはどういう状態なのか」これらを考えることは、人が自らのうちに抱える渇きや痛みを考えることにつながっていきます。

【第5時】

㋐ 朝起きてから今までを語ろう。→聞き手は話されたことを再現しよう。

① 話し手は、1分程度に話をまとめる。

② 聞き手は、身振りや間などを含めて強調はせずできる限り再現する。

自らが意識しない身振りや抑揚、間について意識することが目当てです。

グループ内交流を行う→教室内でまとめる。

前時に提示したA.ゴドーとは何か、B.「遊び」について、グループ内で意見を出し合いまとめます。その後、教室内に各グループからの意見を提示し交流します。次時の群唱へ向け、一人一人の内省を深めていきましょう。

【第6時】

終結部の群唱を行う。

① 個人で終結部の詩を音読する。

意識的に身体の力を抜いたり、立ち止まったりして読みます。その後、身体と言葉をいかに連続的なものとして表現するかを試行錯誤します。(資料1)

② グループで群唱を行う。

ワークシート(資料2)を用い、これまでの学習をまとめ、身体で表現する工夫について話し合い、表現の焦点化を図ります。

資料1　身体表現例[3]

2-3　授業のポイント

アイスブレイクの使い方

身体表現は、何より身体が硬直していては成り立ちません。本提案ではアイスブレイクの例をいくつか挙げましたが、首を回す、屈伸をするといった簡単な動作から始めてもよいでしょう。

アイスブレイクが逆に緊張のタネになってしまわないことが大切です。クラスの実情に合わせ、同じアイスブレイクを何度か取り上げてもよいかもしれません。

群唱を行う際の留意点

第1時での群唱は、うまくいくことよりもグループでそれぞれが声を出すことに重点を置きます。教室内の空気に世界観を持たせるために、教材のオープニング曲である「THE END OF ASIA」(YELLOW MAGIC ORCHESTRA) などを静かに流すということも一つの手段です。

一方、第6時での群唱は、学習者が『朝日のような夕日をつれて』をどのように観たのか、読んだのかを表現することがポイントです。ただし、表現することには好き嫌いも含めて個人差があります。身体を通した言葉を体感し、戯曲だけを読んだ時との違いを感じ、「こう表現したい」という部分が意識化されていることを達成点と考えます。表現の幅を広げるため、必要なグループにはポーズ集などを用意するといった対策が必要です。ワークシートの活用により、抽象的なイメージから具体的な表現へ焦点化できるよう工

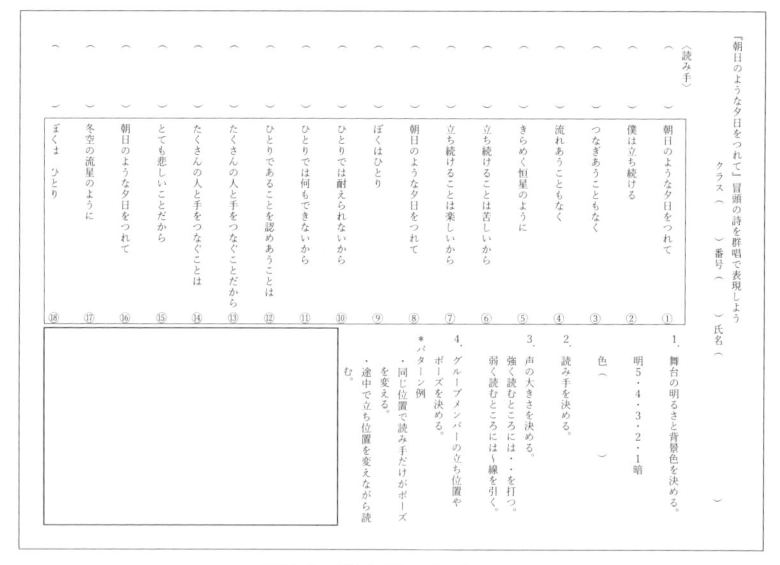
『朝日のような夕日をつれて』冒頭の詩を群唱で表現しよう
クラス（　　）番号（　　）氏名（　　　　）

〈読み手〉
（　　）①朝日のような夕日をつれて
（　　）②僕は立ち続ける
（　　）③つなぎあうこともなく
（　　）④流れあうこともなく
（　　）⑤きらめく恒星のように
（　　）⑥立ち続けることは苦しいから
（　　）⑦立ち続けることは楽しいから
（　　）⑧朝日のような夕日をつれて
（　　）⑨ぼくはひとり
（　　）⑩ひとりでは耐えられないから
（　　）⑪ひとりでは何もできないから
（　　）⑫ひとりであることを認めあうことは
（　　）⑬たくさんの人と手をつなぐことだから
（　　）⑭たくさんの人と手をつなぐことは
（　　）⑮とても悲しいことだから
（　　）⑯朝日のような夕日をつれて
（　　）⑰冬空の流星のように
（　　）⑱ぼくは　ひとり

1. 舞台の明るさと背景色を決める。
明5・4・3・2・1暗
色（　　）
2. 読み手を決める。
3. 声の大きさを決める。
強く読むところには・・を打つ。
弱く読むところには～線を引く。
4. グループメンバーの立ち位置やポーズを決める。
＊パターン例
・同じ位置で読み手だけがポーズを変える。
・途中で立ち位置を変えながら読む。

資料2　第6時のワークシート

夫を行い、身体と言葉のつながりが実感できることを目指しましょう。

3 実践に向けて

学習者の成長段階が進むにつれ、身体表現を自由に行うことは難易度を増します。そこで重要なことは、型にはめないことです。社会性の獲得とともに、身体は様々な型を自然と獲得しています。それを疑い、見直し、言語化してみることで、これまで身につけた言葉世界に新たな発見が加わります。それにより語彙数に留まらない、言葉の豊かな運用力に資する学習になることを願います。本提案では、群唱に取り組んでいますが、揃えて読む必要はなく、グループで意図を明確にできれば、個人がバラバラに読むという形式をとっても構いません。言葉には社会性を維持する役割がありますが、一方で自己を解き開く側面があります。これを十分に生かし、戯曲の言葉を借りて教室内で自らの感覚を言語化することは、多様性を認め合うコミュニケーション力へつながると考えます。まずは、授業者である大人から身体を自由に解き放つことができると、学習者が活動に取り組むにあたり安心感を誘えるのではないでしょうか。

【注】

1 『朝日のような夕日をつれて　21世紀版』（鴻上尚史、論創社、2014年）p. 216-217
2 『身体と言葉』（山縣太一・大谷能生、新曜社、2019年）p. 29
3 注2と同書、p. 191

町田先生からのコメント

鴻上尚史の戯曲とその映像を教材化しつつ、本格的な身体活動を授業に取り入れる独創的な提案です。アイスブレイクや群唱などを効果的に扱うという工夫に満ちた内容で、学習者が言葉と身体との関わりに気づく配慮が見事です。

映画を用いてメディア・リテラシー力をつけよう

園部　泉子

教材名 映画「下街ろまん」（孫大輔、2019年）

校　種 小　中　高　**おすすめ！**　大

こんな力がつきます
心情を想像して創作する力

I　教材提案

I-I　素材の解説

「下街ろまん」は、家庭医療専門医でもある孫大輔監督が「谷根千まちばの健康プロジェクト[1]」の一環として、「まち」[2]が人を健康にするというテーマに基づいて制作したウェルビーイング[3]映画です。本作品は、谷根千を舞台に、論文執筆のプレッシャーからうつ病と診断された大学院生が、多様な「まち」の人たちとの出会いを通して、癒され、成長していく姿を描いた25分間のショートムービーであり、第4回文京映画祭（2019年）などでも上映されました。

I-2　教材としての魅力

主人公はうつ病を患っているため、多くを語ることはなく、出会う人たちも直接的に強く彼を励ますようなことは言いません。しかし、その表情には、出会う人や場を通して心の内で自己と対話しながら元気を取り戻していく様子が描かれています。学習者は、想像力を使って主人公の心の声を読み取っていくことで、物語と主体的に関わることができます。また、この映画は娯楽目的のものではなく、メッセージ性の強いものであるため、その構成を学ぶことによって、学習者が誰かに自分の想いを伝える際の手本とすることができます。

ショートムービーを用いると、同じ授業時間内で鑑賞と学習活動の両方を行えるため、学習者は物語に対する感動と確かな記憶を心に残したまま、意欲的に学習活動に取り組むことができます。

2 授業提案

2-1 授業のねらい

① 主人公の心情の変化を映像から読み取ることで、情報受信力を深める。

インターネットを通して誰もが多くの情報を受信し、発信者になることができる現代において、学習者は刺激的な情報に目を奪われがちです。「下街ろまん」の映像から主人公の繊細な心の動きを読み取り、言語化していくことによって、日常の中にある、さりげないけれど心に影響を与えるような情報に気づく洞察力を育みます。

② 自分が大切にしている想いを他者の心に届ける情報発信力を高める。

「セパレーション（before）→イニシエーション（communication）→リターン（after）」[4]という三つの場面に分けた【ストーリーメモ】を用いて「下街ろまん」に込められた監督のメッセージを読み取り、同じ型を使って、学習者自身が心から届けたいと思うメッセージをストーリー化して伝える情報発信力を育みます。

2-2 授業の展開

○単元計画

第1次（情報受信）映像読解

授業者が「下街ろまん」の制作背景について説明した後、学習者は【ストーリーメモ】を使って、場面ごとに主人公の状況や心情をとらえながら鑑賞します。【ストーリーメモ】には、授業者があらかじめ主要な場所（物語の舞台）を書き込んでおき、それ以外の場所については学習者が自由に記入します。坂道や風景など、主人公から見えるものを書き込んでもかまいません。

学習者は、それぞれの場所で主人公がどのようなことを感じているかを想像し、『主人公の心情』に書き込みます。その際、「辛い」「嬉しい」ではなく、「僕はこれからどうしたらよいのだろうか」「僕はこの場所へ来るとなんだか落ち着く」などのように心の中に湧き起こるセリフを想像して一人称の文をつくります。ただし、第2次でもう一度同じ映画を観て完成させるので、第1次においては未完成でかまいません。書くことを前提とすることによって、十分に想像力を膨らませておくことを目標とします。

メッセージ（制作者の伝えたいこと）			
セパレーション (before) 苦悩	場所	主人公の状況	主人公の心情
	研究室		
	自分の部屋		
	カフェ		
	銭湯		
	病院		
	風景		
	その他		
イニシエーション (communication) 「まち」での出会い	場所	主人公が出会った人	主人公の心情
	本屋		
	のんびりや		
	根津神社		
	カフェ		
	風景		
	その他		
リターン (after) 回復	場所	主人公の状況	主人公の心情
	あいそめ市		
	風景		
	その他		

【ストーリーメモ「下街ろまん」】

家庭学習では、授業内容を振り返りながら、制作者がどのようなことを伝えたかったのか（【ストーリーメモ】の『メッセージ』欄）について考えておきます。また、『主人公の心情』において不明瞭であった場面に印を付け、第２次ではその場面を注意深く鑑賞できるように準備します。

第２次 （情報受信）心情読解

学習者は第１次において理解が曖昧だった場面を中心に、二度目の鑑賞を行います。主人公の表情をより深く見つめ、「まち」で出会う人たちの話をよく聴いて、【ストーリーメモ】に書き足して完成させます。これによって、学習者は第１次よりさらに主体的に作品と向き合うことができます。

４人程度のグループをつくり、その中で、場面ごとに『主人公の心情』を発表し合います。他の学習者から異なる意見が出された際は、なぜそのように感じたのかを互いに説明します。学習者は、他者の見方や感じ方、目に映っているものや聞こえているものの違いを知り、第３次において自分がメッセージを届ける際に、どのような表現をすると他者に伝わりやすいかを考える契機とします。

グループ内で制作者（監督）が伝えたかったメッセージについて話し合い、【ストーリーメモ】の『メッセージ』欄にまとめ、最後にクラス全体で発表します。

第３次 （情報発信）自己内対話／創作

第２次までの学習の応用として、学習者自身が心から誰かに伝えたいと思うメッセージをストーリー化して届ける準備をします。

はじめに【ストーリーメモ「下街ろまん」】を見直し、「『まち』が人を健康にする」という監督のメッセージと、それに基づいて、「主人公が『まち』で何に出会ってどう変化したか」というプロセスを確認します。

次に、【ストーリーメモ（ベーシック）】の『メッセージ』欄に、学習者が誰にどのようなことを伝えたいかを書き込みます。メッセージを受け取る相手を主人公と見立て、その人物が学習者のメッセージを受け取る前と後とでどう変化するかを想定した上で、変化に必要な場所や人、もの、風景などを設定して書き込みます。また、「下街ろまん」を参考に、それぞれの場所に主人公の心情に変化を与えるような登場人物を置き、セリフを与えます。

メッセージ（制作者の伝えたいこと）			
セパレーション（before）	場所	主人公の状況	主人公の心情
イニシエーション（communication）	場所	主人公が出会った人	主人公の心情
リターン（after）	場所	主人公の状況	主人公の心情

【ストーリーメモ（ベーシック）】

＊記入欄は必要に合わせて行数を増やしてください。

第４次までに家庭学習で【ストーリーメモ】を完成させ、自分のメッセージを表現するためにもっとも適したメディア（写真や映像、絵、物など）を選び、８分程度の作品を制作して発表の準備をします。

第４次（情報発信）発表

第２次のグループに分かれて、１人８分程度で作品を発表し、鑑賞している３人は、実際にどのようなメッセージを受け取ることができたかを伝えます。制作者の意図と受信者の理解が異なる場合は、受信者はなぜそのように感じたのかを説明し、制作者がその意見から何を学んだかを伝えることで、学習者同士のフィードバックを行います。最後に、評価用紙を用いて、「2-1 授業のねらい」の①②がそれぞれどの程度達成されたかを５段階で自己評価し、理由をまとめて【ストーリーメモ「下街ろまん」】【ストーリーメモ（ベーシック）】とともに提出します。授業者は「情報受信力」「情報発信力」という観点から評価用紙にコメントをして学習者へのフィードバックを行います。

2-3　授業のポイント

同じ映画を二度鑑賞することで、想像力を最大限に発揮した上で、メディアに対する受信力を深化させます。また、鑑賞者として受け取った表現方法を学習者自身の表現に適用させていくことで、発信力を高めます。

その際、授業者が、学習者の表現したい内容が実際にはどのように伝わっているかを客観的に分析して、フィードバックを与えることが大切です。それによって学習者は、情報受信と情報伝達の相互関係を実感し、日常においても自ら積極的に情報の本質を見抜き、自己の本質を情報として発信できるようになります。

3　実践に向けて

メディア情報があふれる現代において忘れられがちな人と人との出会いの温かさや力強さを描いた本作品は、監督医師の地域住民への愛と健康推進への意志によって発想されており、医療コミュニケーション研究現場としての

「まち」がその根底にあります。「まち」で生まれたつながりによって「まち」の人たちと「まち」の映画を作るというプロセスそのものが、今後、新しい時代（創造的社会）をつくり上げていく学習者たちにとって、自分らしい生き方を見つけていく際の大きなヒントとなることでしょう。

このように、ショートムービーは短い時間の中に強いメッセージが込められています。ぜひ、学習者の学習環境や地域文化に合ったショートムービーを探して、オリジナルな国語の授業をアレンジしてみてください。

【注】

1 谷根千まちばの健康プロジェクト＝東京大学の研究者と谷根千（谷中・根津・千駄木）の人々、医療の専門家が協働して周辺地域の人々のつながりと健康を高めるための活動。

2 孫監督は健康の基盤となる地域コミュニティを「まち」と捉えています。

3 ウェルビーイング＝身体的・精神的・社会的に良好な状態であることです。

4 英雄伝説の共通構造「セパレーション（分離・旅立ち）→イニシエーション（通過儀礼）→リターン（帰還）」（神話学者ジョーゼフ・キャンベル『千の顔を持つ英雄』）に基づいて作成しました。

町田先生からのコメント

「まち」の魅力を描く短編映画を鑑賞することから出発し、映画の方法を参考に自らのメッセージの表現へと結ぶ提案です。理解と表現それぞれの学びで「ストーリーメモ」を効果的に使用するような、細やかな配慮が行き届いています。

第3章

「音楽」を使った授業提案

私たちが日常の生活の中で何気なく聴いている音楽は、楽しげ、悲しげといった曲調や、耳に残るサビのフレーズの印象など、全体的な雰囲気で捉えていることが多くあります。気分を盛り上げたい時、逆に心を落ち着けてリラックスしたい時など、その時の精神状態と関係していることもよくあります。しかし、そのようなふだんの関わり方から少し離れ、音楽に乗せられている「歌詞」に着目してみると、何気なく聴いている音楽の中にも、漠然と聴いているだけでは発見することができない、様々な言葉の「仕掛け」が施されていることに気がつきます。「言葉」と「音」とが結びつけられることによってより複雑に広がる音楽の言葉の世界を理解することは、言葉に対する興味・関心を呼び起こし、学習者の創作意欲を刺激するのみならず、日常生活の中の「言葉」と学校における「学び」とをつなぐ、大きな架け橋ともなることでしょう。

「車輪の唄」の歌詞を読む

荒木　智

教材名 歌詞「車輪の唄」(BUMP OF CHICKEN、トイズファクトリー、2004 年)

校　種 小　中（おすすめ！）　高　大

こんな力がつきます
歌詞から想像を広げ表現する力

1　教材提案

1-1　素材の解説

提供：トイズファクトリー

BUMP OF CHICKEN は、日本の 4 人組ロックバンドです。2001 年の 3rd シングル「天体観測」が大ヒットとなり、その後も数々の曲を生み出しています。2020 年のシングル「アカシア/Gravity」では、「アカシア」が、ポケモンスペシャルミュージックビデオ「GOTHA!」の主題歌に、そして「Gravity」が、アニメーション映画「思い、思われ、ふり、ふられ」の主題歌となる等、BUMP OF CHICKEN の曲は今もなお学習者にとって身近な曲であるといえます。今回とり上げる曲は、BUMP OF CHICKEN の代表曲の一つである 2004 年の 9th シングル「車輪の唄」です。カントリー調のサウンドと切ない歌詞の世界観は、リリースから 10 年以上経っても色褪せない名曲として多くのファンに愛されています。

1-2　教材としての魅力

「車輪の唄」の教材としての魅力は、以下の 4 点です。1 点目は、メロディーは明るく軽やかなのに対し、歌詞は切ないというギャップがあることです。2 点目は、歌詞にストーリー性があり、場面構成や登場人物の行動・気持ちの変化がわかりやすいことです。3 点目は、「朝焼け」、「線路沿いの上り（下り）坂」、「電車と並ぶけれど　ゆっくり離されてく」など、視覚的な表現が多く、情景が想像しやすいことです。4 点目は、歌詞の前半と後半で、対比構造を読み取りやすいことです。以上のことより、「車輪の唄」は、「歌詞」に着目させるのに適した教材だといえます。

2 授業提案

2-1 授業のねらい

「歌詞」は歌に合わせて歌われる言葉を指しますが、歌詞も詩も言葉で気持ちや情景を表現するという点では同じです。学習者が日ごろ親しんで聴いている音楽の、特に歌詞の言語表現に関心を持たせるような授業は、国語教育として十分成立すると考えます。この授業でのねらいは以下の３点です。

(1) 登場人物の相互関係や心情などについて、描写を基に捉えたり、表現の効果を考えたりする。

(2) 文章を読んで理解したことに基づいて、自分の考えをまとめる。

(3) 歌詞の内容を説明したり、考えたことを伝え合ったりする。

今回の授業は、歌詞を用いた授業ですが、ねらいは通常の国語の授業と特に変わりがありません。本授業では、物語文を読解する手法を用いて、歌詞を読解し、感想を書きます。

2-2 授業の展開

配当時間は４時間を想定しています。

【第１時】 ①歌を聴き、感想を書く。

国語科の授業として歌詞を教材とする場合、歌を聴く前に歌詞から入ることが多いですが、「車輪の唄」の学習では、先に歌を聴かせます。その理由は、「教材としての魅力」で述べたように、明るいメロディーと切ない歌詞のギャップがあるからです。「車輪の唄」は、明るく軽やかなメロディーのため、歌詞に注目していない学習者にとっては「楽しい歌」と勘違いをしてしまいがちです。また、テンポが速いので歌詞の内容理解が一度では難しく、「歌詞の内容を詳しく見ていきたい！」と学習者に思わせることもできます。歌を先に聴かせることで、学習者が歌詞の意味を主体的に考えるようになるのです。

歌を一度聴き終わった後で、感想を書かせます。この感想は、読解の学習でいうところの「初発の感想」にあたります。歌の印象と歌詞から、学習前の感想を把握することで、学習後の深まりを確かめることができます。

② 歌詞を配布し、意味がわからない語句の意味調べをする。

歌詞を配布した際、歌によっては読めない漢字も含まれています。「車輪の唄」の歌詞の中では、「頷いて」「頑な」「俯いた」「賑わい」「微かな」などが挙げられます。もう一度曲を聴きながら、漢字の読みを確認し、意味のわからない言葉にチェックをしておきます。その後、辞書を使って意味を調べさせます。

【第２時】 ① 歌の構成を捉える。

まず、歌詞の構成を捉えます。ここでいう構成を捉えるとは、「登場人物」と「場面」を捉えることです。登場人物は、「僕」と「君」の二人です。歌は、読者の共感を生むこと等をねらいとして、抽象的な表現を多用することがあります。「場面」については、「場所」や「時間」で分けていくと、三つ（駅までの行き道・駅・駅からの帰り道）あるいは、五つ（駅への行き道・上り坂・駅・下り坂・駅からの帰り道）の場面に分けることができます。授業で取り扱う場合は、それぞれのイメージを出し合うだけにとどめ、一つに決める必要はありません。

② 似た表現を探すことにより、対比構造を読み取る。

歌詞という特性から、音に言葉を乗せていくため、通常の物語文よりも似た表現が多く出てきます。「車輪の唄」の歌詞は、単なる繰り返しではなく、前半部分と後半部分（「間違いじゃない　あの時　君は…」が前半部分と後半部分の境界）で似た表現でも意味が異なっています。その似た表現を探すことで、実は前半部分と後半部分の変化に気づくことができるのです。

例えば、歌詞の中で「温もり」という言葉がありますが、前半部分では「確かな温もり」なのに対して、後半部分では「微かな　温もり」となっています。また、「約束だよ　必ず　いつの日かまた会おう」という表現が二回出てきます。歌詞を聴いているだけでは、違いはわからないのですが、歌詞を読んでみると一方は、「 」が付いていて、もう一方は「 」が付いていません。実は、この言葉は、それぞれ言っている人が違っているのです。歌詞全体を見通してみると、「君」が言っている言葉は「 」で表記されていて、「僕」が言っている言葉には「 」が付いていないということに気づくことができます。

③登場人物の行動・心情の変化を読み取る。

「車輪の唄」の歌詞を読んでいくと、「僕」と「君」との別れについて歌っている歌だということがわかります。「君だけのドア」や「何万歩より距離のある一歩」等の優れた表現からも、二人が遠く離れていってしまうという事実が伝わってきますが、さらに登場人物の言動から「人物像」を押さえていくことによって、この歌の切なさがより鮮明になっていきます。

前半部分の記述から、「僕」は自分の感情を「君」に知られないようにしていることがわかります。駅での別れ際でも、俯いたまま手をふった「僕」でしたが、最後には、きっとこっちを見ている「君」に見えるように、大きく手をふることができました。では、「僕」の行動や心情は、どうして変わったのか。そして、「僕」の心情がもっとも大きく変わったのはどこなのか。

このように、歌詞を読み、その意味を考えることで、より深く歌を味わうことができるのです。

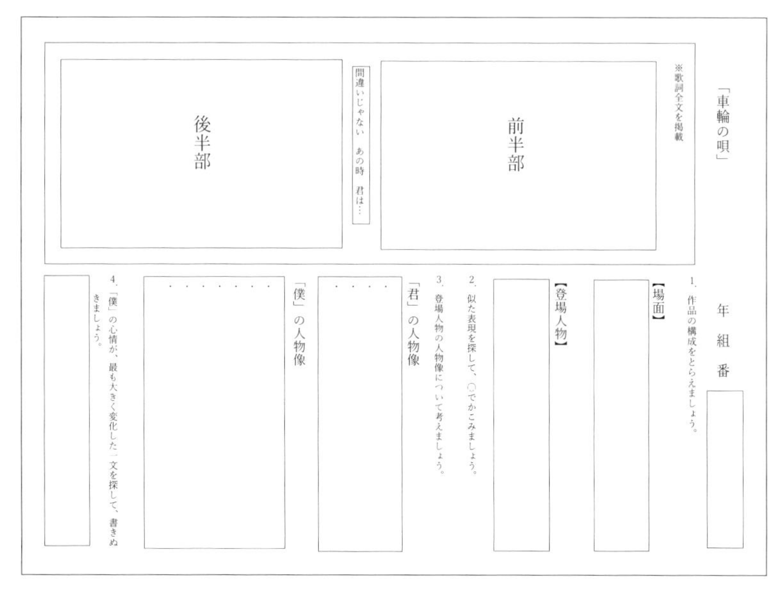
「車輪の唄」
※歌詞全文を掲載
前半部
間違いじゃない　あの時　君は…
後半部
年　組　番
1、作品の構成をとらえましょう。
【場面】
【登場人物】
2、似た表現を探して、○でかこみましょう。
3、登場人物の人物像について考えましょう。
「君」の人物像
「僕」の人物像
4、「僕」の心情が、最も大きく変化した一文を探して、書きぬきましょう。

ワークシートの例

【第３時】 歌詞から読み取ったことを、文章で表現する。

感想を書く際に、何を書いていいのかわからないという学習者が少なからずいます。しかし、歌の感想は書く内容が多く、文章を書くのが苦手な学習者にとっても比較的取り組みやすい学習となっています。例えば、メロディーの印象を書く、気に入った歌詞を選びその理由を書く、また、歌詞の内容と自分の体験を繋げて書く等が挙げられます。まずは、その歌を聴き、感じたことを表現しようとする心を育てることが重要です。

【第４時】 書いた感想文を読み合い、互いの考えを共有する。

最後に、感想文を書いたままにせず、隣の席同士で交換して読み合う、4人グループを作りその中で読み合う、または代表者の作品を全体で共有する等の活動を通して、自分の表現と他者の表現を比べる時間を十分に取ります。お互いの感想文を読み合うことで、その曲の新たなよさや美しさを発見したり、また自分の表現の特徴に気づいたり、友達の表現の工夫を取り入れたりする機会を得ることができます。お互いの考えを共有する活動を通して、歌のメロディーや歌詞の魅力に気づき、歌への興味・関心を高めながら、自身の表現力を高めることができるのです。

2-3　授業のポイント

歌を聴く際の留意点

メディアの発展により、学習者が歌を好きになる条件として、聴覚的情報だけでなく、視覚的情報も大きな影響を与えるようになってきています。ただ、歌詞に注目させる場合には、映像はかえって邪魔になる場合があります。歌を学習者に提示する際は、YouTube 等の動画ではなく、音源のみが望ましいです。ただし、映像資料を提示する場合には、歌詞の読解が終わった後にするのがよいでしょう。

感想を書かせる際の留意点

学習者が日ごろ親しんで聴いている流行歌をもとに書く感想文は、書くことに強い拒否の姿勢をする学習者にとっても、スムースに書く活動へと誘うことができます。しかし、それでも文章を書くのが苦手な学習者にとってはまだハードルが高い活動です。そのため、①メロディーの印象②歌詞の印象③好きな歌詞を引用し、その好きな理由を書く④どんなところに注目して聴いてほしいか等、書く観点を提示することで、文章を書くのが苦手な学習者も楽しく主体的に「書く活動」に取り組むことができます。

3　実践に向けて

今回、学習者にとって身近な歌という教材をつかって、言葉に興味・関心を育てるとともに、読解力と表現力を高める実践を提案しました。

学習者にとって歌詞を授業で扱うことによって、歌を聴く際、これまであまり気に止めなかった「歌詞」に注目し、自分の好きな曲はいったいどんな言葉を使っているのかと、違った視点で曲と向き合うことができるようになります。また、歌詞の学習で実践した技能を、日常の中で音楽を聴くときにも使い、自主的な学習活動ができるようにもなることが考えられます。また、「朝のスピーチ」として、自分の好きな歌の紹介文を書き、発表するという活動もできそうです。歌を教材とすることで、意欲的に言葉の学習にいざなうことができるといえるでしょう。

歌は、ドラマやアニメの主題歌、CM ソングなど、学習者の身近な場所にたくさんあります。「車輪の唄」をきっかけに、選んだ曲ではどんな力を伸ばせるのか、ぜひいろいろな歌を探してみてください。

町田先生からのコメント

学習者が好んで聴く音楽を取り上げて、その歌詞の言葉に着目した上で、文学作品と同様の扱いによって「読むこと」の学びの充実が確認できる提案です。歌を聴く段階から感想のまとめに至る指導過程が、丁寧に紹介されています。

マンガ・絵本・写真
映像
音楽
その他

ミュージックビデオを読み解く

坂本　晃洸

教材名　ミュージックビデオ「結証」（緑黄色社会、ソニー・ミュージックレーベルズ、2021 年）

校　種　小　中（おすすめ！）　高　大

こんな力がつきます
映像と歌詞を関連づけて解釈する力

1　教材提案

1-1　素材の解説

協力：(株)ソニー・ミュージックレーベルズ

「結証」は日本のバンドグループ「緑黄色社会」の 3rd シングル曲としてリリースされた楽曲「結証」のミュージックビデオ（以下、MV）で、老夫婦を主人公としたドラマ仕立てになっています。

「結証」の曲自体、読売テレビ・日本テレビ系アニメの「半妖の夜叉姫」の 2021 年 1 月クールエンディングテーマにも使用され人気を博していました。MV では更に映像がつくことで、新たな歌詞の解釈やイメージを膨らませることができます。このMVは、「緑黄色社会」の公式HPから視聴することが可能です[1]。

1-2　教材としての魅力

「結証」の教材としての魅力を2点紹介します。1点目は「映像から読みとった情報をもとに物語を解釈する」という学習活動への動機づけを行い易いことです。このMVは制服を着た老夫婦の姿が映し出される所から始まるため、まず学習者は「二人はなぜ制服を着ているのか？」という謎を抱きます。そして、その謎への興味が、映像を読みとり物語を解釈する学びへと繋がってくれるのです。2点目はこのMVが極めて完成度の高い作品であり、解釈を深めることでその魅力が増していくことにあります。ここでは、「ここに繋がってる証があるから/何度だってまた出会えるから」という歌詞の二重性に着目しながら、解釈を深めていく授業を提案しています。

2 授業提案

2-1 授業のねらい

この授業でのねらいは以下の２点です。

1 映像から読みとった情報をもとに、物語を解釈する。

2 映像と歌詞とを関連づけて、物語の解釈を深める。

両者とも映像の読みとりを中心とするという点で、従来の文字テクストを中心とした読解の授業にはない新たな学習活動となります。したがって、この活動を通じてどのような力を育んでいくのか、学習者にも見通しを立てさせることがとても重要です。

2-2 授業の展開

配当時間は２時間を想定しています。

第１時 映像から読みとった情報をもとに、物語を解釈する。

① 本時の学習活動の動機づけを行う。

まずは「結証」全編を鑑賞させる前に、MV 冒頭場面［0:01］の画像を見せます[2]。制服を着た二人の老人の姿が映る場面です。

この画像を見て、不思議だと思うことを学習者に挙げさせます。中学生はもちろんのこと、日常生活で制服に馴染みの薄い小学生であっても、二人の老人が制服を着ていることへの違和感を指摘できるはずです。その上で、本時では MV を鑑賞して、二人が制服を着ている謎を解き明かしていくという学習活動の動機づけを行います。

② MV を観て、「(1) 二人について映像からわかったこと」と「(2) 二人が制服を着ている理由・目的」を書かせる。（活動１）

学習者に〈ワークシート１〉（図１）を配布し、これから行う具体的な学習活動の内容を確認します。映像を観て、二人についてわかった事実を箇条書きで書き出させます。これらの内容は曲の歌詞からはわかりません。聞こえてくる曲の歌詞ではなく、映像からわかったことにのみ注目するよう強調しておくとよいでしょう。そして、それらの事実を総合して推論できる、二人が制服を着ていた理由・目的についての自分の考えを説明させます。

ミュージックビデオ「結証」を読み解く

no.1

（　）年（　）組（　）番　氏名（　　　）

活動1　おじいさんとおばあさんはどうして制服を着ているのだろうか。ミュージックビデオを最後まで観て、分かったことをもとに、その理由を書いてみよう。

(1) 二人について映像から分かったことを箇条書きで書き出してみよう。

(2) (1)で分かったことをもとに、二人が制服を着ている理由・目的をなるべく詳しく説明してみよう。

(1) 二人について映像から分かったこと

(例) おばあさんは車イスに乗っている

(2) 二人が制服を着ている理由・目的

活動2　グループで意見を共有してみよう。

(1) 二人について映像から分かったこと

・おばあさんは認知症にかかっている。
・二人は学校に向かっていた。
・おばあさんは昔絵を描いていた。
・二人は同じ学校出身で、おじいさんが演奏する姿をおばあさんが絵に描いた。
・おじいさんは昔のようにおばあさんに演奏を聴かせてあげようとしていた。
・おばあさんは亡くなってしまった。

(2) 二人が制服を着ている理由・目的

おばあさんは認知症にかかっていて、おじいさんのことが分からなくなっている。おじいさんは部屋にかざられていた二人が学生時代だった頃の絵を見て、その時のことを再現したら、少しでも自分のことを思い出してもらえるんじゃないかと思って、制服を着て、おばあさんを学校に連れて行ったんだと思う。

図１　〈ワークシート１〉（参考として太字で解答例を示しています）

活動1 では、映像から情報を読みとる力と、その情報を基に物語を解釈し、再構成する力とが求められています。実りある学習活動のために、映像の情報を根拠としながら推論を行うよう学習者に十分に意識づけを行う必要があります。読みとりが苦手な学習者に対しては、机間指導を行いながら更に発問を重ねていくとよいです。例えば、「二人が夜学校に行きたかったから」とだけ理由・目的を書いている学習者には、「ただ学校に行きたいだけなら、制服を着る必要は無いよね」等の発問が有効です。

③ 他の学習者と解釈を共有する。（活動2）

他の学習者２～３名と解釈を共有させた後、そこで挙がった解釈を全体で共有しながら本時のまとめを行っていきます。彼らが挙げてくれる解釈を活かしながら、老夫が妻との学生時代の思い出を再現するために制服を着て学校を訪れたこと、「記憶」と「思い出」がこの物語を解釈する鍵であることを学習者に気づかせたいところです。

第2時　映像と歌詞を関連づけて、物語の解釈を深める。

① 本時の学習活動の動機づけを行う。

本時の導入として、「この歌を歌っているのは誰だろうか？」という発問を行います。学習者たちは、すぐに歌手（ボーカル）と答えるでしょうが、同時に「おじいさん（老夫）」という解答も出てくるはずです。実際に映像を流しながら、老夫の口の動きが歌詞と一致している場所があることを確認しましょう。例えば、図2に示した★1の場面［1:06～1:37］が挙げられます。歌が老夫のものであるならば、歌詞から彼の気持ちが読みとれるはずであることを学習者に示した後、歌詞の内容と老夫の気持ちとを重ね合わせて解釈するという本時の学習活動を提示します。

② MVを観ながら、おじいさんの気持ちを読みとらせる。（活動3・4）

学習者に〈ワークシート2〉（図2）を配布し、活動3に取り組ませます。「★1と★2ではおじいさんはおばあさんに何を思い出してほしいと思っているのか？」と発問し、二つの場面の映像を比較させて考えさせましょう。

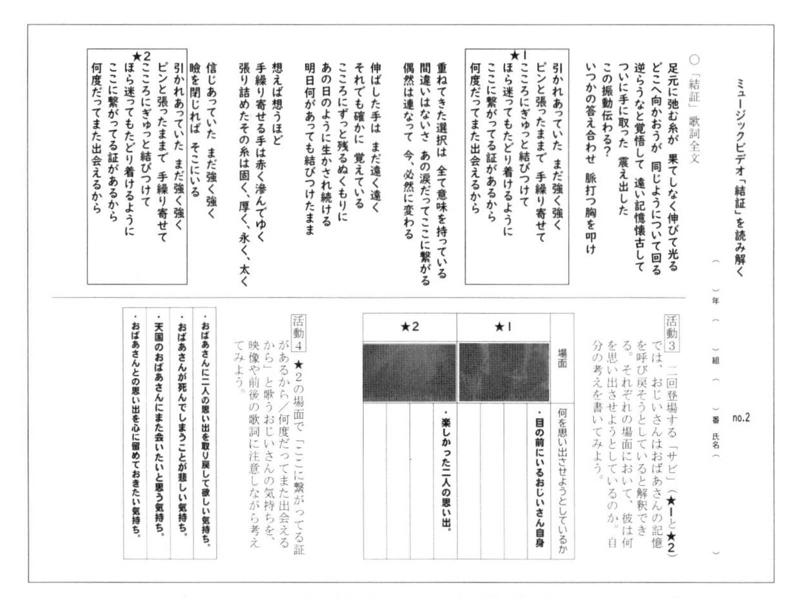
ミュージックビデオ「結証」を読み解く　no.2

（　）年（　）組（　）番　氏名（　）

○「結証」歌詞全文

足元に弛む糸が　果てしなく伸びて光る
どこへ向かおうが　同じようについて回る
逆らうなと覚悟して　遠い記憶懐古して
ついに手に取った　震え出した
この振動伝わる？
いつかの答え合わせ　脈打つ胸を叩け

★1
引かれあっていた　まだ強く強く
ピンと張ったままで　手繰り寄せて
こころにぎゅっと結びつけて
ほら迷ってもたどり着けるように
ここに繋がってる証があるから
何度だってまた出会えるから

重ねてきた選択は　全て意味を持っている
間違いはないさ　あの涙だってここに繋がる
偶然は連なって　今、必然に変わる

伸ばした手は　まだ遠く遠く
それでも確かに　覚えている
こころにずっと残るぬくもりに
あの日のように生かされ続ける
明日何があっても結びつけたまま

想えば想うほど
手繰り寄せる手は赤く滲んでゆく
張り詰めたその糸は固く、厚く、永く、太く

信じあっていた　まだ強く強く
瞼を閉じれば　そこにいる

★2
引かれあっていた　まだ強く強く
ピンと張ったままで　手繰り寄せて
こころにぎゅっと結びつけて
ほら迷ってもたどり着けるように
ここに繋がってる証があるから
何度だってまた出会えるから

活動3　二回登場する「サビ」（★1と★2）では、おじいさんはおばあさんの記憶を呼び戻そうとしていると解釈できる。それぞれの場面において、彼は何を思い出させようとしているのか。自分の考えを書いてみよう。

	場面	何を思い出させようとしているか
★1		**・目の前にいるおじいさん自身**
★2		**・楽しかった二人の思い出。**

活動4　★2の場面で「ここに繋がってる証があるから／何度だってまた出会えるから」と歌うおじいさんの気持ちを、映像や前後の歌詞に注意しながら考えてみよう。

・おばあさんに二人の思い出を取り戻して欲しい気持ち。
・おばあさんが死んでしまうことが悲しい気持ち。
・天国のおばあさんにまた会いたいと思う気持ち。
・おばあさんとの思い出を心に留めておきたい気持ち。

図2　〈ワークシート2〉（参考として太字で解答例を示しています）

★1では彼は妻の手を握りしめながら、「今、目の前にいる自分」を思い出してほしいと願っているのに対し、★2では学生時代の思い出を再現しようとしています。つまり、学生時代の幸せだった二人の時間を思い出してほしいと願っているわけです。

次に、活動4として★2の場面で、「ここに繋がってる証があるから/何度だってまた出会えるから」と歌う老夫の気持ちについて、映像中での彼の表情・様子や前後の歌詞を参考にしながら考えさせます。この活動は、学習者によって解釈が分かれ易いものとなります[3]。そのため、時間をかけながら学習者たちで考えを共有する時間を取るのがよいでしょう。

③★2の言葉の二重性に着目させる。

意見の交流が熟したところで、全体のまとめへと入っていきます。★2直前の歌詞「瞼(まぶた)を閉じれば　そこにいる」に着目させ、「誰が瞼を閉じると、誰がいるのか？」と発問します。学習者たちは、「おじいさんが瞼を閉じると、おばあさんの姿が浮かんでくる」ことだとわかるはずです。この発問により、★2の老夫の言葉が妻に向けられたものであると同時に、彼女を失った自分自身に向けられたものでもあることに気づかせます。

④おじいさんが自宅でピアノを弾く場面の意味を考えさせる。

★2の言葉が自分自身に向けられたものであることを別の角度から考えるために、★2中に老夫が自宅でピアノを弾く場面［3:33～3:36］が挿入されていることを指摘します。学習者はこの場面がMVの中で複数回登場していたことに気づくはずです。そこで、最後の発問として「おじいさんは何のためにピアノを弾いているのか？」と問いかけます。彼は、妻を失った後彼女との日々を思い出すために、すなわち、妻と「繋がってる証」を求め、「何度だってまた出会える」ように、この歌を歌っているのです。この歌自身が彼と妻とを結ぶ「結証」であったわけです。このことを学習者が理解できたところで、本時の目標が達成されます。まとめとして、MVをはじめとした映像作品もまた教科書で学ぶ物語教材と同様、登場人物の気持ちを読みとり、テーマ理解へと至る学びが可能であることを確認し、授業を終えます。

2-3　授業のポイント

授業をうまく進めていくためには、授業者が行う発問の内容やタイミングが重要となります。また、今回の授業提案は老夫の気持ちに焦点を絞りましたが、老婦の気持ちに着目して「おじいさんの思いはおばあさんに伝わったのだろうか？」という問いによって学習者に老婦の表情を分析させる学習活動も考えられます。具体的には、★1の［1:35］の場面と★2の［3:38］の場面で描かれる老婦の表情を比較させるとよいでしょう。授業提案で示した以外にも、この教材の魅力を引き出すための発問や学習活動をぜひ考えてみてください。

3　実践に向けて

映像を使って授業を行う分、学習者たちの最初の興味関心をひきつけることができます。そこから学びへと繋げていくためには、この授業で“どんな力をつけたいのか”を学習者に明示し、常に意識づけを行っていく必要があります。学習者の身の回りに溢れる音楽・ドラマ・アニメすべてが読み解き、鑑賞することのできるテクストであることに気づかせたいところです。

【注】

1 「結証」MV https://www.ryokushaka.com（2021年7月1日時点）
2 MV中の場面に言及する際は、参考としてその時間を［　］で示します。
3 執筆者が想定した複数の解釈を〈ワークシート2〉内に示します。

町田先生からのコメント

ミュージックビデオの教材化では、歌詞と曲に加えて映像の力が重要になります。この映像は冒頭に学校の制服を着た老夫婦が登場するインパクトが学習者の関心を惹くことから、優れた効果が期待され、読みの深化に繋がっています。

「マリーゴールド」で詠む相聞歌

齊藤　真子

教材名 歌詞「マリーゴールド」(あいみょん、ワーナーミュージック・ジャパン、2018年)

校　種 小　中　おすすめ！　高　大

こんなカがつきます
歌詞の解釈をもとに短歌を創作する力

1　教材提案

1-1　素材の解説

マリーゴールドという花には、その色によってさまざまな花言葉があります。「悲しみ」「変わらぬ愛」「嫉妬」「予言」、同じ花であってもそれらが持つ意味が異なります。あいみょんが歌う「マリーゴールド」は、夏の風景に男女2人の恋愛模様を重ねたラブソングとして発表されました。サビに描かれている「麦わらの帽子の君が揺れたマリーゴールドに似てる」という「君」の表情の解釈は聞き手に委ねられています。「風の強さがちょっと」「でんぐり返しの日々」「泣きそうな目」などからイメージを広げる場合と、「希望の光」「目の前でずっと輝いている」「絶望は見えない」などからイメージを広げる場合とでは、思い描く表情は変わってきます。二人の関係が良好なのか、予期せぬものに向かっているのか、花言葉のように多様な解釈が可能です。聞き手の思いを重ね合わせながら、何度でも聞き味わい、夏の景色を作り上げていく楽しさを味わうことができる一曲です。

提供：ワーナーミュージック・ジャパン

1-2　教材としての魅力

中学生にもわかりやすい繰り返しや比喩表現などの技法が取り入れられていること、「幸せだ」「大好きさ」などの抽象的な表現により視覚的イメージを持ちやすいことなどが、教材の魅力として挙げられます。また、「麦わら帽子」や「マリーゴールド」なども具体物が捉えやすい一方で、そこに込められた意味や解釈には差異が生じます。学習者が着目する言葉の選択によって、学習者自身の読みを広げ、深めていくことにつながります。

2 授業提案

2-1 授業のねらい

ここでは「読むこと」「聞くこと」から得た情報をもとに、歌詞からイメージを広げ、短歌を創作する学習を展開します。また、創作した短歌は複数枚の写真や動画などを用いて、ストーリー仕立てで発表することを想定しています。これまでは紙媒体による発表が一般的でしたが、GIGA スクール構想の展開により一人一台端末の使用が可能となり、今まで以上に創造性を育む教育の取り組みが求められます。短歌創作に加え、画像や映像との組み合わせにより、学習者が表現したい言葉と音楽と情景描写とを組み合わせた一つの作品世界を描き、それを発信するところまでを学習の展開としていきます。多様な表現方法を組み合わせた課題を設定することにより、学習者の表現意欲は喚起され、それらが思考力・判断力・表現力の向上にもつながるものと考えています。

また、学習者は YouTube や SNS におけるストーリーズの投稿機能により、様々な動画に触れる機会が多くなっています。短時間の動画を実際に作成することを通して、他者の興味関心を引く表現方法について考え、言語とイメージ画の往還による、双方を生かした創作学習を展開します。

2-2 授業の展開

授業は、4時間で展開します。以下、単元の目標と学習の流れです。

【単元の目標】

○比喩・反復・倒置・体言止めなどの表現技法を理解し、事象や行為、心情を表す語句を使うことを通して語感を磨き、語彙を豊かにしようとする。

○歌詞の意味に応じて、身の回りの生活の中から題材を決め、集めた材料を整理し、伝えたいことを明確にする。

○集めた材料を整理し、学習課題に沿って短歌を創作する。

【第1次】歌詞を解釈し、短歌を創作する。

第1時 「マリーゴールド」を聴き、人物像や背景などのイメージについて話し合う。

第2時 キーワードとなる言葉を決め、短歌を創作する。

＊短歌のイメージに即した写真や短動画を撮るため、1週間程度の期間を設ける。

【第2次】互いの短歌を読み、評価し合う。

第3時　短歌と写真や短動画を組み合わせる。

第4時　短歌を発表し、互いに評価し合う。

ここでは、短歌の創作までを扱う第1時、第2時に焦点を当てます。

第1時

①「マリーゴールド」を聴き、印象に残る言葉を挙げていく。

4人程度のグループを作り、印象に残る言葉とその理由を挙げていきます。互いに紹介し合うことを通して、歌詞の意味を多角的に捉えます。歌詞を書いたワークシートに、グループで挙げられた意見を書き加えます。

②人物像や背景について分析する。

歌詞に登場する二人について、どのような状況に置かれているか、どのような人物だと考えられるかなどを、KJ法を用いて整理します。その際、人物像の読解につながる表現技法についても取り上げていきます。

第1時ではグループで学習を進めていき、その中で読みを深めていきます。また、ワークシートは上段を歌詞、下段を空欄としておき、グループに1枚を配布します。その中に書き込んだり付箋紙を貼り付けたりしていきます。

（例）ワークシートの内容

「ハッピーな関係」or「アンハッピーな関係」

1　関係性がわかる言葉を見つけ、その理由を書こう。
（一枚の付箋紙に一つのみ記入します。）

2　意見を共有しよう。（歌詞と付箋紙を線で結んだり、言葉を書き加えたりしながら、二人の関係性を探りましょう。）

＊関係性をどちらか一方に決める必要はありません。様々な角度から二人の関係を探ってみましょう。

本時では、多角的・多様的に、二人の関係性を限定することなく読み進めます。同じ言葉であっても、異なる解釈が出た場合には、他の言葉との関連性を見つけていきます。付箋紙の貼り替えを行うため、紙媒体で行います。

第2時

③ 相聞歌を創作する視点をグループで決定する。

第1時のワークシートを俯瞰し、「君」を捉える視点を定めていきます。決め手となった言葉の中からキーワードを決め、その言葉を手がかりに、「君」と「君を語る人物」の立場を整理していきます。文脈を捉えて解釈しながら、二人の人物像を具体的な姿として想像していきます。二人の性別や立場等についても歌詞を根拠としながら、グループで読みを広げ、深めていきます。

(例)【二人の関係を表す言葉】※キーワード「いつまでも離さない」

・「風の強さがちょっと」→ 不吉な予感。
・「心を揺さぶりすぎて」→ 既に心が動いているということ。風が強いのか。
・「真面目に見つめた」→ 真剣さ。立ち止まって判断しようとしている。
・「君が恋しい」→ 見つめてみた結果。心が揺れたのはなぜ?

↓

君が恋しいことには間違いないが、心が揺れてしまうような状況にある。

⬇

お互いにひかれあってはいるが、心が離れかけている。でも、完全に離れているわけではない二人。「**いつまでも離さない**」と思った時点で、離れかけているということ。つまり、ハッピーからアンハッピーへ動き始めている。それに気づいてはいるが、過去を思い出すことでしか、未来を描けない二人。

④ 役割を決め、短歌を創作する。

グループで「君」と「君を語る人物」に分かれます。歌詞に使用されている言葉と表現技法を取り入れることを課題とし、一人ずつ数首を創作します。キーワードとなる言葉が根拠となるように、担当した役割についてはもちろ

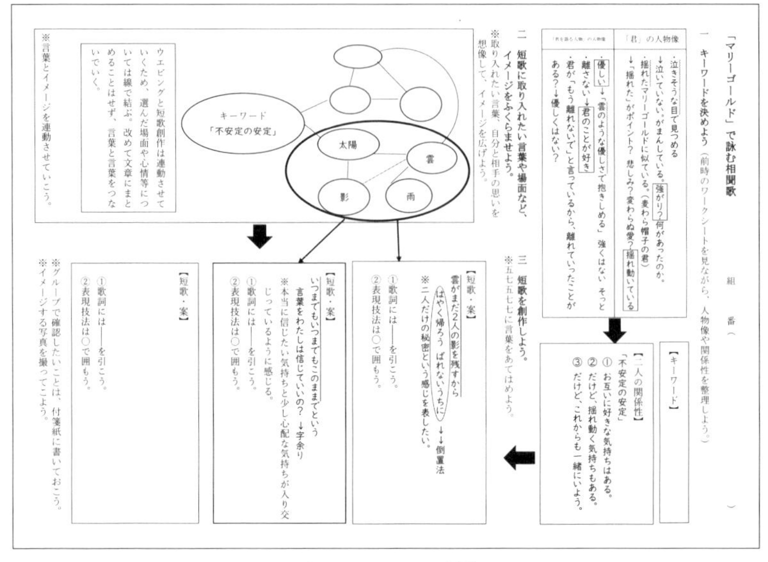

図１　ワークシート例

ん、相手の気持ちを想像しながらイメージを言語化していきます（図１）。

短歌は限られた文字数で表現するため、必然的に伝えたいことを焦点化することができます。また、短歌に合わせた写真を撮るために１週間程度の時間を確保しておきます。

2-3　授業のポイント

本授業は、楽しく表現させていくために音楽を用いています。学習者は言葉のみによらず、メロディーを含めてイメージを広げていきます[1]。

あいみょんが歌う「マリーゴールド」は、「抱きしめて」「泣きそうな目で」等、五音・七音で表現された言葉や、歌詞に用いられている反復法や体言止め等の表現技法が取り入れやすく、書くことに苦手意識をもっている学習者でも取り組みやすい学習です。

また、短歌を創作するだけではなく、学習者自身が創作した短歌から連想したイメージ写真や短動画を重ね合わせることにより、イメージを再構築していきます。これからを生きていく学習者に求められる国語の力は、「書くこと」「読むこと」という単独の力ではなく、これらを複合的に捉え、表現していく力です。習得した知識や技能を活用し、それらを組み合わせながら思考し、必要な情報を判断し、表現していく力です。歌詞に描かれた言葉から、情景や心情を捉え、言葉を根拠に連想を広げて自身の読みを深めることにつなげていきます。

3 実践に向けて

短歌は、三十一文字に当てはめてしまえば「短歌」として成立するところにそのよさがあります。そこから、表現を広げたり深めたりするところに表現力向上の学習が成立します。歌詞に描かれた二人を想像し、文脈に即して解釈していくこと。自身が詠んだ歌に画像や動画を当てはめていくこと。言葉の選定や推敲等、細かな課題はあったとしても、音と言葉と画とをつなぎ合わせる楽しさを味わうことが、学習者の言語力向上につながっていきます。

【注】

1 「音楽を用いた表現指導の戦略―楽しく表現させるために」『国語科授業構想の展開』(町田守弘、三省堂、2003年)

町田先生からのコメント

ラブソングを聴いて、その理解をもとにして短歌を創作するという活動を中心とした提案です。歌詞と楽曲の理解と短歌の表現とが響き合う授業が構想され、さらにイメージした写真と関連づけることで言葉の力の向上が示唆されます。

「パプリカ」をいろいろな視点で読み解こう

坂本　邦仁

教材名 ミュージックビデオ「パプリカ」（米津玄師、2019年/Foorin、2018年、ソニー・ミュージックレーベル）

校　種 小　中　おすすめ！　高　大

こんな力がつきます
映像の比較を通して歌詞を解釈する力

1　教材提案

1-1　素材の解説

「パプリカ」は音楽ユニットFoorinの楽曲で、〈NHK〉2020応援ソングとして米津玄師が作詞・作曲し、2018年にリリースされました。Foorinが元気に踊るミュージックビデオ（以下、MV）はYouTubeでの総再生回数が2億回を超え、「パプリカ」は多くの人々に支持された作品といえるでしょう。2019年には米津玄師自身が歌うバージョンが発表され、Foorinとは違った曲調、アニメーションで作られたMVは話題になりました。このMVは一つの短編作品としても鑑賞することができます。

1-2　教材としての魅力

音楽は学習者にとって身近なエンターテインメントの一つであり、MVも同様です。インターネットを通じて日頃から音楽に親しんでいる学習者も多いですが、音楽を歌詞、MVという観点で捉えた場合、単に学習者の興味・関心を喚起する素材にとどまらず、言葉の力を育成する可能性を秘めた、魅力的な教材といえます。今回の提案では、Foorin版と米津玄師版とでMVの雰囲気が違う点に注目したいと思います。歌詞という同一のテクストを有しながらも、それぞれの曲調や映像から受ける印象・イメージは大きく異なります。複数の解釈の余地があり、その点を意識して鑑賞することで、新たな発見と学びにつなげることが可能になります。また、米津玄師版は、アニメーションの中に登場するものに何かしらの意味が込められていると考えることができ、何の象徴として描かれているのかを考え、歌詞と比較することを通して読解を深めていくことができます。なお、いずれのMVも3分30秒弱と短く、授業の中でも提示がしやすいでしょう。

2 授業提案

2-1 授業のねらい

ここでは映像作品から情報を集め、統合し、意味づける（解釈する）ということに主眼を置きます。アニメーションを用いて学習者の興味・関心を喚起しつつ、視覚情報を読み解き、比較や共有を通して自身の考えを深めていくことには大きな学びがあるといえるでしょう。

また、作品内における「象徴」についても考えていきたいと思います。作中に登場する事物がどのように描かれているか、何の意味が込められているのかについて考えることは、読みを深めていく上でも非常に大切なことです。こういった視点を持って作品と向き合う態度は、他の作品を読んでいく際にも重要であり、その姿勢を養うことを目指したいと考えています。なお、映像作品を国語の授業で扱う際、取り上げ方にはいくつかの方法があります。映像作品を中心教材とするのか、補助教材とするのか。また、導入として取り上げるのか、発展的な活動として取り上げるのか、などです。今回は映像と歌詞を中心に据えた単元としました。アニメーションから情報を集めて分析し、歌詞や他の映像と比較することを通して考えを深めていきます。

2-2 授業の展開

全3時間の授業を展開します。

【第1時】 ①米津玄師版「パプリカ」MVを無音で視聴し、気づいたことを書く。

まずはMVを視聴し、気づいたことや疑問点を書きだします。書きにくい場合は視聴して感じたことでも構いません。言語化することに重きを置きます。

知名度が高い作品なので、MVを見た経験があるかを事前に確認することも必要です。曲だけは知っているという学習者も一定数いると考えられるので、この段階では無音のアニメーションとして流したほうがよいでしょう。無音であれば、歌詞や曲に影響を受けることなく、視覚情報として向き合うことが可能です。

②「象徴」について確認し、再度MVを視聴する。

分析をする際の視点・観点について確認をします。これまでの学習で扱ったことがなければ、「象徴」の意味と特徴（作品内に登場するが、そこに込められた意味は明示されないことが多いなど）について理解をしておきます。また、象徴に着目するために、必要に応じて「いつ」「どこで」「誰が（どのような人が）」「何をしているのか」といった、分析する際の視点を伝えるとよいでしょう。

③ 読み取った内容をグループで共有し、MV を解釈する。

次に、個人で気づいたことを数名のグループで共有します。一人では気づかなかったことも、他の人の気づきや発言によって理解ができますし、話し合うことが新たな発見に繋がります。基本的な情報を整理しつつ、疑問点について話し合い、作品を解釈していきます。ここでは、以下のような疑問が出てくると想定されます。

◇時間の流れはどうなっているのか。
　→登場する事物や人々の様子から、季節は夏頃とわかる。
　　男性と女性の幼少期と大人になった現在の姿が描かれている点から、作品内で時間が経過していることが読み取れる（過去と現在）。
◇風景が変わるのはなぜか。
　→藪を抜けた先で描かれているのは日本の原風景のような場所である。
　　時間が過去に戻り、空間の特質も変化する（現実と異空間）。
◇赤いマントの少女は何者か。
　→少年と少女は歳をとっていると考えられるが、少女の姿は変わらない。
　　現実にはありえないことをしている（空を駆ける・ものを生み出す等）。
　　子どもには見えるが大人には見えない（縁側を走る場面）。
◇彼岸花には何の意味が込められているのか。
　→彼岸花には生と死、この世とあの世といったイメージがある。
　　花火の形状が彼岸花に似ており、火や空間的な広がりが想起される。
　　彼岸花の色（鮮烈な赤）は少女のマントの色と同じである。

これらは一例ですが、こういったものの意味を考え、情報を結びつけながら作品の意味を考えてもらいます。

【第２時】 ① 前時で解釈した内容をクラス全体で共有する。

映像を読み解き、解釈した内容をクラス全体で共有します。他グループの分析・解釈を聞き、改めて映像と向き合うことで、このMVが何を描こうとしているのかを考えていきます。また、発表形式にすることで、適切に表現して伝える力、自分の考えと比較しながら聞く力の育成にもつながります。

② ミュートを解除して米津玄師版のMVを視聴する。

音楽がある状態でMVを視聴し、その上で歌詞を確認します。この段階で「夏」や「会いに行く」といった内容が歌詞からわかり、自分たちが読み取った内容と合致していたかどうかを確認することができます。作品を多様な視点で解釈する際、その解釈に根拠があること、作品から確実に読み取れる内容が前提となっていることが大切です。歌詞を参照しながら自分たちが読み取ってきた内容を振り返り、新たな情報や発見を書き加えていきます。

【第３時】 ① Foorin版のMVを視聴し、歌詞について考える。

まずはFoorin版のMVを視聴し、曲調等も含めて確認をします。明るく元気な歌声とダンスによって、米津玄師版とは異なる印象を抱く学習者が多いと思います。次に、歌詞を参照しながら、その意味について考えます。その際、以下の表現に注目して考えるとそれぞれの違いが明確になります。

・「あなたに会いたい」
・「明日も晴れるかな」
・「会いに行くよ　並木を抜けて」

会いたいと思っている（会いに行こうとしている）あなたとは誰なのか。Foorin版では、メンバーが幼いこともあって、「明日」「会いに行く」といった表現からは近未来的なものをイメージすることができます。一方、米津玄師版では、大人になった二人が、幼い頃に不思議な体験をもたらしてくれた赤いマントの少女に会いにきた、と考えることができます。これより、赤いマントの少女からは過去を想起させられます。会う対象について注目することで、それぞれの作品にある時間の違いに気づくことができるでしょう。

②「パプリカ」の鑑賞文を書く。

単元のまとめとして鑑賞文を書きます。これまでの取り組みで読み取ったことをふまえ、根拠をもった解釈を意識させます。その後、学習者が書いた鑑賞文を共有する時間を設けるのが望ましいです。わかりやすく自分の考えを伝え、他者の意見・解釈に耳を傾け理解することは、学習者の言語力を高める大切な時間です。

2-3 授業のポイント

文学作品の読解・解釈においては「本文から確実に読み取れること」、「本文の表現を根拠にして考えられること」、「自分で想像し、本文を補って考えること」の、三つの段階があります。本文の読解というと、学習者はどうしても正解かどうかを気にしてしまいますが、唯一絶対の解釈が存在するわけではありません。今回の提案では作品内で描かれているものを根拠にして、読解の可能性を探ることが目的の一つであり、そのことを意識させたいと考えています。

作品の解釈として、様々なものが想定されます。例えば、赤いマントの少女が空を舞う姿勢と原爆の子の像とが類似しており、米津玄師版の動画がアップロードされた日が8月9日である点から、作品と原爆とを結びつける見方も考えられます。また、藪の中を抜けた先が別世界のように描かれている点に注目し、文学における異空間、境界の典型として捉えて解釈することができます。細かな読みとしては、大人には赤いマントの少女が見えていないことをふまえると、大人になって再訪した男性と女性には赤いマントの少女が見えていないということになります。そう考えると、最後の場面で3人が寝そべっていることの意味が変わってきます。

こういった様々な解釈について、自由な想像とは次元の異なる、根拠に基づく解釈を重視していきたいと思います。

3 実践に向けて

今回の授業提案では、全3時間の構成で、アニメーションを中心に用いて多様な読解の可能性を探るという活動を考えました。実践にあたっては、年間の学習計画の中で、どのように位置づけていくかという点も考える必要があります。今回の授業を通して得た視点を他の活動に活かすことで、学習者は単元相互の繋がりを意識することができ、自身の力を伸ばすことができるでしょう。何を焦点化し、どのように取り上げるかによって様々な可能性が生じてきます。発展的な活動として以下のようなものが考えられます。

一つは、韻文の鑑賞です。同一の歌詞でも想起させるものが異なっていたように、限られた文字数で表現された韻文には多様な解釈の可能性があります。単独の作品では難しい場合でも、例えば、高村光太郎「レモン哀歌」と米津玄師「Lemon」のように、共通性を持つ別の作品を用いて比較することで、それまでとは異なる視点で考えることが可能になります。

また、象徴表現を焦点化して扱うことも有効です。例えば、夏目漱石『夢十夜』の「第一夜」、横光利一の「蠅」など、短く、本文に登場する事物について考えやすいもののほうがよいでしょう。『夢十夜』の「第一夜」は「百合」等の象徴性について考えやすく、結末部の内容には解釈の可能性があり、今回の授業提案と重なる部分も多いと考えます。これらは一例であり、目的に応じてデザインすることが大切です。

なお、今回の授業提案では教室で一斉に示す形を考えました。全体に対して情報を段階的に示すことで、眼前の情報に向き合う時間を大切にし、何を使って考えるかを明確にしたいと考えたためです。次の段階として、学習者が各自で情報にアクセスし、多角的に対象を捉えていくようにしていきたいと考えています。

町田先生からのコメント

〈NHK〉2020応援ソングとして親しまれた音楽に着目して、２種類のミュージックビデオの映像の比較を通して、歌詞の言葉の理解が深まります。そこから鑑賞文を書く活動へと繋ぐ提案は、文学作品の鑑賞にも応用できるはずです。

和歌とJ-POPの交差を求めて

中桐　由里

教材名 歌詞「糸」「狼になりたい」（中島みゆき、1992年/1979年）

校　種 小　中　高（おすすめ！）　大

こんな力がつきます
想像を広げて詩歌を創作する力

1　教材提案

1-1　素材の解説

60、70年代のフォーク、ニューミュージックといわれる音楽の中で男性が女性を、女性が男性の心情を歌うことが多く出現しました。中島みゆきはそれらを牽引し、常にその時代のヒットチャートに入る曲をつくっています。

提供：株式会社ヤマハミュージックコミュニケーションズ　YCCW10321

ひょっとしたら、平安時代末期の式子内親王の歌に臨む感覚と似ているかもしれません。式子も題詠の世界で男性となって和歌をつくりました。一方で、加茂斎院として10年間清浄な生活を送り、退下の後も独身で過ごした人物ならではのたおやかで潔い、女性的な歌も詠んでいます。

1-2　教材としての魅力

「万葉・古今・新古今」の和歌の中で新古今和歌集の歌風を「技巧的」であると説明するときに、引き合いに出されるのが題詠です。和歌の世界は平安後期以降、題詠歌が主流となります。題詠とは詠まれるべき心と言葉が決まっているものを指します。例えば「忍ぶ恋」であれば、男性の立場で苦しい胸の内を詠むものでした。式子の「玉の緒よ」詠は後藤[1]以降、男歌であることが学術界では一般的になっています。この歌は女性が男性の目線で詠むという立場逆転の歌なのです。立場を超えて言葉遊びをする感覚です。最近のJ-POPにはこの男歌、女歌が多くあります。ですから、学習者にとってことさら違和感を覚えるものではありません。そこで、詩歌をつくる学習の前に、J-POPの歌を鑑賞し、想像力を広げる練習をします。

2 授業提案

2-1 授業のねらい

平安時代、「忍恋」は男性の側のものでした。恋歌は類型化され、最初は男性のものだったのです。それが平安末期になると、女性も男性の立場で「忍恋」を詠むようになりました。

式子は和歌の世界で当時の最先端をいこうとしていた新風歌人であり、また、虚構の世界で自由自在に言葉を操ることができた天才でもありました。俊成・定家親子について歌学をひたむきに学び吸収し、他人の作らない、今までに見たこともないような新しい和歌を詠むことに情熱をかけた歌人であったことを学習者に理解させ、式子の和歌の迫力について再考を促したいと考えます。

式子の和歌は「技巧的」であると口頭で説明されても、何のことやらわかりません。技巧それぞれの説明をしても、何のためにそんなことをするのか学習者には理解できないでしょう。加茂斎院をつとめ、宮家の規則やジェンダーにがんじがらめに縛られていたかに見える式子内親王がどのような思いでこの和歌を詠んだのか。実際に自分で追体験して初めて「ああ、そうなのか」と納得することができるのではないでしょうか。

今回取り上げる中島みゆきの「糸」*1 には優しい柔らかな歌詞が並んでいます。めぐり逢う男女を縦糸横糸にたとえ、織られた布は他の誰かを暖めるという叙情的な歌です。これは女歌といえるでしょう。

「狼になりたい」*2 は自分の思い通りにしようと意気込んでいたことがうまくいかず、思うようにならない世の中がどしゃ降りの雨の中で店内のあちこちに見える。そのジレンマを「狼になりたい」と歌い上げる力強さが感じられます。これは男歌と呼んでよいでしょう。

この二つの世界にふれることで作歌のヒントをもらい、自分自身も等身大の男歌、女歌を作ってみる。男女逆転の立場で創作することは、別の性を思いやるために言葉をどう使うかという学びにもつながります。

2-2　授業の展開

○指導計画（計８時間）

第１～３次　和歌についての基本事項の確認や調べ学習などを行う。

……6時間

第４次　・式子内親王「玉の緒よ」の男歌である所以を知る。　……1時間

・中島みゆきの「糸」「狼になりたい」を視聴し、立場逆転で詩や短歌を創作し、交流する。　……1時間

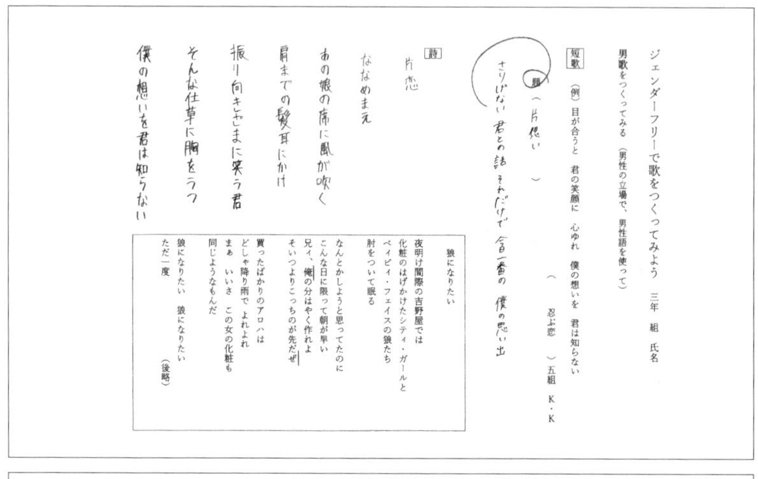

ジェンダーフリーで歌をつくってみよう　三年　組　氏名

男歌をつくってみる（男性の立場で、男性語を使って）

短歌

（例）目が合うと　君の笑顔に　心ゆれ　僕の想いを　君は知らない

（　忍ぶ恋　）五組　K・K

題（片想い）

さりげない　君との話　それだけで　今一番の　僕の思い出

詩

片恋

ななめまえ

あの娘の席に風が吹く

肩までの髪耳にかけ

振り向きざまに笑う君

そんな仕草に胸をうつ

僕の想いを君は知らない

狼になりたい

夜明け間際の吉野屋では
化粧のはげかけたシティ・ガールと
ベイビィ・フェイスの狼たち
肘をついて眠る

なんとかしようと思ってたのに
こんな日に限って朝が早い
兄ィ、俺の分はやく作れよ
そいつよりこっちのが先だぜ

買ったばかりのアロハは
どしゃ降り雨で よれよれ
まぁ　いいさ　この女の化粧も
同じようなもんだ

狼になりたい　狼になりたい
ただ一度

（後略）

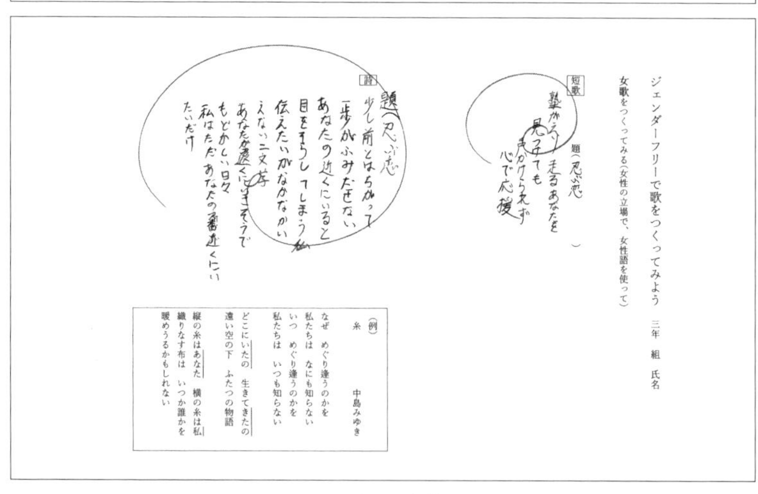

ジェンダーフリーで歌をつくってみよう　三年　組　氏名

女歌をつくってみる（女性の立場で、女性語を使って）

短歌

題（忍ぶ恋）

詩

題（忍ぶ恋）

（例）

糸　中島みゆき

なぜ　めぐり逢うのかを
私たちは　なにも知らない
いつ　めぐり逢うのかを
私たちは　いつも知らない

どこにいたの　生きてきたの
遠い空の下　ふたつの物語

縦の糸はあなた　横の糸は私
織りなす布は　いつか誰かを
暖めうるかもしれない

ワークシート例

和歌の意味や基本的な知識を捉えた後、第４次で式子内親王の歌の学習に入ります。１時間めはこれが百首歌の題詠に採られた歌であることを伝え、題詠の場合は作者自身の経験である必要はないことを説明します。「忍恋」は男性の立場で詠まれたものであって、架空の恋か、あるいは恋の相手の立場で詠んだかは定かではありませんが、男歌として詠まれた和歌であることを理解させます。

２時間めで中島みゆきの楽曲を提示します。まず、女歌の例として「糸」を取り上げます。歌詞の世界が物語となって映画化もされているので学習者にとって身近な歌です。次に、男歌の例として「狼になりたい」を取り上げます。歌詞を示し、男性の歌か女性の歌か学習者に問いかけ、言葉の使い方と実際の歌のギャップに気づかせます。

2-3　授業のポイント

中島みゆきには『女歌』と題された小説があります[2]。そこには楽曲から想起される女性の生きざまが丁寧に描写されています。同性として共感させられる部分、また反発を覚える部分などが楽曲に表現されていることがうかがえます。70年代、中島みゆきの歌は男歌と評されたことがあり、それを忘れられず「女歌」という言葉を使いたかったのだとするラジオ番組[3]の対談が残っています。男歌とは曲の作風から言われたことかもしれませんが、歌詞の上でも男性の代弁者となっている歌が多数あります。

このようにJ-POPを引き合いに出すことで楽曲に最近多く見られる立場逆転の概念が学習者の身近に感じられます。自分の気持ちを表現するというより、架空の違う立場の人物の気持ちになりきるということで、心情を表す部分がつくりやすくなります。

異性としての視点で同性を見ると何気ない仕草、表情、態度が別の意味をもち、さりげない言動に見え隠れする心情を言葉にすることができます。立場逆転の歌をつくるポイントはそのような気づきを獲得することにあるのではないでしょうか。

実際に授業を行った際、学習者からは前述のワークシートのように、男歌の場合は「おまえ」「君」などの二人称を使った歌が多く作られました。「伝われ」のような命令形が使われると、力強い語感が生まれます。これは式子の「絶えなば絶えね」に通じます。女歌の場合は「私」「あなた」という呼称になります。また、文末には「のに」や「けど」などが使われ、女性の微妙に揺れる心情がよく出ていました。千年の時を経て今のJ-POPと「歌」という側面でつなげることで、和歌に親近感をもちジェンダーを超えて人の気持ちに分け入る表現を心がけることができたことがわかります。実際に行ったことのない場所、経験したことのない「忍ぶ恋」に思いを馳せる。和歌学習のまとめとして、和歌の世界を仮想体験し、歌で遊んだ人々の心情を読み取ることができる言語活動となるでしょう。

3 実践に向けて

恋愛の歌を作るのは恥ずかしい年頃ですが、ジェンダーを超えて作ることにより、恋愛対象の相手を思いやる言葉も出てきます。「忍ぶ恋」のシチュエーションを言葉遊びのなかで具現化していくのです。女子は男性として、恋を忍ぶのはどんなときか、男子は女性として、秘めたる恋に悩むときはどんなことを考えるか想像し、現代の詩歌をつくりあげます。

『中島みゆき全歌集 1975−1986』の後書きに「大好きな『私』」と題して谷川俊太郎が次のようなことを書いています[4]。「『夜曲』というひとつの物語の主人公である歌手、その物語のことばを書いた書き手、それを作曲した作曲者、それを歌った歌手、（中略）そこには何人もの『私』が重なりあって存在しているのが分かる。（中略）そこには虚構があり、演技がある。それは歌に限らず創作ということの避けられぬ一面で、それを通してしか作者は読者や聴衆とむすびつくことができない。」

同性として詩歌をつくる自分、立場逆転の歌をつくる自分、それらを超えて人として詩歌を作る自分。そうやって幾層にも重ねられた詩歌を読む、聴く、つくる。すべての根底にはものをどう感じるかという他と違う自分があるはずです。それらを吐露できる表現の場として創作の時間がもてるなら言葉を通して自分と向き合う学びとなるのではないでしょうか。

「うそとほんとの間」で往還を繰り返す。現実の悲しみや苦しさを忘れて虚構の世界に遊ぶ。詩歌はこうやって生まれ、享受され、そしてまた次の創作の原動力となっていきます。

谷川はこうも続けます[5]。「歌は決まりきったことばに新しい感情を与える、そしてまた誰でもが知っている慣れきった感情に、新しいことばをもたらす。歌を書く者も聞く者も、そうやって未知の「私」を発見し続けていくのだ。」

和歌もその昔、音程をつけて詠まれていました。奈良時代から公の場で詠まれた和歌ですが、名もなき人々の歌もたくさん残っています。そういったものを大切にしてきた日本人の心を知り、我々は千年以上も前の人々とつながっているということを、これからの時代を生きる子どもたちに学んでほしいと思います。

【注】

1 「女流による男歌—式子内親王歌への一視点—」後藤祥子（『平安文学論集』、関根慶子博士頌賀会編、風間書房、1992 年）

2 『女歌』（新潮社、1988 年）、『泣かないで・女歌』（新潮社、1990 年）など。

3 NHK-FM　中島みゆき“女歌・男歌・心守歌”（2001 年 9 月 23 日）

4 『中島みゆき全歌集 1975–1986』（朝日新聞出版、2015 年）p. 404

5 注 4 と同書、p.409

町田先生からのコメント

中島みゆきの仕事には、国語科の教材開発という点からも注目できるものが多いと思われます。この提案では特に「男歌」「女歌」という観点から歌詞の表現について検討し、詩や短歌を創作し交流するという活動に工夫が見られます。

楽曲から学ぶ物語の重層性

平沼　一翔

教材名 楽曲「ピアノ泥棒」(amazarashi、レインボーエンタテインメント、2011 年)

校　種 小　中　高　大（おすすめ！：中〜大）

こんな力がつきます

作品を構造的に解釈する力

1　教材提案

1-1　素材の解説

「ピアノ泥棒」は「amazarashi」の秋田ひろむによって作詞・作曲された楽曲です。ゆっくりとしたピアノと語り手「僕」が自分の過去を語る歌詞で構成されています。歌詞の大筋は【巾着切りとして生きた「僕」が、ピアノ奏者としての自分を承認したいがために、罪を犯した過去を酒の席で語る物語】です。芸術性や自己と罪との関係を題材とし、ピカレスクロマンともとれます。歌詞の詳細については**資料 2** を参照してください。

1-2　教材としての魅力

楽曲というジャンルは教科書教材と化してから久しく、境界線上のそれとは呼べなくなりつつあります。従来の国語教育において俎上に載せられた楽曲は、教材化の過程で楽曲から歌詞だけを分離しました。しかし本稿では文字言語（歌詞）だけでなく、語られた音声言語及び演奏を含めた楽曲全体を分析対象とし、歌詞と演奏との関連を探る教科横断的な授業を提案します。そのため演奏と歌詞との親和性が高く、二者の関係に着目しやすい作品を選出しました。加えてその歌詞は一人称による過去回想語りとなっているため、一人称小説に通底する、語りの信用度やその構造について学習することができます。これは定番教材である近代小説の特徴でもあります。ゆえに、教科書の教材で学習した語りの構造を踏襲させた上で、学習者自身が分析を実践する授業形式とも相性がよいといえるでしょう。また、作家としての秋田の文章は『別冊文藝春秋』（文藝春秋、2016 年 3 月号）にエッセイが掲載されており、その歌詞は文学的文章としても遜色がないでしょう。アニメとのタイアップ曲も多く、学習者の認知度が高い点も推挙の理由となっています。

2　授業提案

2-1　授業のねらい

①歌詞というテクストに準拠して「僕」の人物像を探ることで、その語りの偏向性（「僕」にとって都合のよい語り）を理解させます。そのために現在の「僕」の状況、過去の「僕」の行為に関して正確な理解を促します。

②なぜその歌詞の偏向性が隠蔽されているのか、作品全体を通して考えます。楽曲の場合、作品とは、歌詞（物語）＋演奏であり、歌手によって歌われて初めて作品として表象されるものです。ゆえに楽曲全体の構成が読者の物語の受容にどのように関わっているのか考えることを目的とします。

2-2　授業の展開

授業時数：1次（50分）

①目的の共有及び楽曲の鑑賞（10分弱）

授業の目的を共有します。「楽曲の精読をする」＝「歌詞だけでなく、演奏と歌詞との関係にまで分析を加える」という内容を伝えます。その後、歌詞のプリントを配布し、楽曲を聴きつつ黙読します。曲の長さは5分30秒程ですが、歌詞の情報量が多いため、傾聴するように促しましょう。初読の感想を数人に発問し、ストーリーレベルでの理解の確認をします。

②心境・状況理解＝事実レベルでの読み（計10分程度）

歌詞の精読に必要な情報を整理するために、「僕」の過去の時点での心情について考えます（資料1参照）。情報整理した上での心情理解なので難易度は高くないため、ここでは解答を個人で考える形式とします。

問1　なぜ店舗にあるピアノに執心したのか、「僕」の当時の状況や心情を踏まえて、「僕」になったつもりで説明してみよう。（5分強）

この問いは過去の時点での「僕」の心情理解を目的とします。「かつてピアノ奏者だったが今は巾着切りをしている」「ピアノ奏者として未練があり自分の在り方を変えたい」といった、状況を踏まえた上での「僕」の欲求や憤りを読み取りましょう。「僕」は、よいピアノさえあればピアノ奏者とし

ピアノ泥棒は何を盗んだ？　～amazarashi「ピアノ泥棒」を精読（？）する～

年　組　番　名前

問1　なぜ店舗にあるピアノに執心したのか、「僕」の当時の状況や心情を踏まえて、「僕」になったつもりで説明してみよう。【「僕」の心情理解】

問2　「僕」は楽器店に忍び込まなかったならば、どういう人生を送っていたと考えられるか。本文中の表現から考えてみよう。【「僕」の状況理解】

問3　「僕」が信頼できない語り手であるとすれば、彼は何を隠蔽しているのだろうか。話し合って考えよう。

ヒント：「全部嘘だぜ」と酒の席で語ることによる聴き手への効果

問4　「僕」の語りが真実であるように感じる要因として、ピアノの演奏が流れると同時に、歌手から一人称の形式で歌われることが挙げられる。二者の関係を説明しよう。

資料１　ワークシート

amazarashi「ピアノ泥棒」　作詞・作曲：秋田ひろむ

僕は泥棒　昔の話　話半分は酒の席のご愛嬌
真に受けるなよ　本気にするなよ　今となっては笑い話の類
僕は泥棒　中野のアーケード　雨宿りの振りして品定めの日曜
色とりどりの傘が開いて閉じて　心も躍る休日のパレード

二丁目の角の　新しい楽器店　でかいトラックが止まって何やら搬入中
もっと昔には　ピアノ弾きでもあった　いや　本当さライブだってよくやったもんさ
だからピンと来た　スタインウェイのヴィンテージ　ピアノ弾きなら誰もが憧れる名品
正直目がくらんだ　あいつがあれば　僕は誰よりも上手く弾けるのに

あのピアノ盗んで　弾きたいな取って置きの　自慢のクラシックバラード
それを聴いたら　出て行ったあの娘も　落ちぶれちまった僕をきっと見直すはずさ
ピアノ盗んで　やり直したいな僕の　くそったれの人生
丁度　人目を避けてコソコソ生きるのに　嫌気が差してきたところなんだ

とは言うものの　あんな大物は無理だ　所詮僕はケチな巾着切り専門　盗むのが無理なら
ちょっと弾くだけでもいいんだ　いや　近くで眺めるだけでも満足だ
そうと決まれば　早速忍び込んだ　午前三時の静寂は僕の相棒だ
ピアノを前にして　じっとしてられなかった　おもむろに鳴らす午前三時の二長調

このピアノを聴いて　どうだ僕の取って置きの　自慢のクラシックバラード
流れ出すのは　美しい日々の調べ　その憂いはまるで帰らぬ日々の後悔
ピアノを聴いて　どうせ野垂れ死ぬだけの　くそったれの人生
生きるために盗んで　盗むために生きてきた　拍手一つだって貰えないステージで

全部嘘だぜ　何だその顔　こんな馬鹿な話があるわけないだろ
今からステージ　そう僕の出番さ　こう見えてもピアノは得意なんだ

このピアノを聴いて　どうだ僕の取って置きの　自慢のクラシックバラード
流れ出すのは　馬鹿な男のメロディー　執行猶予付きの　ろくでなし賛歌
ピアノを聴いて　どうせ野垂れ死ぬだけの　くそったれの人生
それならば　ステージの上で拍手喝采
こいつもそんなに悪いもんじゃないぜ

資料２　「ピアノ泥棒」歌詞

て成功できると考えています。「よいピアノさえあれば最高のピアノ弾きになれたという自己顕示欲の衝動」などといった解答も考えられるでしょう。

問２　「僕」は楽器店に忍び込まなかったならば、どういう人生を送っていたと考えられるか。本文中の表現から考えてみよう。（３分強）

この設問では過去の「僕」の状況を正確に理解することを目的とします。この物語は「ピアノ泥棒」というタイトルであるのにピアノどころか何も盗みません。にもかかわらず盗みに入ったことを前提とした物語であり、忍び込むことが前景化されすぎているゆえに、忍び込まないという選択をした場合に「僕」がどうなるのかという視点が最初から排除された構成となっています。この視点を考えることで、「僕」の語る犯行の偶然性や衝動性には疑問符が浮かびます。実際には「僕」は忍び込む必然性があったのであり、理由はこのままでは「僕」が「巾着切り」として「野垂れ死ぬ」からです。

③協同的に解釈し発表する（計20分程度）

問１・２と異なり、解釈に際しては協同的に意見を共有しつつ問題の解決を図ります。個人→グループ→クラスと意見の共有・交流を行うことで解釈を相対化・活性化させることを目的とします。問いの中で、一人称回想語りが「僕」にとって都合のよいものになりやすいことを確認する必要も出てくるので、学習者の状況に合わせて与える情報を精査しておきましょう。

問３　「僕」が信頼できない語り手であるとすれば、彼は何を隠蔽しているのだろうか。話し合って考えよう。

本来の形としては、細部を分析した上で語り手「僕」の信用度を求めていくことが定法ですが、多くの学習者にとってそれは敷居が高いといえます。時間的制約に適った方法として、「僕」の語りには疑いの余地があることを学習者に前提として与えてしまう方法を取ります。ワークシートには「ヒント：『全部嘘だぜ』と酒の席で語ることによる聴き手への効果」を載せています。「全部」とは過去における忍び込むまでの話であり、学習者はその範囲の狭さから「僕」が隠蔽している内容を探しやすくなるでしょう。「酒の席」であえて「真に受けるなよ」「本気にするなよ」と語る一方、「笑い話」と述べる「僕」の昔話は告白の形式であり、真実を語っているかのような構造です。この構造により聴き手は過去の物語の情報を相対化できず、「僕」の語りに信憑性の高さを感じます。しかし実際には、スタインウェイを見るために楽器店に忍び込んだわけではなく、演奏するために忍び込んだと考えるべきでしょう。そもそも「近くで眺めるだけでも満足」ならわざわざ「午前三時の静寂」に侵入して見る必要がありません。「僕」の目的は最初から静寂の中で自らのバラードをスタインウェイで演奏することであり、そのことを「僕」は隠蔽していると考えられます。ピアノ奏者としての美意識が犯罪行為を引き起こした（芸術と罪の天秤）という言い訳を、真実味とともに述べているのです。実際には「巾着切り」として「野垂れ死ぬ」のが嫌だった、という身勝手な行為が美化されているともいえます。自己顕示のための迷惑行為が「美しい調べ」と語られている点に着目させてもよいでしょう。学習者の発表後に、事実レベルでの齟齬ではなく自身の内的動機に虚偽があるという、信頼できない語り手に多い類型であることを説明します。

④ 作品全体について考える（10分弱）

最後の問いはテクストレベルではなく作品レベルで設定しました。演奏や音声さえも物語の精読のための要素として捉える試みです。

問４　「僕」の語りが真実であるように感じる要因として、ピアノの演奏が流れると同時に、歌手から一人称の形式で歌われることが挙げられる。二者の関係を説明しよう。

ここでは学習者に演奏と歌詞の共犯関係に気づかせます。物語がピアノの音と共に語られることで、楽曲を受容する側は「僕」と歌手・奏者を同一視するという錯覚に陥りやすいわけです。実際には歌手自身は「僕」ではないし、ピアノ奏者でもありません。しかし、物語が「僕」の告白の形式をとっていること、ピアノの伴奏が共に聴こえること、歌手という疑似的で実体的な語り手の口から「僕」という一人称語りで物語が歌われることは、無関係ではありません。ピアノ奏者としての美意識に突き動かされた結果、執行猶予付きであれステージに戻ることができたというサクセスストーリーは、偶発性を前提としています。しかし実際には、上述した構造による「僕」の作為的な意図が働いているのです。一見難解に見えますが、「歌手が『僕』として、ピアノの伴奏と共に一人称でこの物語を歌うことで、『僕』の発言について聴き手に信憑性を持たせやすい」といった解答で十分だといえるでしょう。最後にまとめの解釈として５分程度で、上述した物語内容・物語形式・作品形式の三要素による共犯関係を確認するとより理解が深まります。

2-3　授業のポイント

「授業のねらい」を学習者自身が達成するために言語活動を中心とする構成となっています。一人称小説に対する読みの手法を明示して、物語を構造的に理解する楽しみを感じさせましょう。また、テクストと非言語対象とは少なからず関係性を持っています。それに気づくことは作品の構造的読解に有用である、という点が問４の設問意図であり授業の目的の一つです。アニメなど多くのサブカルチャー作品に通底する普遍的視点として提示しましょう。

3　実践に向けて

都合のいい語りというのは、偏向性として一人称語りに表れやすいです。ここでは学習目的の一つをその点に設定することで、学校教育での読みの再現性の質を担保しました。また、サブカルチャーを主教材とする授業を実践する時、そこには授業時数という現実的制約があるため、短い時数で興味を持続させつつ実践可能な提案としました。「山月記」の中盤など、一人称の語りの問題について扱った直後に実践すると学習効果はより高まるはずです。

町田先生からのコメント

歌詞が文学作品として生き生きと棲息し、その本質的な特色を細部にわたって把握した指導者の具体的な支援に着目します。人称の問題なども含めた歌詞に内在する様々な現象が明らかにされる、優れた、そしてスリリングな提案です。

現代と重なる「レモン」のイメージ

大谷　誓也

教材名 歌詞「Lemon」（米津玄師、ソニー・ミュージックレーベルズ、2018年）

校種 小　中　高　おすすめ！　大

こんな力がつきます
共通項を比較して作品を考察する力

1　教材提案

1-1　素材の解説

米津玄師の「Lemon」は、2019年度デジタルシングル売り上げ年間一位、オリコン週間カラオケランキング2019年度年間一位を記録しました。また、ビルボードジャパンが2019年に発表した年間総合チャート「HOT 100」では、日米初の2年連続首位という記録を打ち立てました。幅広い年代に知られている曲であり、これは今回の対象となる学習者の年齢層にも広く支持されている楽曲であるといえます。

また、「Lemon」は楽曲の制作にあたって、本人へのインタビュー記事が残されています。その資料を授業において活用し、学習活動の補助とすることで、学習者をより深い思考へ誘うような仕掛けを作ることができます。

1-2　教材としての魅力

現代の中学生や高校生の多くによく知られているという点が最大の魅力です。

後述しますが、本授業のねらいは、学習者が教科書の教材に対して、より興味や親近感を持ち、能動的な読書態度を向上させることです。例えば、大正期の教材を読む際に、現代とのつながりを感じることができれば、より教材に対して興味や親近感を抱くことが可能になるのではないでしょうか。

そのため高校現代文の定番教材である梶井基次郎『檸檬』の内容への興味·関心を引き立てる点において、人口に膾炙し、学習者によく知られている「Lemon」は、使用する教材としての妥当性をもつのではないかと考えます。

また、「Lemon」の歌詞は「あなた」という表現を用いており、特定の誰かを限定していないので学習者による想像の余地が残されているという点も魅力の一つです。

2　授業提案

2-1　授業のねらい

伸ばしたい力としては、「比較し考察する力」と「能動的な読書の態度」です。「比較し考察する力」としては、複数の資料を関連づけて読み取らせ、考えを表現させる取り組みを行うことで養成します。「能動的な読書の態度」としては、本授業の後に再び『檸檬』に目を向けさせて、自らの興味や関心をもとにした再読を行う態度を養成することをねらっています。

大正期の世界観を持ち、かつ最後は檸檬を爆弾に見立ててその場を立ち去るという梶井基次郎『檸檬』は難解だと感じたり、内容を把握したとしても興味をなかなか持てなかったりする学習者も多いのではないかと考えます。

それでは、どのような取り組みがあれば、『檸檬』に対しての興味や関心を抱けるでしょうか。それは、作品と現代における価値観の共通項を探ることで可能になるのではないか、と考え本授業案を提案します。また、現代の流行歌には、文学作品のエッセンスが含まれていることを読み取らせ、国語を学ぶ事への意欲向上もねらっています。

以下、米津玄師「Lemon」を「Lemon」、梶井基次郎『檸檬』を『檸檬』、果物のレモンを「レモン」と表記します。

2-2　授業の展開

【単元の指導計画】（7時間）

第一次　第一時～二時　言語事項の確認や内容の把握
第二次　第三時～六時　意味段落ごとに本文におけるレモンの持つ意味を考察する。
第三次　第七時　現代と作品世界のつながりを考察する。（本時）

○本時の目標

① 米津玄師と『檸檬』のレモンの捉え方について考察する。

さて、本時の説明に移ります。本時では授業開始時に、本日の目標は「現代と大正時代の物の捉え方に共通項はあるのかを探る」ことだと伝え、参考資料を配付します。

小説『檸檬』と楽曲「Lemon」に関連性や共通点があるとすると、どのようなことが考えられるか、を考察することを伝えます。

続いて、「Lemon」が『檸檬』におけるレモンのモチーフを参考にしていることがわかる資料として、米津玄師のインタビュー記事を参考資料として配付します[1]。資料には、「Lemon」という作品がどのように生まれたか、また、米津玄師が果物としての「レモン」をどのように捉えているかの一端が書かれています。

資料を黙読し、米津玄師は「レモン」をどのように捉えているかがわかる部分をチェックさせ、書き出させる時間を設けます。

例えば、資料内には、次のようなことが書かれています。

果物って色鮮やかで、見た目が美しいじゃないですか。それが個人的には人間に似てると思うんですよ。皮があって、肉があって、種があるっていう、その構造自体が人間の体と共通してるっていうか。(中略)確かに「レモン」って文学的なニュアンスがあるとは思ってて。(中略) そういうものからレモンが無意識的に自分の頭の中にはあって、そこから出てきたっていう面はあるかもしれないです。(中略) ある種の瑞々しいもの……単体で見れば死とかそういうものから遠いところにあるレモンを使うことによって、「人の死」っていうものを抽象的に表現出来たらいいなとは考えましたし、実際にそれが上手くいったとも思ってます。

「確かに『レモン』って文学的なニュアンスがある」という記述からは、『檸檬』における「レモン」のエッセンスを活用していることが示唆されていることが読み取れます。

授業内では、米津玄師は「レモン」をどのように捉えているかを学習者とやりとりをしながら書き出し、また、黒板には、前段階として準備してあった『檸檬』における「レモン」の捉え方を復習しながら板書していきます。ここでのポイントは、「Lemon」と『檸檬』の比較をすることです。このように板書することで両作品の共通項を学習者が視覚的に捉えやすくするねらいがあります。

例えば、『檸檬』の作品内の記述を参照すると、レモンを「私」の気持ちを落ち着かせるもの、憂鬱な気持ちを晴らしてくれる爽やかさを持つもの、匂いを吸い込むと身体に温かさを巡らせてくれるものと捉えることができます。これらの内容は、本時の前に行われた活動で「レモン」のモチーフについて考えさせていれば、発問しつつ学習者に確認することができます。

このようにレモンという果物から受ける色彩や触覚、嗅覚などが「Lemon」の歌詞におけるレモンの造形と、『檸檬』における描かれ方とで関連していることを学習者に確認させていきます。

②「Lemon」と『檸檬』の共通項を探る。

次に、仮に「Lemon」の歌詞の中に、『檸檬』の世界観が反映されているとしたらどのような点が挙げられそうかを学習者に考えさせます。まずは、歌詞を付記したワークシートを配布し、歌詞と作品を対照し、個人で意見を書かせます。具体的にあがってくる意見としては、資料（インタビュー記事）でも述べられている「匂い」についての指摘が最も多いことが予想されます。サビの部分の「胸に残り離れない　苦いレモンの匂い」の部分です。ここで匂いが記憶や感性と関わることに学習者は気がつきます。

さらに、『檸檬』と「Lemon」の関連性をさらに深読みした意見も挙がってくるでしょう。例えば、「Lemon」における「忘れた物を取りに帰るように　古びた思い出の埃を払う」という歌詞が、憂鬱を抱えて過ごす『檸檬』の「私」に重ねられるという意見が出てくることも考えられます。

次の作業として、グループワークによる意見の交流を行い、考察を深めさせます。四人一組程度でグループをつくり、意見を交流させ、自分では気がつかなかった意見をメモさせることで、さらなる学びの深まりが期待できます。

2-3　授業のポイント

本時は『檸檬』をまずは一通り読解した後に行うことを想定しています。前段階として行う学習は、『檸檬』におけるレモンの捉え方を確認しておくことです。

例えば、前述のように「レモンイエローの絵の具をチューブからしぼり出して固めた」という作品内の記述からは、レモンの色彩の鮮やかさが指摘できます。他には、「みすぼらしくて美しいものの象徴」、「冷たさが快い」とあることから、「私」の気持ちを落ち着かせるもの、憂鬱な気持ちを晴らしてくれる爽やかさを持つもの、といった意見が学習者から挙がるでしょう。

これらの意見を踏まえ、『檸檬』内におけるレモンの捉え方を学習者内で共有する取り組みがあると、本時にうまくつなげることができます。

以上のように、「Lemon」の参考資料と『檸檬』の比較を個人作業、グループワークによって行い、現代の流行歌の歌詞の世界にも大正期の文学の影響があることを学びます。学習者の能動的な読書の態度が育成されることで、『檸檬』の作品理解や再読時において新たな発見が期待できるのではないでしょうか。作品を「読まされていた」という受動的な態度から「読み取る」という能動的な態度へと変えることが可能です。

また、現代の流行歌の理解には文学的な知識があると解釈がさらに広がる可能性があることを学習者が学ぶと、自身の好きな曲の歌詞を文学と結びつけて解釈をしてみようと考えることや、別の文学作品を学ぶ際にも既存の楽曲との関連性はないだろうかという視点を持って学習に取り組むことができるようになります。

3 実践に向けて

「2-2 授業の展開」で紹介した資料（インタビュー記事）において米津玄師は、高村光太郎「レモン哀歌」についても言及をしています。もし、授業時間に余裕があれば、「レモン哀歌」の本文も参考資料として付記してもよいでしょう。同作品が実際に「Lemon」の世界観に反映されているかについても考察できると、「Lemon」の歌詞についての想像がよりふくらみます。なお、これらの授業で使用したワークシートを回収し、授業者が意見を集約した物を作成しフィードバックすると学びはさらに深まります。

さらに、レモンのモチーフとは何かという点に注目してみるとのもよいでしょう。『檸檬』はメディアミックスされている作品でもあり、マンガとして出版されたり映画化されたりしています。それぞれの作品を鑑賞するにあたり、レモンという果物にはどのような意味が内包されているかに着目することで、それぞれの制作側がどのような解釈をもって作り上げているのかを考えることができ、『檸檬』そのものへのより深い作品理解へとつなげることが可能です。

また、今回の授業のように、歌の世界と小説の世界を関連づけられる作品は他にもあります。例えば、明治書院『現代文B』に採録されている吉本ばなな「バブーシュカ」[2]もそのうちの一つです。この教材も、教科書の注においてはケイト・ブッシュの楽曲「バブーシュカ」が関連することを示唆していますが、それ以上の説明はありません。本提案のように、二つの作品を比較しながら共通項を探ることで、学習者自身にその関連性を発見させてみてもよいかもしれません。授業内で楽曲の世界観を合わせて学ぶことは、小説作品を理解することへの手助けにつながります。ぜひ、学習者の興味や関心に応じて、国語の授業に楽曲を取り入れてみてはいかがでしょうか。

【注】

1 米津玄師『Lemon』インタビュー｜Special｜Billboard JAPAN　http://www.billboard-japan.com/special/detail/2270（2021年7月1日時点）

2 『吉本ばなな自選選集 2 Love ラブ』（吉本ばなな、新潮社、2000年）所収

町田先生からのコメント

米津玄師の「Lemon」の教材化に際して、文学教材としての歴史が長い梶井基次郎の「檸檬」との比較を主な活動に据えた点が興味深い提案です。学習者が好きな歌詞と文学作品とを関連づけるという、自主的な学びが期待できます。

J-POPからショートストーリーを作ろう

櫻井　礼子

教材名 ミュージックビデオ「ライオン（2018 New Ver.)」（ベリーグッドマン、ユニバーサル ミュージック、2018年）

校　種 小　中　高 おすすめ！ 大

こんな力がつきます
楽曲から想像を広げて物語を創作する力

1　教材提案

1-1　素材の解説

© ユニバーサル ミュージック

多種多様なコンテンツがあふれる現代においても、J-POPは若者の心をひきつけてやまないものです。YouTubeをはじめとする動画共有サービスでは、アーティスト所属事務所による公式チャンネルによってアーティストの楽曲やミュージックビデオが配信されており、「ライオン（2018 New Ver.)」もその一つです。この曲のミュージックビデオは、前向きで共感できる歌詞と楽曲の世界観を映像化したもので、男子高校生と女子高校生を主な登場人物として展開する、起承転結のある物語となっています。

1-2　教材としての魅力

多くの中高生が、部活動を頑張るために音楽を聴いてモチベーションを高めるということをよく行っており、部活動と音楽とは、学習者にとって身近な組み合わせだといえます。共感性の高い歌詞は学習者の心をつかみ、普段国語の授業に積極的になれないような学習者でも楽しんで活動することができるでしょう。また、作中の登場人物たちは何かセリフを話しているものの、それは音声としては楽曲に含まれていません。歌詞とミュージックビデオでのストーリーとの関連性を考えながら、登場人物の心情や会話を自由に想像して多様なストーリーを言語化していくことができるのも大きな魅力といえます。

2 授業提案

2-1 授業のねらい

歌詞を「読むこと」、歌詞とメロディーを「聴くこと」、そしてミュージックビデオを「観ること」という複合的な活動を通して、想像力とその想像したことを言語化する力を育成することをねらいとします。具体的には、歌詞の意味するところ･メッセージを汲み取りながら、登場人物のセリフや心情、そして映像にもない部分も補って言語化し、ミュージックビデオの内容をショートストーリーとして小説化することを行います。

また、そのショートストーリー創作にあたって、グループで協力して一つの作品に仕上げるということを通して多様な見方や表現を身につけることもこの授業の重要なねらいの一つです。個人での活動からグループ、最終的には学級での活動へと広げていくことで、表現することの楽しさを実感させ、他の言語活動への意欲を高めることができると考えます。演劇や朗読といった、中高生が恥ずかしさを感じて積極的になるのが難しいと思われるような言語活動にも楽しく協働的に取り組むことができるようになることが期待されます。

2-2 授業の展開

配当時間は6時間を想定しています。以下が大まかな流れです。

【第1時】ミュージックビデオの鑑賞と感想の共有

【第2～4時】ミュージックビデオのショートストーリー創作活動

【第5時】学級内での作品の読み合いと意見交換

【第6時】優秀作品の発表と振り返り

第1時では、図1のワークシートを使用します。最初に個人の活動として「ライオン (2018 New Ver.)」の歌詞を読み、「ライオン」の意味するところ等に対する自分の考えを書きます。その後、ミュージックビデオ「ライオン (2018 New Ver.)」を鑑賞した上でさらに個人の考えを深め、グループでの意見共有へと進めていきます。ここでは、第2～4時の「ミュージックビデオのショートストーリー創作活動」と第5時「学級内での作品の読み合いと意見交換」について焦点を当て、具体的に提案をしていきます。

【第２時】の学習者の活動

(1) 前時と同じグループに分かれ、ショートストーリー化にあたって、最低限決めておく設定と条件を確認した上で、四つに分けられたミュージックビデオの場面の担当者を相談して決める。（グループ活動）

(2) 各自が分担された場面について、400字以内でストーリー化する。（個人活動）

ミュージックビデオのストーリーは起承転結があり、大まかに「野球に打ち込む少年と管弦楽に打ち込む少女」「少女の仲間との衝突」「少女のために管弦学部員にかけあう少年」「少女と仲間の和解と少年に訪れた試練」という四つに分けることができます。最初から最後までグループでストーリーを創作するとなると、実際には一部の学習者が主導して取り組み、他の学習者は受動的になってしまいがちです。それでは実際には「グループで」ストーリーを創作したことにはなりません。場面で分担し、一人一人に責任を持たせることで全員が主体的に取り組むことができると考えます。

「ライオン」のショートストーリーを作ろう！　ワークシート①

年　組　番（　　）

★ 次の問いについてよく考えて、グループのメンバーと意見交換をしよう

① 歌詞「ライオン」を読んで考えたこと（全体を通して考えたこと）

自分が考えたこと

グループのメンバーが考えたこと

② 「ライオン」というタイトルと歌詞について考えたこと

＊「ライオン」は何を意味している（象徴している）のか。また、「ライオンのように強くなる」とはどういうことか。

自分が考えたこと ― MV鑑賞前 ―

グループのメンバーが考えたこと ― MV鑑賞前 ―

自分が考えたこと ― MV鑑賞後 ―

グループのメンバーが考えたこと ― MV鑑賞後 ―

図１　第１時で使用するワークシートの例

【第3・4時】の学習者の活動

(1) 前時に引き続き、各自が分担された場面について、400字以内でストーリー化する作業を行う。(個人活動)

(2) グループ内で意見を交流する「相談タイム」になったら、グループ内で各自が書いたものを回し読みして、一つのストーリーになるように登場人物の性格や心情、行動について話し合う。また、場面転換の部分の表現についても話し合って検討する。(グループ活動)

(3)「相談タイム」での話し合いを踏まえて、さらに各自が表現を練っていく。(個人活動)

(4) 最終的に作品はWordでまとめて作成し、USBメモリー等の媒体に保存して授業者に期日までに提出する。(第5時までの宿題)

第3・4時はストーリー創作が主な活動となります。学習者の語彙が少ないと「嬉しかった」「悲しかった」のような表現ばかりを使ってしまいがちなので、類語辞典や感情表現辞典のようなものを授業者が教室に用意しておくとよいでしょう。積極的にそれらを参照させることで学習者の語彙力・表現力の向上にもつながります。そして、一人一人が自身の分担の400字を書いた後に、ストーリーを構成するためのグループでの「相談タイム」に移ります。それぞれが書いたものを回し読みしてよりよい展開やよりその場面にふさわしい表現になるように、話し合いを通して検討していきます。その際、楽曲のタイトルであり、歌詞の中にも含まれる「ライオン」を効果的に作品に盛り込んでいるかということも意識して検討させることが大切です。

【第5時】の学習者の活動

(1) 授業者から配付されたプリントに書かれた各グループのショートストーリーを読む。(個人活動)

(2) 授業者から指示されたグループに分かれて、各グループが作成したショートストーリーについての感想を述べ合い、質疑応答も行う。その内容はワークシート③に記入する。(グループ活動)

(3) ストーリーを作成した最初のグループに戻り、それぞれのグループで出た感想や質疑応答について共有し、ワークシート③に記入する。(グ

ループ活動)

(4) 最優秀作品賞の投票を行う。(個人活動)

(2) でのグループは、担当した部分が同じ者たちのグループになるように、予め授業者がグループを作成しておきます。ジグソー法の一種のような形です。同じ場面を担当した者たちが集まることで、同じ場面でも多様な表現の仕方があることを実感し、またどの部分の表現に悩んだのかなどを積極的に話し合うことができます。グループの異なる者が一つのグループとして集まることにもなるので、「ライオン」の解釈についてもより深い学びへと導くことができます。最後に最優秀作品賞の投票を行います。「ストーリー部門」「セリフ部門」のように部門賞を設けると盛り上がり、学習者の達成感や肯定感、そして表現することの楽しさが増すはずです。

2-3 授業のポイント

ショートストーリーの創作は、学習者にとっては恥ずかしさが勝って「無難な」作品を作ることに終始してしまいかねません。グループで一つの作品を創っていくことによってその恥ずかしさを軽減させ、「表現することや自分と違う見方や表現に出会うことは楽しい」という気持ちへと転換させていくことが重要です。そのためにも、授業者は「他者の意見をまず一度受けとめること」を繰り返し学習者に伝えなくてはなりません。

また、学習者はミュージックビデオ内の少年や少女と同じような試練や衝突を経験していることが多いと思います。ストーリーの創作を通して「この気持ちやこの状況を、どんな言葉で表現したらよいのか」ということを深く考えることで、自分の言葉に自覚的になっていくきっかけにもなるでしょう。

この授業の主なねらいとなる想像力と言語化能力の効果的な育成のためには、ミュージックビデオ内で映像化されていない部分も言語化して補い、ストーリーを創作していくことも大切です。例えば、自由に創作させる中でも映像に直接的には出てくることのない「ライオン」が何を意味するのかはしっかりと考えさせることで、作品を読み合う際にも作品の良し悪しを判断するための一つの指標とすることができます。楽しさの中にも言葉の力が身についているというたしかな感覚を学習者に持たせるために、「今まで使ったことのない言葉を何か一つは使うこと」等の条件をつけることでより語彙力・表現力を強化していくことも可能になります。

また、歌詞だけではなく映像であるミュージックビデオを教材とするため、授業を円滑に進められるようにタブレットやモニターの使用可否等を事前に確認し、できる限り学習者一人一人が手元で随時見られるようにしておくことが望ましいです。

3 実践に向けて

評価は学習者に自身の到達度を具体的に認識させるためにもルーブリック評価を用いて、学習者に事前に提示しておきます。授業である以上、「楽しければそれでよし」とはしないことが重要であると考えます。授業後のさらなる展開としては、「ライオン（2018 New Ver.）」の続編ともいえる、同アーティストによる「ドリームキャッチャー」という楽曲の歌詞とミュージックビデオを教材とすることが考えられます。第6時の終わりに授業者がそのミュージックビデオを見せることで、続編の楽曲についてもショートストーリーを創作したいという学習者が出てくることも期待できるでしょう。

町田先生からのコメント

音楽の教材化に際して「歌詞」「楽曲」「ミュージックビデオの映像」をそれぞれ取り上げて、ショートストーリーの創作へと繋ぐ提案は魅力的です。表彰という相互評価の方法も工夫され、音楽を扱う学びのモデルになり得ています。

歌詞の精読で文学テクストの「読み」をつくる

田中　慎一朗

教材名 歌詞「太陽」（Smooth Ace、ユニバーサル ミュージック、2002年）

校　種 小　中　高　大（おすすめ！：高〜大）

こんなカがつきます 作品を読解して解釈する力

1　教材提案

1-1　素材の解説

「太陽」は、アルバム「For Two-Piece」の9曲目に収録された1分18秒と短い曲です。その歌詞は、男女が並んで歩いている光景と視点人物の女子の心情が、わずか72文字で綴られています。物語を紡ぐのに適した言葉選びに注力した結果、この72文字となったのでしょう。学習者が興味関心を抱きつつ、1行ずつ精緻に読解するに足る学習材として他に類を見ない作品です。

© ユニバーサル ミュージック

1-2　教材としての魅力

この歌詞を学習材として用いることで、例えば2018年告示高等学校学習指導要領「文学国語」の内容「A 書くこと」の言語活動例「ア 自由に発想したり評論を参考にしたりして、小説や詩歌などを創作し、批評し合う活動」や、「B 読むこと」の言語活動例「ア 作品の内容や形式について、書評を書いたり、自分の解釈や見解を基に議論したりする活動」を効果的に実施できると考えています。応用的な言語活動の実施を検討する際、そのスモールステップを配置することが大切です。上記「文学国語」の例では、「近代以降の文学的な文章」の読解や、「小説や詩歌などを創作」する活動を、すぐ実施できる教室は少ないでしょう。この歌詞のように、比較的短い作品の精読を通じて、興味関心や学習意欲を喚起したり、難解な文学作品を読解する導入としたりするなど、より高度な学習につなげる準備を入念に行う必要があります。この歌詞は、それに耐えうる学習材としての質を備えていると考えます。

2　授業提案

2-1　授業のねらい

次項で紹介する①から④までの学習活動を行うことで、小説を中心とした散文作品の読解、解釈、批評などの学びを、より円滑に実施することをねらいとしています。歌詞を精読して、自分なりに物語を解釈する体験は、楽しみながら小説を読む練習ができるので大変有効です。

2-2　授業の展開

実際の授業では、①歌詞の紹介、②歌詞の読解、③歌詞が描く物語の解釈、④読みの交流という手順で言語活動を進めていきます。①から③が個人、④がグループの活動を想定しています。

①歌詞の紹介

学習者にSmooth Ace「太陽」を紹介します。この活動では、歌詞をしっかり聞き取れるか試したり、タイトルを明示せずに紹介してこの歌詞のタイトルを考えさせたりするなど、学習者の興味・関心を喚起する様々な工夫が考えられます（「太陽」の歌詞を以下に引用します）。

白い肩先
ななめに視線
気付く横顔
恋におちた午後

あの人とこの季節をすごせるなら
今までのわたし　壊してもいい

風に揺れるひまわり
ふいに深く深呼吸
……苦しくなる

② 歌詞の読解

この短い歌詞を1行ずつ読解します。この活動では、学習者による個人差が考えられます。ここでは、様々に想定される読解内容の中から、学習指導上の要点となりそうな点について記述します。

まず、「白い肩先」とは誰の「肩先」なのか、また、日光を受けてまぶしい夏服の「白い肩先」とするか、それとも、まだ日焼けしていない素肌の「白い肩先」とするか。もし後者のように読むならば、「肩先」が見える服装だということもあわせて読み取る必要があります。「ななめに視線」は、並んで歩く男女に身長差があるということになるでしょう。その場合、男子の身長をどれ位に想定するかが要点となりそうです。「気付く横顔」からは、まず、女子が送る視線に「気付く」ものの、決してまなざしで応えることができない男子の心理を、次に、女子が「気付く横顔」だと判断していることから、この男子へ熱心な観察眼を向けていることが読み取れそうです。「恋におちた午後」からは、この女子の心情を汲み取ります。自分がむける視線に「気付く」ものの、「横顔」で応えることしかできない男子へ「恋におちた」となるのでしょう。また、それが「午後」であるという点も、後にこの物語を構築していく際に必要な情報でしょう。

「あの人とこの季節をすごせるなら」では、なぜ「この人」ではなく「あの人」なのか、「この季節をすごせるなら」では、「この季節」に限定される意味は何なのか、という疑問が生じるはずです。そして、「今までのわたし壊してもいい」は、「今までのわたし」をどう想像するか、また、それを「壊してもいい」というのも、どの程度「壊して」しまうというのかなど、学習者によって読み取る内容に個人差が生じることが予想されます。

「風に揺れるひまわり」は、この女子のことを表す比喩表現でしょう。「ひまわり」は一般的に「太陽」を向いて咲くことから、タイトルの「太陽」は、男子のことを指すことになります。また、「風に揺れる」とは、この女子のどういった心情をいっているのか、しっかり考えさせるとよいと思います。「ふいに深く深呼吸　……苦しくなる」は、この「深呼吸」が自分でも思いがけないものであったこと、また、「深く深呼吸」したのに「苦しくなる」のですから、この女子の恋心の表現として理解できると考えます。

③ 歌詞が描く物語の解釈

読み取った内容を総合して、この歌詞が描く物語の解釈を試みます。

まず、登場人物を男女二人、視点人物を女子とすることが解釈の前提となりそうです。その上で、この男女の年齢など、登場人物の細部に考えを進めていくのが一般的かと思われます。多くの場合、学習者と同年代の「高校生」と解釈することが予想されます。その場合、所属する部活動や性格などに想像を広げていく学習者が多いでしょう。また、この２人を取り巻く状況として、季節や歩いていく目的地などに考えが及ぶ学習者もいるかもしれません。その場合でも、歌詞の記述に沿った合理的な解釈であることが大切ではないでしょうか。直前に行った「②歌詞の読解」で生じた疑問、例えば「なぜ『この人』ではなく『あの人』なのか」「『この季節をすごせるなら』と『この季節』に限定される意味は何なのか」などにも、合理的な理由を考えさせるとこの物語を解釈する行為が楽しめます。加えて、この歌詞のタイトルを考える活動を行うと、女子が「ひまわり」に例えられていることから類推して比喩表現を発見する楽しみが味わえるでしょう。

参考として、以前、高等学校１年生「国語総合」でこの歌詞を用いた学習活動を実施した際に出た、学習者の読みをいくつか紹介します。

「高校生くらいの男女２人が、夏の道を歩いていて、その２人は両片思い。女の方はバスケ部。男の方もバスケ部。（バスケ部はあんま焼けなさそうだから）女の方がすごく男の人を想っているがなかなか気持ちを伝えられなくて、すごく苦しんでいる感じ。２人で帰れたのはたまたまなだけ。男の方も女の人を想っているけど表情に出さない感じ」「女の子は男の子に片思いしている。部活が一緒で家が近いから一緒に帰っている。この女の子と男の子は仲良い友達。女の子は男の子とこの夏を一緒に過ごせるなら、今までの自分の居場所やキャラが壊れてもいいと思っている。帰り道の途中にひまわりが咲いている。深呼吸をして、告白しようとしているが、この男の子には好きな人がいることを知っているので、言えなくて苦しくなっている」「初夏、男の子と女の子が並んで歩いて帰っているとき、制服のワイシャツ（白）の肩ごしに見上げた男の子にキュン♡ってしちゃって好きになっちゃって、片思いのまま夏休みに入っちゃうから告白したい。今までのちょっと人見知りみたいな自分を壊したい。男の子のことを考えるとドキドキして苦しい（実は男の子も女の子のことが好き♡）」

④ 読みの交流

①から③まで個人で行った活動について、それを共有したり批評したりするため、教室内をグループ分けして個人の読みを交流することにします。ここでは、1班を5、6人程度で構成して班長を決め、読解した内容を発表し合った後に班長の下で意見を集約するような活動を想定しています。

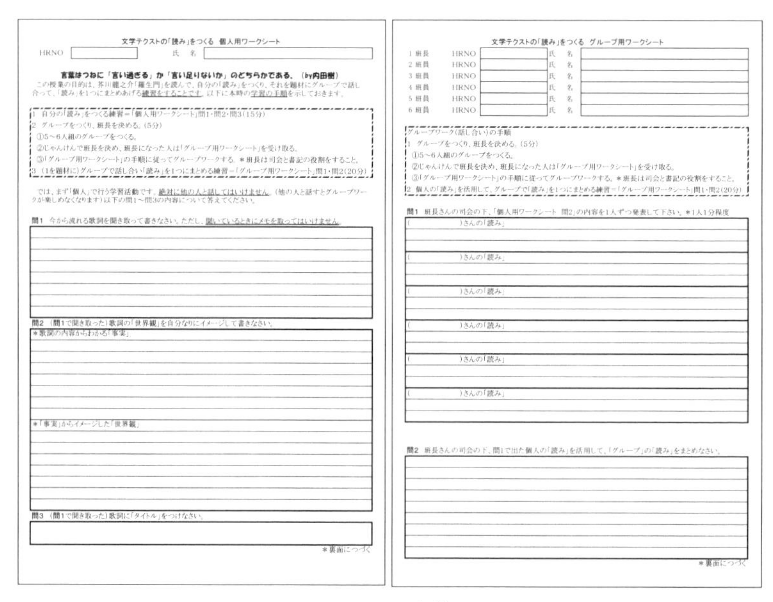

文学テクストの「読み」をつくる　個人用ワークシート

HRNO　　　　氏　名

言葉はつねに「言い過ぎる」か「言い足りないか」のどちらかである。（by内田樹）

この授業の目的は、芥川龍之介「羅生門」を読んで、自分の「読み」をつくり、それを題材にグループで話し合って、「読み」を1つにまとめあげる練習をすることです。以下に本時の学習の手順を示しておきます。

1　自分の「読み」をつくる練習＝「個人用ワークシート」問1・問2・問3（15分）
2　グループをつくり、班長を決める。（5分）
　①5〜6人組のグループをつくる。
　②じゃんけんで班長を決め、班長になった人は「グループ用ワークシート」を受け取る。
　③「グループ用ワークシート」の手順に従ってグループワークする。＊班長は司会と書記の役割をすること。
3　（1を題材に）グループで話し合い「読み」を1つにまとめる練習＝「グループ用ワークシート」問1・問2（20分）

では、まず「個人」で行う学習活動です。絶対に他の人と話してはいけません。（他の人と話すとグループワークが楽しめなくなります）以下の問1〜問3の内容について答えてください。

問1　今から流れる歌詞を聞き取って書きなさい。ただし、聞いているときにメモを取ってはいけません。

問2　（問1で聞き取った）歌詞の「世界観」を自分なりにイメージして書きなさい。
＊歌詞の内容からわかる「事実」
＊「事実」からイメージした「世界観」

問3　（問1で聞き取った）歌詞に「タイトル」をつけなさい。

＊裏面につづく

文学テクストの「読み」をつくる　グループ用ワークシート

1 班長	HRNO		氏　名
2 班員	HRNO		氏　名
3 班員	HRNO		氏　名
4 班員	HRNO		氏　名
5 班員	HRNO		氏　名
6 班員	HRNO		氏　名

グループワーク（話し合い）の手順
1　グループをつくり、班長を決める。（5分）
　①5〜6人組のグループをつくる。
　②じゃんけんで班長を決め、班長になった人は「グループ用ワークシート」を受け取る。
　③「グループ用ワークシート」の手順に従ってグループワークする。＊班長は司会と書記の役割をすること。
2　個人の「読み」を活用して、グループで「読み」を1つにまとめる練習＝「グループ用ワークシート」問1・問2（20分）

問1　班長さんの司会の下、「個人用ワークシート　問2」の内容を1人ずつ発表して下さい。＊1人1分程度

（　　　　）さんの「読み」
（　　　　）さんの「読み」
（　　　　）さんの「読み」
（　　　　）さんの「読み」
（　　　　）さんの「読み」
（　　　　）さんの「読み」

問2　班長さんの司会の下、問1で出た個人の「読み」を活用して、「グループ」の「読み」をまとめなさい。

＊裏面につづく

ワークシート例

2-3　授業のポイント

文章の内容を正確に理解する行為である「②歌詞の読解」と、読解した内容を、学習者がおかれている文脈上で組み立てる行為としての「③歌詞が描く物語の解釈」を厳密に分けて活動することを意図していますが、読解と解釈を一体化して考える学習者もいます。その場合は、テクストを読解した内容と矛盾のない解釈をすることだけは求めたいところです。また、授業中は、物語の解釈や読みの交流などの学習活動に熱心に取り組むので、ワークシー

トにアンケートを添付して、事後にしっかり振り返りができるように工夫することもポイントです。

3 実践に向けて

歌詞を学習材とするなら、詩、俳句、短歌などの短詩形文学の学習につなげるべきとの見方も多いでしょう。例えば、「詩の音楽性とイメージを感じ取る」ことをねらいとして、中原中也「サーカス」を学ぶことと、歌詞を教材とした学びとの親和性は高そうです。Smooth Ace「太陽」も、メインボーカルが女性なので、物語の視点人物を女子に「イメージ」しやすいのでしょう。

テリー・イーグルトンは、詩を内容と形式に分けた上で、内容を「意味、筋、人物描写、発想、プロット、倫理観、論点」、形式を「語調、音の高低、リズム、詩語、音量、韻律、テンポ、気分、声、語気（話しぶり）、響き、構造、持ち味、統語法（構文）、言語使用域、視点、句読法」としています[1]。歌詞を含む短詩形文学の授業では、まず、上記の内容と形式から、指導事項を選び学習材選定から始めるべきです。本稿では、Smooth Ace「太陽」が、「意味、筋、人物描写」を教えるのに最適だという判断に立ち、様々な言語活動を構築しました。「音楽性とイメージ」を教えるなら、それにふさわしい「韻律」や「響き」を持つ作品を探して学習材化することが求められます。

【注】

1 『詩をどう読むか』（テリー・イーグルトン著・川本皓嗣訳、岩波書店、2011年）

町田先生からのコメント

短い歌詞の全体を詳しく読み込むという活動が目指された、興味深い提案です。個人とグループで一行ずつ徹底して読みながら歌詞が描く物語の解釈に繋げることは、学習者を楽しみながら高度な文学作品の読みへといざなうはずです。

現実と虚構の合間で手紙をしたためよう

永瀬　恵子

教材名 歌詞「桜の季節」（フジファブリック、ユニバーサル ミュージック、2004年）

校　種 小　中　高（おすすめ！）　大

こんな力がつきます
歌詞から想像を広げて解釈を深める力

1　教材提案

1-1　素材の解説

© ユニバーサル ミュージック

「桜の季節」は、2004年4月に日本のロックバンド･フジファブリックが発表した楽曲です。発表されて以降、2021年現在に至るまでミュージシャンに留まらず、多くの著名人にカバーされてきた人気曲でもあります。この「桜の季節」が発表されて以降、続けて「陽炎」「赤黄色の金木犀」「銀河」が発表され、それぞれが春夏秋冬を題材にしているということも知られています。

「銀河」に至るまでの3曲では、曲調もさることながら、その人気の理由として「歌詞が叙情的である」ことがよく取り上げられてきました。説明的な内容はほぼなく、多くは情景描写に投影されているように見受けられ、これが結果的に解釈の大半を聴き手に委ねるものとなっていると考えられます。

1-2　教材としての魅力

歌詞の場合、小説や随筆といった文学的文章と比較すると、言語化されている情報が少なく、読み手や聴き手に解釈を委ねる「空白」部分が多い点が特徴的です。「桜の季節」からは、季節や人との出会い/別れという、誰もが一度は経験したことのある普遍的な主題を想起する人も多いでしょう[1]。ただし、主題こそ普遍的であったとしても、歌詞の「空白」を埋め個人の解釈へと誘うのは、一人一人の異なった「経験」です。作品に向き合うという過程を経ることによって、自己や他者と向き合う契機となるだけの多様性・多義性を有しているのが、歌詞の魅力だといえるのではないでしょうか。

2 授業提案

2-1 授業のねらい

本提案で扱う「桜の季節」は、冒頭が〈桜の季節過ぎたら/遠くの町に行くのかい？〉で始まっており、「春」における「別れ」が主題であることを想起させますが、最後まで別れる相手がどのような人物かのみならず、両者の関係性がみえてくることはありません。敢えてヒントとするならば、サビ部分の〈ならば愛を込めて/手紙をしたためよう〉なのですが、この歌詞は〈作り話に花を咲かせ/僕は読み返しては感動している！〉と続くのです。誰かに宛てた手紙なのだと思わせられながら、その後すぐに内容に自己満足もしているのだと歌うため、一体本当は誰のための、何のための手紙なのかと考えさせられてしまいます。しかし、この見方によっては矛盾しているようにも読み取れる内容こそが受け取り手に様々な解釈を許し、想像をかきたてさせる要因となりえているのです。

2018年に告示された「高等学校学習指導要領」では、新設科目「文学国語」の「B 読むこと」において、「イ 語り手の視点や場面の設定の仕方、表現の特色について評価することを通して、内容を解釈すること」、「エ 文章の構成や展開、表現の仕方を踏まえ、解釈の多様性について考察すること」といった指導事項が示されています[2]。そこで、本提案における授業では、歌詞には何が書かれており、何が書かれていないかを精査しながら自分のこれまでの経験とも関連づけつつ様々に想像を働かせ、その想像を言語化していくという言語活動を通して、読みを深める力の伸張を目指します。

2-2 授業の展開

ここでは、学習者として高校生を想定し、1時間あたり50分、4時間配当とした授業の展開を示します。また、クラスの人数は約40名、グループ活動をする際は人数を4～5名とし、メンバーは毎時間変えるものとします。

なお、授業に際して、次の3点を満たしていることを前提としました。

1. 様々な文学作品に触れ、自分なりに解釈や鑑賞をしたことがある。
2. これまでに形式的な手紙の書き方を学習したことがある。
3. グループ活動にて、お互いの考えや感想を交流することに慣れている。

第１時

①「桜の季節」という題名から想起することを、自由に挙げていく。

まずは導入として題名のみを示し、プリントやノートなどを使用してイメージマップの作成に取り組みます。〔10分〕その後、グループに分かれそれぞれがどのようなイメージマップを作ったのかを紹介し合います。〔10分〕

②「桜の季節」を聴き、印象に残った点を全体で共有する。

題名以外の情報を伏せた状態で、楽曲を聴かせます。〔5分〕聴き終わったところで学習者を数名指名し、曲調から感じたこと、印象に残ったフレーズといった率直な感想をクラス内で共有します。〔10分〕

③ 歌詞を繰り返し読み、想像の幅を広げていく。

歌詞を印刷したプリントを配布し、最初は指導者が音読します。次に学習者も数名指名し音読をさせた後、一人一人で歌詞を読み込んでいく段階へと移ります。〔15分〕特に着目させたいのは、次の２点です。

1. 〈僕〉はどのような人物なのだろうか。（年齢・性別・職業など）
2. 〈手紙をしたため〉る相手は、どのような人物なのだろうか。

　　（〈僕〉との関係性、なぜ手紙は〈作り話〉なのか、〈心に決めた〉理由）

歌詞にない内容を考えていくための手助けとして活用したいのが、授業の冒頭で作成したイメージマップです。指導者は机間指導をしながら、学習者が行き詰まっている場合は随時イメージマップを参照させ、「空白」を埋めていくためのヒントがないかを考えさせていきます。

第２時

① 前時の活動を振り返り、構想の見通しを立てる。

前時の学習活動を振り返るとともに本時の活動に繋げていくため、歌詞から想像してまとめた内容をグループ内で紹介し合い、お互いのものに簡単に感想などを言い合います。〔10分〕その後、グループでどのようなものが出たのかをグループごとに発表させ、クラス内でも共有を図り、次の段階へ移る上で更なるヒントを得られるようにします。〔5分〕

②“手紙をしたためる”ための構想を練っていく。

前時に作成した歌詞をもとに作成したイメージマップに加え、本時の前半でグループやクラス内で共有したことなども参考にしつつ、〈僕〉が想定している相手に、手紙という形で何をどのように伝えていくのか、構想を具体的にしていきます。〔10分〕作成が進み始めた段階で一度グループ活動を挟み、お互いにどのように構想をまとめようとしているのか、それぞれが工夫している点などを紹介し合うことにより、構想をまとめるための手助けをしていきます。〔10分〕最後に、改めて個人活動に戻り、次時ですぐに手紙を書く活動に移れるよう、構想をまとめます。〔15分〕

第3時

①手紙の下書きをする。

縦書きで罫線が入れてあるプリントを配布し、前時までにまとめた構想をもとに、手紙の下書きをしていきます。当初より手紙を書く活動を行うという認識をしており、前時までに構想が練れていたつもりでも、いざ手紙を書く段階になると、内容だけでなく形式的な面で悩む部分が生じる可能性があります。そのため、指導者は机間指導で学習者の構想を尊重しつつ、内容・形式の双方から助言をしていきます。〔15分〕

全員の下書きが終わったらグループに分かれ、互いの手紙を確認し、誤字・脱字や表現に不自然な部分がないかなどを確認します。あくまでも指摘に留め、どのように改善するのかは、学習者自身で考えさせます。〔15分〕

②手紙を清書する。

本物の便箋を用意し、手紙の清書をさせます。〔20分〕

第4時

①手紙を読み合い、これまでの活動の振り返りを行う。

グループごとにそれぞれが、清書した手紙を読み合います。〔20分〕この際、相互評価プリントには内容や形式に関わる評価項目だけでなく、次のような項目も加えることが考えられます。

1. どのような人に宛てた手紙として、書かれているだろうか。

2. この手紙で伝えようとしていることは、どのようなことだろうか。

一通りの相互評価が終わったら、自分に対する評価プリントも参考にしつつ、これまでの学習活動について振り返ります。〔10分〕

②「桜の季節」の鑑賞文をまとめる。

最後に、歌詞「桜の季節」を素材とした授業へと還元すべく、歌詞全体の解釈を中心に、600～800字程度の鑑賞文としてまとめさせます。〔20分〕

2-3 授業のポイント

詩ではなく、あくまでも歌詞を扱うということに焦点化した場合、最初に楽曲を聴かせる、歌詞だけを与え指導者が音読するなど、いくつかの提示方法が考えられるかと思います。本提案の場合は、楽曲であることを尊重し、導入において「まずは聴いてみる」という段階を据えました。

ここで大切にしたいのは、歌詞を素材とした授業を行ったことにより、学習者の今後の学びへとどのように繋げられるかということです。換言すると、「歌詞を取り入れる」という学習者からしてみれば物珍しい授業を行ったことで、たとえ「いつもとは違うことをしたからおもしろかった」といった好意的な感想が多く出たとしても、決してこれで「終わり」にしてはいけないということを重視しています。日常生活では当たり前のように触れていながらも、取り立てて意識することは滅多にない歌詞に着目することで、身の回りにある様々な言語表現に興味や関心を持てる機会づくりにしたいものです。

また、「手紙をしたためる」活動は、他者意識を育てるための契機にできればと考えます。展開では清書に便箋を用いることとしましたが、学習者の多くは手紙を書いた経験に乏しいことが、容易に推測できます。さらにいえば、想定した相手によっては、便箋を用いることそのものが不自然な可能性もあります。本提案は、形式的な「正しい」手紙の書き方が学習目的ではありません。展開でいうところの「形式」とは、あくまでも想定した相手に合わせた形式です。ですから、場合によっては「何に書くのか」まで考えさせてよいのかもしれません。

3 実践に向けて

本提案は、単に教材として歌詞を取り扱うだけでなく、そこから「手紙をしたためる」という活動へと展開していくものです。普段なら授業で目にする機会がないものを取り上げた学習活動を行えば、必ず同じ教室内であっても新鮮味やおもしろさを感じる学習者がいれば、一方で精神的にかなり負担を感じる学習者もいるでしょう。指導者の力量が問われるものと思います。

ただし、学習活動を通して一つの作品と向き合う、他者と向き合うという姿勢を身につけていくことは、国語の授業という枠組みを越えて、学習者にとって一生の財産となるはずのものです。実践するにあたり、これまでの授業と断絶したものとして位置づけるのではなく、これから先を中長期的に見据え、別の機会で小説を解釈する際には考え方のヒントにするなど、より発展的な学習へと繋がる学びの機会になることを願ってやみません。

【注】

1 同楽曲を教材の一つとして扱った「読むこと」の先行実践として、「思考の仕方を捉え、文化を深く考察する―随筆、歌詞、評論を関連付けて読む―」小林一之（『変わる！ 高校国語の新しい理論と実践――「資質・能力」の確実な育成をめざして』大滝一登・幸田国広編著、大修館書店、2016年、p. 132-143）が挙げられます。

2 『高等学校学習指導要領（平成30年告示）解説　国語編』（文部科学省、東洋館出版社、2019年）p. 194

町田先生からのコメント

「桜の季節」を教材化して、歌詞を読むこと、楽曲を聴くこと、そして歌詞の中に登場する状況に即して手紙を書くといった多彩な活動が展開されます。総合的な学びが目指されていて、中長期的な目標も含めた構想が充実した提案です。

第4章

「その他（ソーシャルメディア・ゲーム・お笑いなど）」を使った授業提案

学習者の身の回りには、第３章までに取り上げた素材以外にも魅力的な、そして言葉の力を育むことに適した素材があふれています。

第４章で取り上げるソーシャルメディアやゲーム、お笑いは、今日の学習者にとって、より日常の中に「当たり前にあるもの」となっているでしょう。時にこれらは、学習者の生活指導上の注意点や、時間の制限の必要性が話題となっているものです。しかし、それほどまでに学習者が夢中になるものを、教室に取り入れない手はありません。本章で示すような適切な活用方法によって、「当たり前にあるもの」を教材として位置づけ直すことは、学習者の興味・関心を引きつける上で非常に効果的です。

YouTuberに学ぶプレゼンテーション能力

金巻　秀樹

教材名 YouTubeチャンネル「中田敦彦のYouTube大学」

校　種　小　中　高　大　おすすめ！

こんな力がつきます

動画を参考にして
魅力を表現する力

1　教材提案

1-1　素材の解説

学習者は日々あらゆる言語経験を重ねていますが、とりわけ熱中しているのがYouTubeに代表される動画投稿サービスを介した「動画を視聴する」という行為でしょう。スマートフォンの普及に伴い、学習者にとって自分の好きな動画を視聴するという行為は当たり前のものとなりました。彼ら・彼女らが熱中するYouTubeには、楽しく・力のつく言語活動のヒントが隠されているように思われます。

1-2　教材としての魅力

YouTube上には様々な種類の動画が存在しますが、ここではホワイトボードプレゼンテーションの動画に注目していきます。ホワイトボードプレゼンテーションとは、ホワイトボードに書かれた内容について、口頭および身振り手振りを交えて語っていくプレゼンテーションです。有名なものでは【中田敦彦のYouTube大学】[1]があります。小説やビジネス書、映画などの紹介の他、日本史や世界史などもホワイトボードと語りのみでわかりやすく、かつおもしろく紹介する動画が高い人気を誇っています。もちろん動画内ではテロップやカットなど、編集もされていますが、魅力ある言語活動の大きなヒントになるといえるでしょう。

ただし、ホワイトボードですと書くことに慣れていなかったり、マーカーを購入する費用がかかったり、学習者の人数分用意することが難しかったりするので、授業をするにあたってはB4の用紙などで代替し、「ポスタープレゼンテーション」の形にするとよいと考えます。

2 授業提案

2-1 授業のねらい

ポスタープレゼンテーションは、読んだり見たり聞いたりした内容を自分でまとめ、それを視覚的に表現し、口頭および身振り手振りなどを交えてわかりやすく、興味が湧くように伝える活動です。話す・聞く・書く・読むといった言語活動の四つの領域をすべて使用することになります。インプットした内容を効果的にまとめ、相手にとって魅力ある形で発信するという力は社会に出てからも確実に求められる力であり、校種に関係なく身につけてほしいものです。

学習者はYouTube等の動画メディアや、日々学校で受けている授業などを通して、様々なプレゼンテーションに触れていますが、発信する側に立つことは少なくなりがちです。もっと学習者自身に発信させる機会を設けられれば、内容をまとめる訓練や話す訓練になりますし、学習者同士でよい点を参考にし合いながら学ぶことができ、生き生きとした教室空間を作ることにもつながります。

学習者の欲求として、学校で何かを語ってもらうことや、何か自分が熱く語れるものを語ることが好きであるということがあります。こうした欲求を満たすような言語活動を作っていきたいものです。そのためには熱く語れる題材にすることが大切になってきます。

おすすめは二人一組を作って互いに異なる20～30ページ程度の短編小説を読み、その内容をB4一枚のポスターにまとめて、口頭での語りも交えて紹介し合うことです。重松清の「卒業ホームラン」や「ぐりこ」など、ストーリーに起伏や語れるポイントがある小説がよい題材になるでしょう。また、小説に限らずとも、その時々で注目されている新書や、示唆に富む教訓が含まれる寓話、YouTubeでよく見られるお勧めのルーティンワークやライフハックなど、学習者が相手に伝えたいと思い、相手にとっても有益になるようなものであれば幅広いジャンルのものが紹介の対象になり得ます。

2-2　授業の展開

○単元計画　(3時間扱い)

第1時　＊ホワイトボードを使ったプレゼンテーションの動画を視聴し、活動のイメージを掴む。

＊各自が紹介する小説や新書を読み、プレゼンテーションのためのメモを作る。

第2時　＊前時に作成したメモを基に、B4用紙に発表用の内容を書いていく。

第3時　＊グループに分かれ、各グループで4分間のプレゼンテーションと評価をし合う（ペアを変えて複数回行う)。

＊単元全体の振り返りを書く。

○単元の目標

(1) 情報を的確に読み取り、相手にわかりやすくかつ興味を持って聞いてもらえるよう考え、情報をまとめる力をつける。

(2) B4用紙に書いた情報を基にしながら、相手に向かって効果的に話し、内容を伝える力をつける。

第1時　①ホワイトボードプレゼンテーションの動画を視聴し、活動のイメージを掴む。

まず今回のような口頭＋ポスター(ホワイトボード)でのプレゼンテーションについてのイメージを持たせるために、動画を視聴させます。おすすめは【中田敦彦のYouTube大学】です。小説をはじめ、ビジネス書や歴史など、様々なジャンルにわたって口頭＋ホワイトボードプレゼンテーションを行っており、「わかりやすく・魅力的な」プレゼンテーションのイメージを持たせるのに適切な学習材です。

動画を視聴させた後、どのような構成になっていたのかをまとめさせましょう。小説のプレゼンテーションの場合、おおむね以下のような構成になると考えます。

①作品や作者の基本情報を話す→②設定を紹介する→③登場人物を紹介する→④ストーリーを紹介する→⑤自分が考えるその作品のポイント（よさ）を紹介する

これらの構成を押さえた上で、動画の中でプレゼンテーターが聞き手に対してわかりやすく・かつ魅力的にプレゼンテーションをできるようにどのようなやり取りをしていたかを振り返らせましょう。

②紹介する小説や新書を読み、プレゼンテーションのためのメモを作る。

次に、各自が紹介するテキストを読み、プレゼンテーションをするためのメモ作りをします。先ほど視聴した動画と同じジャンルのものが望ましいでしょう。動画で見たプレゼンテーターが書いていた構成などを参考にさせ、書かせましょう。

「図書紹介をしよう」

その本を読んだことがない人に対して、図書紹介をします。

このメモを基にして説明をしてください（自分で追加して書き込みをしても構いません）。

「ぐりこ」重松清

登場人物　三好くん　ブン　モト

・三好くんの状況・話の流れ

・ブンの姉と会う

・ブンの活躍を報告　→涙が止まらなくなる

・「ぐりこ」をやることに

・ブンが上級生にシメられてしまう

・モト　加勢　・三好くん　自爆パンチ

・ラストシーン　ぐ、り、こ

この小説のテーマ

第２時で作成する発表資料の内容例

第２時　③前時に作成したメモを基に、B4用紙に発表用の内容を書いていく。

この時間では、メモを基にしてホワイトボードシートの内容を書かせていきます。ホワイトボードシートはあくまでも口頭でのプレゼンの補助的な役割を果たすものなので、びっしりと細かく書く必要はありません。むしろ、行間を埋める時に思考が働くものですし、びっしり書いてあるものを棒読みしてはいい紹介にはならないでしょう。例えば小説の場合であれば、設定・登場人物・ストーリーをまず書かせ、その後で自分が考えるその作品のポイントを補う、という程度でいいと思います。

第３時　④クラスで紹介し合う場を設け、単元の振り返りを行う。

この時間では、作成したB4用紙を使って、読んだ作品の内容を各自4分間でクラスメートと紹介し合っていきます。

われわれ教員が授業をする時もそうですが、プレゼンテーションは聞き手とのコミュニケーションを取りながら行っていくものであり、実際に行ってみるとどのような順番で伝えるべきか、強調すべきポイントはどこか、周りくどく説明してしまっているところはどこか、など多くの改善点に気づきます。こうした気づきを大切にし、その後に改善して再度紹介する機会を設けましょう。プレゼンは一度で終わらせるのではなく、できれば3回は行いたいものです。一度話してみてうまく話せない時こそ、学習者が自身の言葉や思考と向き合う絶好の機会です。

また、聞き手の方は聞き終わった後に評価をし、コメントをメモしておくとよいでしょう。

2-3　授業のポイント

授業では、まずYouTuberの物真似をする必要はないということを伝え、ハードルを下げることが大切です。「わかりやすく、興味が湧くような紹介をする」ということが活動のゴールです。このゴールに向けてどのような工夫ができるか、学習者自身に考えさせましょう。

次に、いきなり完璧なものを求めないことです。先述したように、プレゼンテーションにおいては話してみて気づくことが多々あります。一方的な棒読みではなく、聴き手の表情を見て、うまく伝えようとするその経験の中で、言葉の力が育つのではないでしょうか。

そうした意味で、少なくとも３回はプレゼンをする機会を確保しましょう。プレゼンに新鮮味を持たせるためにも、相手は変えた方がいいので、６人一組のグループを作り、その中で２人一組のペアをローテーションし、３回の裏まで行うとスムーズに進むといいのではないかと思います。

３ 実践に向けて

プレゼンテーションを行う際には、聞き手にとって新鮮な情報であることが望ましいので、ペアの学習者とは違う題材にすることが重要です。例えば、一クラスをＡチームとＢチームに分け、Ａチームには小説Ａを、Ｂチームには小説Ｂを配付し、それを紹介し合う形にすると自分が読んだことのないものについて紹介を受けることになるので、情報の新鮮さを確保できてよいと考えます。

この単元は比較的少ない授業時数ででき、どのような題材でもできるものです。例えば、教科書に収録されている文章で行うことも考えられますし、「自分が熱中しているもの」や「自分のこれまでの人生」など、より個人的なものを題材として行うことも考えられます。

人に何かを生き生きと語り、人が生き生きと語ることを聴く、という体験を国語教室の中で作っていきたいものです。

【注】

1 「中田敦彦の YouTube 大学」
https://www.youtube.com/c/NKTofficial/featured（2021年7月1日時点）

町田先生からのコメント

学習者の身近な場所に「YouTube」の映像が溢れる時代に、その効果的な教材化を目指すのはきわめて効果的です。この提案では特にスピーチやプレゼンテーションなどの、「話すこと・聞くこと」の領域への導入が工夫されています。

「YouTube」動画をモデルに、録画動画で表現してみよう

遠山　大樹

教材名 動画共有サイト YouTube

校　種 おすすめ！（高〜大）
小　中　高　大

こんな力がつきます
モデルを分析して自分の表現に活用する力

1　教材提案

1-1　素材の解説

YouTube は「4つの自由（表現の自由・情報にアクセスする自由・機会を得る自由・参加する自由）」という理念を掲げて作られました。世界中の人が対等に情報発信することができるメディアであると同時に、簡単に情報にアクセスすることもできるソーシャルメディアです。

また、SNS 特有の匿名性があり、利用者の身分や経歴は関係ありません。大人から子どもまで対等に「動画配信」「動画視聴」「チャット」などを活用した情報交流に参加することができます。テレビやラジオ、新聞などのメディアと異なり、最低限の情報モラルが守られれば、簡単に情報の提供者となることができます。

1-2　教材としての魅力

YouTube は同年代の動画出演者が表現活動をしている動画や、中高生の学習者向けに配信された動画が簡単に見つかります。それらを活用することで、学習者の関心や課題に寄り添った学習材が得られると考えました。

「教材として適切なのか」などと、情報の質を不安視する声もありますが、情報があふれる現代社会だからこそ「良質な情報」を見極める判断力の育成が求められ、学習者自身に学習媒体の選択をさせることも必要です。

また、近年では就職活動において PR 動画を作成させる企業や、「Zoom」などのオンラインツールを用いてリモート面接試験を行う企業も現れたようです。パソコンやスマホの画面をコミュニケーションの場の選択肢の一つとして、情報発信能力を身につけさせることがこれからの教育に求められていると考えられます。

2　授業提案

2-1　授業のねらい

「プレゼン」「落語」など、「語りを中心とした言語活動を動画にすること」を条件とし、YouTube 動画をモデルとして 1 分の動画を作成させます。

授業のねらいとしては、「動画による情報発信を経験させること」「録画動画による振り返りが可能となり表現力の向上につなげること」「動画に関する意見交換を交えて、言語活動の充実を図ること」などがあります。

授業の特徴としては、まず、YouTube で紹介されている表現に関する「ノウハウ」や「実演」を参考にモデリング（モデルの動作や行動を見て、同じような動作や行動をすること）をさせていくことで、学習者に「YouTuber の型」を分析させつつ、学習者が目指す「表現」の形を模索させることにあります。

また、コロナウイルス感染対策の観点を取り入れ、「家庭学習を視野に入れた活動」「動画による表現活動」といった、学校に登校できない状況や大人数での活発な言語活動が困難な状況下での学習活動の形を提案しています。

2-2　授業の展開（授業 4 時間・家庭学習 3 時間）

事前に準備すること

YouTube に投稿されている動画から、学習者が作成する動画のモデルとなるものを選んでおきます。あくまでも学習者に活動のイメージを伝えるための選出で、必ずしも選出した動画をモデルにさせる必要はありません。

例えば、高校 1 年生を対象とした場合、次のような動画が候補としてあげられます（2021 年 7 月 1 日時点）。一般人から話芸のプロまで幅広く候補とすることで、多様な学習者の志向に合わせられるようにしています。また、選出理由を添えることで、学習者が自分で動画を選ぶ際の参考となります。

①「高校生プレゼン授業・指導/三国丘高等学校（高校生ビジネスプラングランプリ・グランプリ受賞動画）(6 分 40 秒)」(https://youtu.be/ 80bUJxQscng)

3 人の高校生による、テンポのよいプレゼンテーションです。3 人の表現力が高く、役割分担が参考になります。

②「【結婚式　余興】爆笑プレゼン　トリセツ(7分45秒)」

(https://youtu.be/-mrlVg7Gxd0)

友人の結婚を祝う一般社会人によるプレゼンテーション。声のトーンや友人を褒め続ける姿勢が参考になります。

③「小瀬高校　落語講座①『話術のコツ伝授』(7分55秒)」

(https://youtu.be/SY_C3hmlQ98)

落語家特有の語り口ではありますが、タイトルにある通り内容自体が表現活動の参考になるものになっています。高校生を対象とした講演でもあるため、高校生の心をつかむ内容になっています。

④「【ハイマンお手本動画】霜降り明星（2分21秒)」

(https://youtu.be/ 0pH1hoySHDg)

高校生漫才コンテストの参考動画として投稿されたお笑い芸人の動画。学習者にとっても身近な存在であり、語りのテンポや2人の掛け合いが絶妙です。

STEP1　ガイダンス（授業・1時間目）

ガイダンスでは、「学習活動の特徴」と「手順」を説明します。

「学習活動の特徴」に関しては、「意見交換が中心となる4時間の授業時間に加え、意見交換を踏まえて動画の準備をする3時間の家庭学習を取り入れた全7時間分の学習活動であること」「家庭学習には『YouTube』を取り入れること」を説明します。

ある程度の説明が完了したら、実際の学習活動を開始します。初回は、学習者との活動イメージの共有を目的とし、動画視聴やペアワークを取り入れます。モデル動画を視聴させたのち、学習者の意欲と創造性を高めることをねらい、ペアワークを採用して、モデル動画に関する意見交流をさせます。

STEP2「動画の書き起こし」（家庭学習・1時間目）

モデルとするYouTube動画を一つ選出させ、すべて書き起こさせます。

授業者があらかじめ選出したものでもよいですが、なるべく学習者自身の興味関心に沿って選んだ動画を参考にさせると学習者の学習意欲の保持にもつながります。「教育上よくない」などと、あまり制限を掛けてしまうと学習者の意欲減退にもつながりますので、事後ではなく事前に「クラス外の人に表現することになっても問題のない動画を参考にしてほしい」などといった声掛けをするとよいでしょう。

STEP3 「音声録音」（家庭学習・２時間目）

書き起こした原稿を音読し、１分間録音させます。原稿すべてを１分間で音読し尽くす必要はなく、途中で終わってしまっても構いません。また、任意の個所を録音するために途中から始めてもよいです。１分間にする理由は、中間発表の際に一人あたりの持ち時間が長すぎると時間内に終えることができないからです。時間は授業者の裁量で調整して構いません。

STEP4 中間発表会（授業・２時間目）

５名から６名のグループを作成し、録音した音声を聞き合います。ただ聞くだけでなく、音声に対する感想や意見などを交換する時間を設けます。一人当たり１分で講評させるとちょうどよいでしょう。

STEP5 「動画撮影」（家庭学習・３時間目）

原稿をアレンジしたう上で、暗記し、１分間の動画を撮影させます。音声と違い、動画は「背景」や「身振り手振り」などの情報も入ってきます。必ずしも、家庭で撮影する必要はなく、白い壁などが多い学校で許可を得て撮影させてもよいでしょう。

STEP6 動画鑑賞会（授業・３時間目、４時間目）

中間発表と同じグループを作成し（別のグループにするとSTEP4で解れた緊張感が復活してしまうかもしれません）、撮影した動画を回覧させます。STEP4と同様、批評し合いながら、グループごとに優秀作品を選出し、クラス全体に共有する時間へと移行します。最大２時間とします。

2-3　授業のポイント

授業者の指導目標の手引き

本授業は、あくまでも「学習者の表現活動の経験を積ませること」が目的です。他の学習者と交流をする中で主体的に学び、「録画映像を通して表現していくことの気づき」や「表現することのおもしろさ」「表現するために動画を視聴することへの気づき」など、様々な気づきを自ら獲得していくことに価値があります。授業者が定めたゴールへ導くのではなく、環境を整え、見守ることに努めることで、家庭学習の充実を図ろうという意図があります。

三つの留意したいこと

まず、家庭学習においてです。学習者の「動画の書き起こし」や「録音」、「録画」など、細かい作業が家庭学習の中に位置づけられています。これらの作業は「こだわり」を持てば、いくらでも時間を費やしてしまうという危険性があります。1時間という限られた時間の中で作品を作っていくことの価値と難しさを伝えていかなければなりません。

次に、発表活動についてです。授業時間における発表活動では他の学習者からの積極的な評価を期待したいところですが、学習者集団の性質によっては授業者が雰囲気を作っていく仕掛けが必要になってくるでしょう。

また昨今では、新型コロナウイルス感染予防対策の観点から小規模グループでの発表活動が難しい場合も予想されます。「2-2での提案通りに実践する」、「対話を最小限にとどめるためレビューシートを作成させる」、「スマホを活用させることで発話を最小限にとどめる」、「グループ活動を避け、一斉学習の形で感想を発表させる」、「発表会を『Zoom』などのオンラインツールで行う」など、現場の状況に合わせた段階的な創意工夫が求められます。

最後に、動画作成についてです。適宜、声掛けを行い、「語りを中心とした言語活動を動画にすること」を念頭に置かせながら準備をさせましょう。最も重要な留意点といえます。動画作成となると、見た目の演出にこだわってしまう可能性があります。「動画による情報発信を経験させること」「録画動画による振り返りが可能となり表現力の向上につなげること」といったねらいが達成できるよう、声掛けをしていく必要があります。

3 実践に向けて

実践するにあたり「学習者が楽しむだけで終わってしまわないか」という不安が予測されます。「飛び道具」的な授業は、授業スキルや時間的余裕、複数の教員で科目を担当している場合は他の教員の理解がなければ難しいことです。それらを乗り越えたうえで、「どういった総括をすることで学習者に『学びの充実』を実感させることができるか」を考えなくてはいけません。

本提案の隠れたカリキュラムとして「『情報媒体上での表現』と『対面上での表現』の違いに気づかせること」があげられます。情報媒体にはそれぞれの特性をもとにした制約があり、その中で有効な手段を考えて表現していくことが求められます。「それらの違いを体感できたか」といった総括などが、学習活動と実生活との結びつきを感じさせ、授業の有用性を感じさせます。

私の場合は、執筆当時の関心がYouTubeに向いていましたが、新聞・ラジオ・テレビなどでも応用可能です。様々なメディアを通しての表現活動を経験させることが、場に応じた表現手法を意識させることにつながります。

他の学習者との意見交換や、YouTubeを用いた学習を行うことで「表現することのおもしろさ」を感じさせることも重要です。表現することに自信を持てば、他の学習活動によい影響がみられるでしょう。

本提案を参考に、学習者を「録画動画」という新たな表現手法にぜひ導いてみてください。

町田先生からのコメント

「YouTube」という世界規模で多くの人々に支持されているソーシャルメディアに着目して、国語科の教材としての可能性を追究した提案です。特に動画を「見る」から「創る」へと展開する授業の構想に、独自の工夫が見られます。

映画レビューを活用した「読むこと」の授業

森　響平

教材名　動画配信サービス・映画レビューサイト

校　種　小　中　高　大（おすすめ！：中〜高）

こんな力がつきます

資料を活用して解釈を深める力

Ⅰ　教材提案

Ⅰ－Ⅰ　素材の解説

映画や映像作品の教材化については、すでに数多くの研究や実践がなされていますが、今回は特定の映画作品ではなく、映画を取り巻くコンテンツに注目します。

「Amazon Prime Video」などの動画配信サービスでは、鑑賞した作品に対してレビューを投稿することができます。また、「Filmarks（フィルマークス）」は、映画の鑑賞記録を共有することに特化したサービスです。このように、映画のレビューを投稿・閲覧できるウェブサービスがいくつも存在し、上映中の最新映画から不朽の名作に至るまで、日々たくさんのレビューが投稿されています。こうしたレビューは不特定多数のユーザーのものではありますが、率直な感想から奥深い考察まで、質・量ともに実に様々です。映画レビューを読むことによって、その内容に共感するだけでなく、作品に対する見方が変わったり、鑑賞の新たな視点に気づいたりするかもしれません。

Ⅰ－2　教材としての魅力

同一の作品に対する様々な感想や批評が、一か所に集まっているという形態は他に類を見ません。アプリやサイトに投稿されているレビューは、質的にも量的にも幅広いものです。映画レビューを教材とすることで、様々な文章を読み、読み取った内容を比較したり関連づけたりしながら、自分の考えを深めたり文章にまとめたりする学習を展開することができます。もちろん、作品自体の持つ魅力が学習者の興味・関心を喚起することも期待されます。

2　授業提案

2-1　授業のねらい

映画レビューを活用した授業の提案にあたっては、学習指導要領で示されている新しい「読む力」との関連を意識しています。

2018年3月に告示された高等学校の新しい学習指導要領は、戦後最大ともいわれるほど、大規模な改訂となっています。そこで特に目を向けたいのは「情報の扱い方に関する事項」の新設です。「解説」では、新設の背景について「急速に情報化が進展する社会において、様々な媒体の中から必要な情報を取り出したり、情報同士の関係を分かりやすく整理したり、発信したい情報を様々な手段で表現したりすることが求められている」としています。つまり、示された文章の内容を理解することだけではなく、必要な情報を探し出したり、それらを整理したりすることも「読む力」として求められているのです。

学習者たちは映画レビューを探して読み、それらをもとに文章を組み立てる活動に取り組みます。アプリやサイトに投稿されているレビューは実に様々ですが、その内容を見極め、取捨選択しなければならないという点に、この教材の特性があります。授業を通して、複数の文章の内容を比較したり関連づけたりすること、それらを踏まえて作品に対する見方や、自分の考えを深化させるといった能力の育成を図ります。

2-2　授業の展開

○単元の指導目標

複数のレビューの内容を比較したり、関係づけたりしながら、学習者がそれらの内容の妥当性や論理の展開などについて理解し、評価できるようになることを目標とします。また、それらを自分の考えと照らし合わせるよう指導を展開し、作品に対する見方を広げたり、自分の考えを深めたりするように促します。引用の仕方や出典の示し方など、情報の扱い方に関する指導をあわせて行うことも考えられるでしょう。

○単元の指導計画（全２時間、ただし事前学習あり）

事前学習

○映画を観て、自分なりのレビューを200字程度で書く。

（1）映画作品を一つ選んで、観る。

（2）その作品のレビューを200字程度で書く。

事前学習として、映画作品を一つ観ることと、簡単なレビューを書くことを指示します。ただし、この授業の目標は「レビューを書く」ことではなく「様々なレビューに触れることで、読む力を養い、作品への見方を広げる」ことです。この事前学習は、映画レビューを読んでいくための準備として機能します。

例えば以下のように指示し、休暇中の課題として設定するのもよいでしょう。なお、学習者たちの実態に合わせて選ぶ映画作品に条件をつけたり、レビューの書き方を制限したりすることも考えられます。

・以下の１、２の課題に取り組み、所定の方法で提出すること。

1　映画作品を一つ選んで、観なさい。ただし、以後の学習でレビューを書くことを前提として作品を選ぶこと。劇場、DVDのレンタル、動画配信サービスなど、観る方法は問わない。

2　観た映画作品について、自分なりの「レビュー」を200字程度で書きなさい。感想、意見、批評など自由だが、作品と関係のない内容にならないよう注意すること。参考にした書籍やサイトなどがあれば、わかるように別に明記すること。

第1時

（1）事前学習で書かれたレビューをいくつか読んで、それらの文章の性質をつかむ。

事前学習で提出された（学習者たちの）レビューをいくつか取り上げ、文章としての性質に目を向けます。特に感想、解釈、映画の一次的な情報、関連情報などを区別できるように指摘しておきましょう。

(2) 適切な情報の探し方や読み方、活用の仕方などを確かめる。

映画レビューを投稿・閲覧できるアプリ・サイトを紹介し、活用の仕方を指導します。作品の一次情報を参照する方法などもあわせて確かめておきましょう。

(3) 自分が観た映画作品のレビューを探して読む。参考になると思うレビューをいくつか選び、それらを読んで考えたことや感じたことなどを簡単にまとめ、ワークシートに記録する。

本単元の中心となる活動です。学習者たちはパソコンやタブレット端末などを用いて、様々なウェブサービスからレビューを探します。「考えたことや感じたこと」については、ある程度の文字数を指定するか、あるいは一行ほどの簡潔なものを求めることもできるでしょう。その場合、「共感・同意」「反対」「発見」「情報」などの分類で整理させることで、より多くのレビューを取り上げられるように誘導しましょう。

また、ここでは「ワークシートに記録する」としましたが、こちらも情報機器を活用することが考えられます。テキストのコピー＆ペーストやURLの指定などで、どのレビューを取り上げたのかを簡単に示すことができるメリットがあります。

第2時

(1) 引用の仕方や出典の示し方、それらの必要性について確かめる。

必要に応じて、引用についての指導を行いましょう。学習者たちは自分なりのレビューを書くにあたって、複数のレビューに言及することになります。どのように引用したり、出典を示したりすればよいのか、作例を示すことで方針を示しましょう。

(2) 前回のワークシートなどを参考に、複数のレビューに言及しながら、新しいレビューを600字程度で書く。

これまでの学習を踏まえて、自分なりのレビューを改めて書く活動です。学習者たちは様々なレビューを読むことで、作品に対する見方が変わったり、鑑賞の新たな視点に気づいたりしたことでしょう。この活動では、そうした変容を文章として具体化することを目指します。事前学習と比較して、指定の字数を大幅に増やしていますが、複数のレビューを引用することも考えられるため、学習者たちは無理なく書き進めることができるはずです。

「映画クレヨンしんちゃん　ガチンコ！逆襲のロボとーちゃん」を観て

私は「クレヨンしんちゃん」の映画を、小さな子ども向けの作品だと思っていましたが、その見込みはよい意味で裏切られました。腕相撲をするラストシーンはとても印象的で、思わず涙がこぼれてしまいました。ロボットになってしまった父・ひろしの葛藤には、自然と同情することができました。

このように「ロボとーちゃん」はとても感動的な作品ですが、「この物語の設定はとても巧妙に作り込まれている」と、あるレビュワーが指摘しています[1]。それは、コミカルな作風も相まって「ロボとーちゃん＝野原ひろし」であるということを容易に受け入れられるということです。「父親がロボットに改造される」というのは、少し無理のある設定だと思われそうです。しかし、この作品がアニメ映画であることで、視聴者はそれを違和感なく捉えることができます……。

注：1　ユーザーレビュー「ロボとーちゃんの心（ネタバレあり）」〔https://××××.com/movies/00000〕（最終閲覧：202×年×月×日）

レビューの作例

特に、どのように「レビューに言及する」のかについては、一定の方法を示すことが学習の助けになるでしょう。

(3) 書いたレビューを読み合い、評価し合う。

完成したレビューを共有し、読み合って交流します。他の学習者が何を考え、どのような視点を持っているのかを知ることは、自身の考え方を見つめ直すことにも繋がります。もちろん、学習者たちが新たな映画作品と出会うきっかけにもなるでしょう。

2-3 授業のポイント

授業の目標は、あくまで人を惹きつけるレビューを書くことではありません。様々な文章を読み、読み取った内容を比較したり関連づけたりしながら、自分の考えを深めたり、新たな視点を獲得したりすることを目指します。選んだ映画作品によっては、膨大な数のレビューが投稿されていることもありますが、そうした中から価値のある情報を探し出すことや、それぞれの内容を検討することも重要です。様々なレビューを参考にすることで、作品への見方にどのような変容が起こったのかを意識させたいところです。

3 実践に向けて

学習の成果物としては、主に①事前学習で書いたレビュー、②様々なレビューについてまとめたワークシート、③新しいレビュー、の三つがあります。学習のまとめとなる③の内容も重要ですが、様々な文章の中からどのように情報を探し出し、それを読み解いているかということを重視し、②の内容についても注意深く観察したいところです。その上で、①から③へ、どのような変容が見られたかを評価の一観点とすることが考えられます。

町田先生からのコメント

映画のレビューを教材として読むことによって理解を深め、その成果に基づいて学習者自身が映画を鑑賞してオリジナルなレビューを書くという活動が目指された提案です。「映画」の教材化に関わる新たな可能性に注目したいと思います。

「どうぶつの森」でプレゼンテーション

大森　麻美

教材名 Nintedo Switch「あつまれ　どうぶつの森」(任天堂、2020 年)

校　種 小　中（おすすめ！）　高　大

こんな力がつきます
目的に応じて情報を編集し表現する力

1　教材提案

1-1　素材の解説

ゲーム「あつまれ　どうぶつの森」(以下、あつ森) は、2020 年 3 月 20 日発売以来、一世を風靡し、社会現象にもなりました。はじめは何もない無人島を舞台に、材料を集めて DIY したり、虫や魚、植物をとったりしながら、住民や施設も増やすことができます。そのうちに住民と交流したり、島そのものをクリエイトしたり、どんどんにぎやかになっていきます。バラエティ豊かな活動の幅広さが魅力で、プレイヤーそれぞれの楽しみ方があるのです。自分の気の赴くままに島づくりができ、失敗も成功もありません。

一人でじっくり遊べますが、複数人でマルチプレイもできます。現実と同じ時間が流れ、1 日の時間の変化や季節の変化も感じられます。

1-2　教材としての魅力

島の景観を評価する星の数や、「ハッピーホームアカデミー」という部屋のランクづけがありますが、評価を気にするかどうかはプレイヤーの意志に委ねられます。虫とり、魚釣り、ファッション、DIY、住人との触れ合いなど、人の生活や自然との触れ合いが舞台であり、どの要素を選択し、組み合わせ、理想の島に近づけていくか、盛沢山の内容から考えることができます。そのため、学習者それぞれの島を考え、可視化し、島の目的や意図を伝える活動が可能であり、プレゼンテーション能力を養う教材として適しています。

学習者は、プレゼンテーションに向けて、ゲーム内の情報を選択し、収集し、表現していくことになります。「自分の島」という伝えたい内容を、順序立ててわかりやすく説明するために、情報を選択し、学習者それぞれの島の世界観を構築していきます。

2　授業提案

2-1　授業のねらい

大きな柱はプレゼンテーション活動です。単なる発表と違う点は、相手の心を動かすことに大きな意味があります。つまり、聴き手の立場になって説明する必要があります。そのために、順序立ててわかりやすく説明します。

プレゼンテーションにおいて、準備期間は非常に重要です。どのような島づくりを考えているのか、そのためにどのような方法が考えられるのか、今、島はどのような状態であるのか。電子黒板に実際の島の映像を映してもよいですし、模造紙やフリップに手書きで書いて発表してもよいでしょう。多種多様なあつ森の情報の中から、学習者自身の島づくりに必要な情報を収集し、編集していきます。他の学習者の発表も聴くことで、さらに多角的な視点をクラス全体で共有します。

そこには、「ゲームする（見る・読む・操作する・聴くなど）」、「感じる」、「考える」、「書く」、「読む」、「話す」、「聞く」などの活動が総合的に組み合わされます。他の学習者に伝えるためにどんなことをプレゼンしようかと考える時間は、余暇時間から言語活動に発展させる機会を得ることができます。さらに、今度はこれを伝えたい、などといった、日常生活に潜む様々なテーマについて人に伝える楽しさを感じるようになるかもしれません。

2-2　授業の展開

［起：①基礎情報の学習、②島のコンセプト（目的・背景）］⇒［承：③〜⑤プレゼンの作成］⇒［転：⑥〜⑦中間レポート］⇒［結：⑧島の完成と最終レポート］が本授業の大きな流れです。

プレゼンテーション内容は、(A) 学習者一人一人の島づくりを発表させる方法、(B) グループ分けし、ゲームを教室内でも進めることができる方法（数人共同で島づくりをさせる方法）、(C) あつ森の情報内容をジャンル別に分け、学習者それぞれが興味ある分野で集まってグループで発表させる方法などが考えられます。本素材を十分に楽しんでいる学習者が多い教室、それほど慣れ親しんでいない教室に応じて選択します。(C) を実践した上で (A) を実践してみるという方法もあるでしょう。

次の1～7は（C）の場合、考えられるグループ分けの例です。

1. 虫、魚、化石発掘☆博物館
2. DIYレシピ紹介　こんな材料でこんなものが⁉
3. おすすめファッション　コーディネート
4. 島クリエイター観光スポット紹介
5. つねきち美術品名画の見分け方　眉毛が太いモナ・リザ！
6. ハウジング＆インテリア紹介　あなたのテーマは？
7. ガーデニング＆交配を極める！　白×白＝青

［起：①基礎情報の学習、②島のコンセプト（目的・背景）］

① 教師による「どうぶつの森」の紹介、またはYouTubeで「どうぶつの森」実況プレイを見る。ある程度進んだデータで体験させる。攻略本の参照。

〈教師による紹介の例：大森がいまあつ森ではまっていること Best3〉

1. 住民に話しかけ、自分の持っているものをあげること

⇒物々交換活発なおおもり島。自分のあげた家具を住民がインテリアの一つとして飾ってくれたり、自分のあげた服にさっそく着替えてくれたりするのが嬉しい！　など

〈参照する攻略本の例〉

・『あつまれ どうぶつの森　完全攻略本＋超カタログ』（ニンテンドードリーム編集部、徳間書店、2020年）
・『超人気育成シミュレーションゲーム最強攻略ガイド　あつまれ どうぶつの森』（コスミック出版、2020年）
・『月刊コロコロイチバン！　10月号』（小学館、2020年）
・『てれびげーむマガジン　7月-8月』（KADOKAWA、2020年）

② 学習者が、どのような島を作りたいか（目的）、なぜ、それを作りたいか（背景）、そのためにどのような方法があるのか（手段）、その結果聴いている人にどんな気持ちになってほしいか（行動）を考え、自分の島の理念考察を行う。

例えば、『癒やしの空間～やすらっく～』というテーマで次のような島づくりのポイントをまとめることができます。

ポイント1. 安らぎと楽に動ける島のために、ハンモックやベッド、プールなどを海岸に置く。

ポイント2. 各住民の家の前にはテーブルと椅子を置き、くつろげる空間を作りたい。それぞれテイストの差別化を図りたい。

ポイント3. あらゆる種類の観葉植物を置き、住民を元気にしたい。

[承：③～⑤プレゼンの作成]

③ 理想の島のイメージ図を描く。

④ ③で考えたことをもとに原稿を書き、「(1) 目的・背景、(2) そのための手段・方法、(3) 聴き手にどんな気持ちになってほしいか」についての資料を作成する。

プレゼンテーション活動では、この準備の期間が非常に重要です。自分の島のアピールポイントをわかりやすく伝えるためには、どのような形態・順序で発表するのがよいか、取捨選択していきます。

⑤ プレゼンテーションのリハーサルをする。

原稿の読み上げ方や、フリップの使い方まで、1対1で教師と、もしくはグループ同士でリハーサルをします。

[転：⑥～⑦中間レポート]

⑥ 中間レポートを行う。

司会は教師が行います。この段階では、構想が途中でもかまいません。時間は一人3分から5分程度で、時間になったら音を鳴らします。教室の後ろでビデオ撮影をしてもいいでしょう。

⑦ 他の学習者のプレゼンテーションを聴く。

内容面で自分の島づくりに役立ちそうな情報、形式面で伝え方がよいと思ったことをメモし、必要に応じて自分の島に取り入れるかどうか判断し、完成に向けて再構築します。

[結：⑧島の完成と最終レポート]

⑧ 最終レポートをまとめる。

どんな島を作りたいと思ったか（目的）、なぜ、それを作りたいか（背景）、そのためにどのような方法があるのか、聴いている人にどのような気持ちになってもらいたいか（行動）、今後島をどのようにしていきたいか（考察）、といった流れにそってレポートをまとめさせます。最終レポートは「あつまれ○年○組の森」のようにして冊子にして配布したり、作った島は展示したりするとよいでしょう。

2-3 授業のポイント

ゲームをしたことがある学習者、ない学習者といった差異がありますが、［起］の段階でグループ別に体験してもらうとよいでしょう。ゲームもプログラミングの一つと捉え、視聴覚室で行うことも可能です。

加えて、教師自身のゲーム体験を話すことは、学習者に対してよい刺激になり、大切なワンステップになります。①の活動を省いたり、YouTubeにアップされている動画を使用したりしても授業は成立するとは思いますが、教師の思い入れを学習者に提示することは、学習意欲の喚起につながります。

プレゼンテーションには、情報を詰め込みすぎないことが重要です。例えば、1フリップに1情報を原則として、一つの発表で伝えたいことを一つのキーワードで伝えられるように促します。絵や図を取り入れ、聴き手にやさしい発表を目指します。発表時間は一人3分～5分程度でよいでしょう。

最終レポートではプレゼンテーションで得た情報をふまえて自分の島を再度考えていきます。例えば、自然を大切にしたいコンセプトであれば、ガーデニングや植林が重要になりますが、他の学習者の発表で、「島クリエイター」の紹介を聴いた学習者は、島そのものの工事に着手し始めるかもしれません。「リメイク」という要素を知った学習者は、木製の素材の色とりどりの家具を置き始めるかもしれません。

話す・聴く活動が活発な教室では、質疑応答の時間を設けるとよいでしょう。準備の段階で、他の学習者から、どのような質問をされてもよいように、発表とは別の資料を用意しておき、下準備の大切さを教えます。例えば、「遊園地」をテーマとした島づくりを考えた学習者がいたとしましょう。その場合、「ゆるキャラはいるんですか？」、「『コーヒーカップ』の他にアトラクションはないんですか？」などといった質問がきた場合の答えを準備しておきます。学習者には、自分はどうしたいか、どのようなことに魅力を感じるのか、など島づくりとともに自己分析が伴います。自分追究のツールとしても本教材を活用できます。

3　実践に向けて

自分が納得しながら学習し、楽しさを他人に伝えていく時代、教育は学習者の幸せとなることが大前提です。「あつまれ　どうぶつの森」は一人一人が主役であり、自分の幸せの楽園を築くことに主眼を置きます。島のどうぶつたちはいつも幸せと喜びに満ち溢れています。「いま、ここ」を楽しむ学習者は、自分のよりよい島のために情報を収集し、その目的・背景・方法・結果・考察の順に編集していきます。

出発点は学習者のわくわく感を引っ張り出すことです。教師もわくわくしながらゲームをし、導入のプレゼンテーションに向けて準備をし、わくわくを伝播することが理想です。どうしても悪者になりがちなゲームとどうしても保守的にならざるを得ない国語教室を繋ぎ、新たな創造を目指します。

町田先生からのコメント

人気のゲームの教材化に果敢に取り組んだ提案で、「遊び」をしっかりと「学び」へと転換する構想はよく工夫されています。学習者が理想とする場所を創造して、プレゼンテーションする活動の「わくわく感」に着目したいと思います。

マンガ・絵本・写真
映像
音楽
その他

J-POP かるた「狩歌」で詩を創作しよう

橘　美咲

1　教材提案

1－1　素材の解説

「狩歌（かるうた）」は、2016 年にサグイネルから発売されたボードゲームです[1]。基本的なルールは通常のかるたと変わりなく、読まれた言葉に合う取り札をより早く押さえ、最終的に最も多く札を手に入れた人が勝ちという単純なものです。しかし、「狩歌」には読み札が存在しません。読み札の代わりに好きな曲を流し、その歌詞と同じ言葉が書かれた札（「君」「愛」「本当」「心」「気持ち」など J-POP の歌詞でよく目にする言葉が収録されているもの）を取るのです。「J-POP をゲームにできる。」のキャッチコピー通り、歌詞さえあればどのような歌でもゲームにできるのが特徴です。

1－2　教材としての魅力

かるたは、文字を覚えるための手段として幼少期から広く遊ばれています。学校での百人一首大会などを通して、かるたに馴染みのある学習者も多いでしょう。ですから、授業内でルールの説明や理解に時間を費やさずに済みます。「狩歌」にはもちろん公式のルールも存在していますが、基本的には「厳密なルールにあまり気を取られず、その場の空気で一番盛り上がるように判断」するゲームです。したがって、学習者の状況に合わせて難易度を自由に調整できることも魅力の一つです。札を足すことも、場合によっては自作することも可能です。学習者のレベルに応じて楽しめることが最大の魅力であると感じます。また、「狩歌」自体は短時間で完結しますので、創作活動に時間を十分に割けることも魅力的です。

2 授業提案

2-1 授業のねらい

本提案では、普段親しんでいるJ-POPを教材として用いることで、学習者に「楽しい！」と感じてもらうことを意識しました。また、身近なものを教材として用いることで、創作活動への抵抗を減らしたいと考えました。J-POPを使ったゲームが教材になるという新鮮さに、学習者も興味を持って取り組めるのではないでしょうか。発売元のサグイネルが「歌詞に集中するゲーム」と紹介しているように、プレイヤーは集中して歌詞を聞かないとそもそも札を取ることができません。正確に歌詞を「聞く力」が求められる上、曲を聴きながら適当な札を探す必要があるため、瞬時に歌詞の内容を判断する瞬発力も試されます。

創作活動では、「狩歌」の札から作品のテーマを決めるなど、あえて使える言葉を制限するようにしています。テーマの設定から完全に自由な状態で創作を始めることは、普段から表現したい事柄がないとなかなか難しいはずです。J-POPの歌詞から見つけ出した言葉をつなぎ合わせることで、容易にテーマを設定できます。後述する和歌の題詠のように、制約があるほうがかえって創作しやすくなるのではないかと考えました。「狩歌」で遊ぶと、歌詞に登場する言葉は決まったものが多いと気づかされますが、同じ言葉を使っていても歌詞が表現するストーリーは様々です。ばらばらにした言葉を自分でつなぎ合わせ、新しい作品を作り上げてもらうことが本提案のねらいです。

2-2 授業の展開

授業時数は2時間を想定しています。単元の目標は以下の通りです。

(1) かるたを通じてJ-POPの歌詞に登場する言葉に注目する。

(2) 与えられた言葉からイメージを膨らませて新しい作品を創作する。

(3) 他の学習者との交流を通じて、創作・鑑賞の楽しさに気づく。

第1時

「狩歌」を始める前のルール説明の時点で、授業者があらかじめルールをしっかりと定めておくと混乱しません。たとえば公式ルールでは、「時間」と書いて「とき」と読む歌詞の場合、「時間」ではなく「時」の札を取ることになっています。つまり、「時」「時間」「トキ」「とき」と表記が異なっていても、発音が/toki/ならば「時」の札を取ることなになります。また、「花火（はなび）」という歌詞で「花（はな）」の札を取ることはできても、「暑い」「厚い」という歌詞で同音異義語の「熱い」のカードは取れないなどの決まりがあります。ただし、前述した通り、ルールはあくまでも目安に過ぎませんので、クラスの状況に応じて変えることが望ましいです。「基本セット」以外にも、英単語（「Yeah」「Yo」など）や接続詞を収録した「応用セット」、「新（ ）」のように表記することで「新しい」「新しく」と様々な活用形に対応できる「パラダイムシフト」などの拡張セットも発売されていますので、これらも学習者の状況に合わせて取り入れるとよいでしょう。

本時は「狩歌」で遊ぶことに主眼を置いてはいませんが、まずは学習者に楽しんでもらうことを目指したいところです。5名前後のグループごとに札を配布して、まずはどのような札が用意されているのか、目を通してもらいます。その後で実際に「狩歌」を体験しますが、1曲目は学習者の多くが知っている曲で練習をしたほうがよいでしょう。その際、曲ごとに自分が手に入れた札はすべてメモを取るように伝えます。数曲遊んだ後で、自分がメモを取った言葉の中から3語を選び、創作の準備に入りましょう。手に入れた札が3枚以下の場合、余った札の中から自由にとって補うなど、調整をしてもよいでしょう。自分が選んだ3語すべてを入れて、短いフレーズを作ります。例えば、本提案冒頭で例示した「気持ち」「心」「本当」の3枚を選んだ場合であれば「心の奥に秘めた本当の気持ち」など、ごく短いフレーズで構いません。

第2時では、このフレーズをテーマに、その世界観に合った詩を創作します。フレーズから連想される言葉や情景を書きだして、創作に役立てることができるように留意しました。例えば、ワークシート例（図1）では、創作の手がかりになるように、いくつかヒントを与えてあります。それぞれの言葉に関するイメージを書くための吹き出し（「この言葉のイメージは？」）、テーマ設定をするために5W1Hの形式で情報を書く欄（「このテーマの世界観は？」）を設けました。

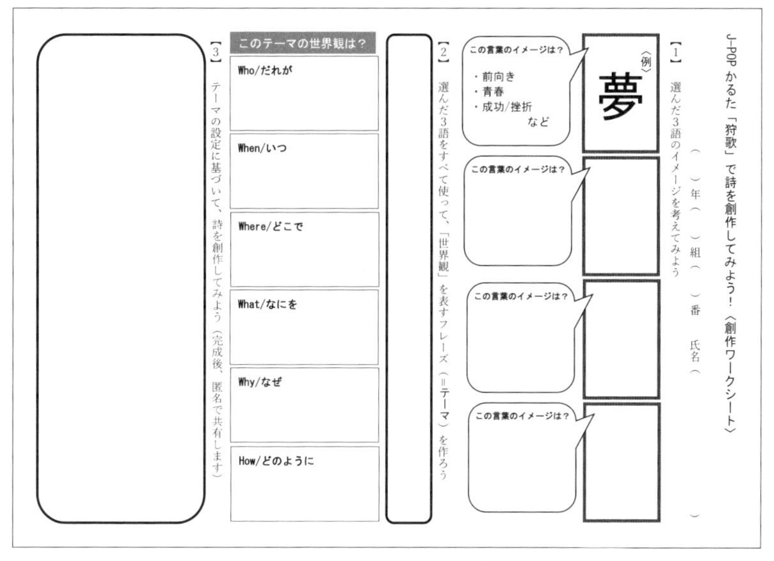

図１　ワークシートの例

第２時

前時で考えたフレーズをテーマに、新しい作品を創作し、クラス内で感想を交流します。同じ曲を聴いてスタートした創作活動でも、選んだ言葉、言葉のつなげ方、そこからイメージを膨らませる方法は様々です。他の学習者との交流を通じて新しい表現に触れることで、単なる個人的な創作活動で終わらせないようにしたいところです。本時では、創作を楽しむだけでなく、学習者同士がお互いの感性に触れることも重視しています。他の学習者の作品を鑑賞することで、学習者自身の表現も広がっていくはずです。

作品が完成した後は、学習者が一人一台タブレット端末を使えるようであれば、その場で打ち込んだ作品を全体で共有することができます。他の作品にコメントをつけたり、評価することも簡単にできて便利です。学習者が創作活動に不慣れな場合は、他の学習者に作品を見せるということに抵抗を感じることもあるかもしれません。その場合も、タブレット端末を用いれば、匿名で共有することが容易です。

2-3　授業のポイント

本提案のポイントは、J-POP かるたを通して楽しみながら言葉に触れ、創作を身近に感じてもらうことにあります。教材はボードゲームですが、本提案では「狩歌」の勝敗自体を重視しておらず、あくまでもゲームを楽しみながら詩を創作するための材料探しをする、という姿勢で臨んでいます。学習者ともその意識を共有したいところです。

学習者がより多くの札を取れるようにするため、授業者があらかじめ選曲しておく必要があります。また、学習者の多くが知っている曲で練習をするほか、テンポがゆったりした曲から始めるなど、学習者がなるべく多くの札を取れるように工夫する必要があるでしょう。「狩歌」の札は種類も豊富ですが、選曲によってはなかなか使わない札も出てきますので、そういった札は始めから除いておくとスムーズです。

先述した通り、テーマを設定する際に使用する言葉をあえて制限することもポイントです。たとえば和歌にも様々な修辞技法や制約があります。谷知子は、異性の立場で題詠することについて、「題にはそれぞれに約束があるので、異性になりきって歌を詠むことはそう難しいことではないのです。」と述べています[2]。「男は行動し、女は待つ。」という約束に従っているために、本来的な男女の性差に関わらず、どちらの立場からも簡単に歌を詠むことができるというのです。はじめから詩の中で使える言葉を決めておくことで、和歌の題詠同様に、自分がこれから創作する作品のテーマを容易に設定することができます。心の内をさらけ出すことに抵抗がある学習者も、他者になりきることで創作しやすくなるのではないでしょうか。古くから使われている技法が、創作活動を手助けしてくれるはずです。

3　実践に向けて

「書くこと」の指導に関して、2017 年告示中学校学習指導要領（第 1 学年）では「詩を創作したり随筆を書いたりするなど、感じたことや考えたことを書く活動」が、2018 年告示高等学校学習指導要領（「文学国語」）では「自由に発想したり評論を参考にしたりして、小説や詩歌などを創作し、批評し合う活動」が言語活動例として挙げられています。しかし、授業内で詩を扱う場合、和歌、漢詩、現代詩を問わず、レトリックを解説し、パターンを覚える作業になることも珍しくありません。そういった作業を詩の学習だと思っている学習者にとって、何もないところから突然自由に創作をすることは、なかなか難しいものです。おそらく多くの学習者たちにとって、詩や小説を創作することは日常的なものではありません。「狩歌」を通して楽しみながら歌詞に注目し、親しみのあるJ-POPの歌詞を材料にすることは、その後の自由な創作への手がかりとなるでしょう。歌詞に登場する言葉から着想を得て創作することで、心理的な負担をかけずに楽しめる時間にできるよう心掛けました。

また、「狩歌」ではどのような曲でも教材になります。教科書にもJ-POPの歌詞が多く取り上げられていますので、教科書で詩について学んだ後に導入してもよいでしょう。さらに授業者が札を追加することで、和歌や詩にも応用できるかもしれません。学習者にとっても、J-POPやゲームが単なる娯楽ではなく、学びを与えてくれる存在であると気づくきっかけになると考えています。

【注】

1　サグイネル「J-POPかるた狩歌基本セット」
https://www.xaquinel.com/works/caruuta-basic-set（2021年7月1日時点）

2　『和歌文学の基礎知識』（谷知子、角川学芸出版、2006年）p. 137-141

町田先生からのコメント

ゲームの教材化に際しては、「遊び」を「学び」へと転換することが問われます。本提案はJ-POPの言葉に基づくゲームを楽しむところから出発して詩の創作へと繋ぐもので、学習者の国語力の育成に資する活動がよく工夫されています。

漫才（分析）入門編！

八木　翔平

教材名　かまいたち「UFJ・USJ 漫才」

校　種　小　中　おすすめ！　高　大

こんな力がつきます

非言語表現の効果を多角的に分析する力

1　教材提案

1-1　素材の解説

かまいたちは、ボケの山内健司とツッコミの濱家隆一が結成したお笑いコンビです（以下、それぞれ山内、濱家と記述）。「UFJ・USJ 漫才」は、漫才の祭典であるM-1グランプリ2019の決勝戦でも披露された漫才です。「UFJとUSJを言い間違えてしまった」ことを山内が認めず、自分の間違いを濱家になすりつけようとすることで展開していきます。山内の主張は終始支離滅裂なのですが、不思議とその主張に飲み込まれてしまいそうになります。ツッコミにつけいる隙を与えない山内、山内に気圧される濱家のもつ「身体性」に注目です。

1-2　教材としての魅力

「UFJ・USJ 漫才」は、台本・脚本の段階から緻密に構成されていると考えます。しかし、いうまでもなく、素人がその台本や脚本を単に読むだけでは当然観客に「おもしろい」と思わせる魅力的な作品にはなりません。「UFJ・USJ 漫才」を観ていると、山内が自分に明らかな否があることを認めず、それを他人になすりつける様子からは滑稽さを通り越して恐怖さえ覚えます。ツッコミの濱家の立ち居振る舞いからは、単なる聞き手という役割以上のものがあることもわかります。

さらに、「教材」という観点からもその魅力を指摘できます。同作品は現在、かまいたちの公式YouTubeチャンネルにて公開されています[1]。作品を適切な情報元から視聴することができ、さらに動画を一時停止したり、繰り返し何度も視聴したりすることも可能なので、「UFJ・USJ 漫才」の構成や表現に込められた工夫を細かく分析していくことができるはずです。

2 授業提案

2-1 授業のねらい

この授業で達成したい目標は、「プロの漫才師の漫才を実際に演じながら、観客を引き込むための効果的な間の取り方やジェスチャー、声のトーンといった漫才の表現における工夫を体験的に学ぶ」ことにあります。さらに、漫才文化の一端に触れて、漫才に日頃接している学習者もあまり親しくない学習者にとっても、漫才の見方を考える「入口」になることも目指しています。

本教材中でボケの山内は、「UFJ と USJ の言い間違え」のような様々なミスをツッコミの濱家になすりつけようとします。山内の発言や主張には筋が通っていないのですが、論点をすり替えたり、濱家に発言させないように声を荒らげたり、とあの手この手を駆使しています。

例えば、山内の台詞の中には「もし俺が謝ってこられてきてたとしたら、絶対に認められてたと思うか」という意味不明な発言があります。複雑な文構造で、理解されるのを目的としていないようです。山内は濱家に対してこの台詞をゆっくり言い含めるように言います。そしてこの台詞を聞いた濱家は動画にして3秒間静止します。この場面からは、台本の段階での台詞の工夫が凝らされていることに加えて、演者である二人の「間のとり方」が重要な要素になってくることがわかります。

今回提案する授業では、学習者がペアになりロールプレイ形式で実際に「UFJ・USJ 漫才」を演じてもらいます。そこで、漫才のロールプレイのために漫才の「文字起こし台本」を用意します。しかし、「文字起こし台本」を読むだけでは、おそらくどこが「おもしろい」のかわからない学習者もいるでしょうし、そもそも「おもしろい」と感じない学習者もいるでしょう。学習者の初発の感想は大事にしたいと考えています。「おもしろい」と感じた学習者には、台本からかまいたちの二人がどのような工大をすることで観客にその表現を届けているのか、逆に「おもしろい」と感じなかった学習者には、どこを工夫すれば「おもしろく」なるのか、実際に漫才を視聴したら印象が変わりそうなポイントはどこか、などを考えさせることによって、すぐに映像の分析に入らず学習者と一緒に「おもしろい」を掘り下げていきましょう。

漫才の構成要素は複雑であるだけに、分析には時間がかかると思いますが、気づいたことはどんどん台本に書き込んでいき、ペアだけの「オリジナル台本」を完成させてほしいです。

この授業を通して、学習者は、視聴者として傍観している時には見えにくい漫才の細部の工夫に気づいていけるのではないでしょうか。

2-2　授業の展開

第１時　漫才を見る

① 台本を読む

学習者に二人一組のペアを作らせて、ボケとツッコミを決めさせます。事前に何も伝えない状態で、「文字起こし台本」を音読してもらいます。この漫才を知っている学習者もそうでない学習者も、思い思いのやり方で読んでもらいます。

② 台本から漫才を考える

発問：「UFJ・USJ 漫才」は、誰が何をしている漫才でしたか？

「文字起こし台本」を読むだけでは漫才の大筋をつかめない学習者がいるかもしれません。まずは、クラス全体で「UFJ・USJ 漫才」とはどのような漫才であったかを確認します。ここでは、「ボケの山内が UFJ（三菱 UFJ 銀行）と USJ（ユニバーサルスタジオジャパン）を言い間違えてしまったことをきっかけに、自らの間違いをツッコミの濱家になすりつける」漫才であることを確認します。

注意点としては、本教材が「おもしろい」漫才であることを前提に進行しないことです。あくまでも学習者に漫才を見るためのポイントを提示することにとどめるのがよいでしょう。例えば、「おもしろい」と感じた学習者にはどこをおもしろいと感じたのか、「つまらない」や「わからない」と感じた学習者にはどこに疑問を持ったのか聞いてみることで、個々の学習者に本教材の見るべきポイントを考えさせてみてはどうでしょうか。

③ かまいたち「UFJ・USJ 漫才」を見る

まずは、スクリーンなどを使って一つの画面で本教材を見てみましょう。

本時では、山内が濱家に間違いをなすりつける、という大筋を念頭に置きながら視聴してもらいます。

第２時　台本をつくる

①「オリジナル台本」をつくる

学習者は、ペアで一つのスマホでかまいたちのYouTubeチャンネルから本教材を観ていきます。前時よりも詳しく漫才の中の表現の工夫を読み取っていくためです。表現の工夫がわかる箇所は、「文字起こし台本」に記入していきます。その際、工夫の種類ごとにペンで色分けさせてみるのもよいでしょう。

ここからは「オリジナル台本」(「文字起こし台本」に表現上の工夫を書きこんだもの)の例を紹介します。学習者は冊子の「文字起こし台本」に、それぞれが気づいたポイントを書き込んでいくことになります。

ここでは、「USJとUFJを言い間違えちゃったんやな？」という山内の台詞を「間のとり方」「ジェスチャー」「視線」という観点から検討してみます。実際にはこの台詞は、「USJと/UFJを」と濱家に言い含めるようにゆっくりと発話されています。スラッシュの部分で濱家は「はい」と相槌を打ってもいます。この「間のとり方」の場合、「ゆっくり」「たっぷりと時間をとって」のようにト書きを加えておきます。

この台詞の言い方が遅くなっているのは、山内が「USJと/UFJを」と言う際に、それぞれ左手･右手を交互に目の前に出して強調しているからです。演者の「ジェスチャー」にも注目する必要がありそうです。さらに、「言い間違えちゃったんやな？」では、濱家側に右手を差し出して、「あなたが間違えたんですよ」という仕草をしています。ここでは、「観客に伝わるようにややおおげさに手を目の前に出す/ツッコミ側に右手を差し出す」などのト書きを記入します。

この場面は、二人の「視線」の動きにも注目できます。この台詞を言っている最中、山内はずっとカメラ（観客）側を見ています。それに対して、濱家は山内の方を向きながら話しています。そして、「言い間違えちゃったんやな？」と発話する山内は、濱家の方を向きますが、目線は斜め下、濱家の靴を覗き込むような角度です。つまり、目を合わせていないのです。ここでは、「目を逸らす」といったト書きが考えられます。

もちろん、映像からは細かく観ようと思えば、これらの例以外にもさらに多くの要素を抽出することができるでしょう。学習者の納得のいくまで何度も視聴するように伝えましょう。

②ロールプレイの練習

「オリジナル台本」には、学習者の気づいた漫才の工夫が沢山書き込まれていることでしょう。それらを元にロールプレイのための読み合わせをします。

第３時　漫才を演じる

①かまいたち「UFJ・USJ漫才」をロールプレイ

机上にペアで一台スマホを置いて漫才を演じている様子を撮影します。その際、身体の動かし方も含めた臨場感のあるジェスチャーができるようになるので、実際の漫才のように二人で立って実演してみるのが望ましいです。第一時で台本をただ音読した際と比較して、どこをどのように工夫したのかを台本を見ながら説明できるようになっているとよいですね。

②振り返り

いくつかのペアに実際にクラスの目の前で漫才を披露してもらいましょう。聞き手である学習者には、自分たちの工夫をした箇所と照らし合わせながら漫才を観てもらいたいと思います。

表現の工夫を書き込んだ「オリジナル台本」と撮影した漫才を元に、「「UFJ・USJ漫才」からどのような表現上の工夫を発見できたか」、「ロールプレイの中でどのような点に気をつけたか」、「台本、映像の中の漫才と学習者のロールプレイを比較して、「UFJ・USJ漫才」の印象はそれぞれ変わったか」などの質問を投げかけて、クラスで意見を共有します。撮影した動画を提出させて、学習者相互で評価しあってもよいかもしれません。

2-3　授業のポイント

漫才に限らず、「おもしろい」は決して普遍的な感情ではありません。教室の中で、「おもしろい」の押し売りをしないために、漫才などの話芸を扱う際には注意が必要になると考えます。プロの漫才師たちが観客に「おもしろい」と思わせるための技術や努力の一端を学習者に体験的に味わってもらうことをゴールに据えることを再度確認しましょう。

3 実践に向けて

漫才の定義に関しては諸説ありますが、筆者は「日常会話を滑稽にデフォルメしたもの」と捉えています。その意味で、漫才を演じることは、言葉を介して日常では起こりえないような不思議な経験をすることでもあります。

今回分析に使用した「間のとり方」「ジェスチャー」「視線」といった表現上の工夫を非言語表現とするのであれば、これらの非言語表現は漫才という非日常の時空間のみで通用するもので、日常生活に即座に応用可能なものにはなっていません。だからこそ、教室の中で非日常的な言語体験をすること、あるいは言葉を介して教室を非日常的な空間にすることには可能性があるように思います。みなさんも、学習者と一緒に、漫才の分析を通して漫才の世界に「入門」してみましょう！

【注】

1 「かまいたちチャンネル」https://www.youtube.com/channel/UCIR2mQ77wHrLMreV45nYhgw/featured（2021 年 7 月 1 日時点）

マンガ・絵本・写真 映像 音楽 その他

町田先生からのコメント

「お笑い」には、国語科の教材としての可能性が秘められています。漫才を教材化して、漫才師の話芸を見て、それを参考に台本を作成して実際に演じるという過程を経て、教室を非日常的な空間に変えるという試みが見事な提案です。

おわりに

「教室とは学ぶ場所でなければならない」と、誠実に教壇へと向かう教師であれば誰しもが信じていることです。課題解決に向かって静寂の中で黙々と考え続ける学習者たちの姿。一転して、お互いが顔を近づけながら真剣に語り合う場面。活気を帯びた教室は、一つの理想像として描かれます。けれども、児童・生徒同士が活発に意見を伝え合い、じっくりと考えを深める営みを築くことは簡単ではありません。多くの教師は、一人一人の納得感を含んだ「わかった」という満面の笑顔を引き出す瞬間をめざして、「明日の授業をどう創るか」という難題と日々正面から向き合っていることでしょう。

「これなら自分にもできるかもしれない」という安心感、「私も考えてみたい」という知的興奮、こうした学習者一人一人の前向きな気持ちが混ざり合って、授業は生き物のように躍動しはじめます。授業の冒頭にその大きなうねりをつくり出すことを、教師はねらっていかなければなりません。

学習者の自発的な反応を引き出すきっかけの一つが、町田守弘先生が長年提唱されてきた「境界線上の教材」にあると私たちは考えています。

町田守弘先生はおよそ50年にも及ぶ教師・研究者生活の中で、学習者を取り巻くマンガやアニメ、映画、ドラマ、音楽、ゲーム、お笑い、SNSなどに広く目を向け、それらを国語科の教材として成立する「境界線上の教材」として位置づけてきました。そして、教室を学ぶおもしろさを実感できる場所とするべく、「境界線上の教材」を活用した授業実践にひたむきに打ち込まれました。もちろん、教材ありきで授業は成り立ちません。「楽しさ」だけに終始すれば、活動のみの授業に陥ってしまいます。そのため、育てたい力やねらいを明確にしながら、「力のつく」教材とするべく、授業が成立するための工夫や手立てを考える必要性も提示されてきたのです。

「境界線上の教材」の活用には、ともすると「学習者の興味・関心を高める」という目的だけが焦点化しがちです。しかし、学習者を惹きつける誘因としての機能以外にも、見逃せない教育的意義が存在します。

町田守弘先生は、ご自身がマンガを主たる国語科教材として扱いはじめた1990年代に、次のような感想を残されています。

ことばの「異化」や「脱構築」が話題になり、制度化されたことばからの解放が叫ばれている今日、漫画を通して自己の主体的なことば、批評することばを獲得することはもっと評価されてよい。さらに、情報処理能力や人間関係能力にかかわり新しい学力観からも、漫画教材による授業を評価することができるであろう。

（『授業を創る―【挑発】する国語教育―』三省堂、1995年、p. 31-32）

25年以上もの歳月が流れた今日、マンガをはじめとするメディア理解に必要な諸能力が明らかになってきています。国語教育分野の実証的な研究においても、学習者に身近な静止画・動画メディア等を読み解く力が、活字読書に必要な読解技能に近接しているという研究成果も報告されています。

こうした知見をふまえると、時に学習を阻害すると思われがちなメディア経験は、国語科で育成するべき学力形成につながるものとして明確に位置づけられるのではないでしょうか。「境界線上の教材」を授業にとり入れる意義は、ここにあります。例えるならば、マンガは教室において「率先して取り上げるべきもの」ではなく、「率先して読み進めるべきもの」として扱う可能性を秘めているのです。

この単行本には、町田守弘先生の薫陶を受けた執筆者たちによる43本の授業提案が収録されています。対象とする校種やジャンルを参考にしていただき、教室の実態に合わせて、よりよいかたちで授業実践に活かしていただければ、これに勝る喜びはありません。

およそ25年前、国語教育における一人の実践者がいつも抱えていた問いは「学校の中核にある授業が、学習者の問題意識を揺さぶるようなものになっているだろうか」というものでした。この自問こそが「境界線上の教材」を生みだす契機となったのです。

私たち教え子は、その授業に向けた真摯な想いを引き継ぎ、いかなる時も魅力あふれる授業をめざすことを、ここに誓いたいと思います。

2021年7月5日

町田守弘先生 古希お祝いの日に

編集委員代表　　岸　圭介

出典一覧

第1章 「マンガ・絵本・写真」を使った授業提案

p. 32「のび太といっしょに問題解決学習」
てんとう虫コミックス『ドラえもん』第28巻（藤子・F・不二雄著、小学館刊、1983年）

p. 38「4コマ漫画の音読で育む語彙力・言語表現力」
オリジナル4コマ漫画

p. 44「マンガの名ゼリフ、キャラクターになりきって表現しよう」
『マンガ「名ゼリフ」大全』（宝島社、2008年）

p. 50「マンガを比較して『語り』を読み解こう」
『コミック　文体練習』（マット・マドン著・大久保譲訳、国書刊行会、2006年）

p. 56「4コマ漫画の展開を考えよう」
『火星人と土星人』（やまだたろう、マンガハック、2019年）

p. 62「反転ワードハンティング」
『大家さんと僕』（矢部太郎、新潮社、2017年）

p. 68「ストーリーマンガの表現の工夫を読み解こう」
『かぐや様は告らせたい～天才たちの恋愛頭脳戦～』第10巻（赤坂アカ、集英社、2018年）

p. 74「マンガをノベライズ（小説化）してみよう」
『鬼滅の刃1　残酷』（吾峠呼世晴、集英社、2020年）

p. 80「4コマ漫画にツッコミを入れて哲学しよう」
『4コマ哲学教室』（南部ヤスヒロ・相原コージ、イースト・プレス、2006年）

p. 86「ことわざから見る日常の風景―現代版ことわざの創作―」
『ことわざ絵本』（五味太郎、岩崎書店、1986年）

p. 92「『サンタクロース』で育む批判的思考力」
『サンタのおばさん』（東野圭吾作・杉田比呂美画、文藝春秋、2001年）

p. 98「『私の夢の国』を紹介しよう」
オリジナル写真　＊下記のGoogleDriveにて公開。
（https://drive.google.com/drive/folders/1sUT2QhzWUJeFkkBzrZ8PIG9h7fMDZYSZ?usp=sharing）

p. 104「短歌と写真を組み合わせる―「うたらば」創作委員会―」
「うたらば」（田中ましろ、2010年～）

第２章 「映像」を使った授業提案

p. 112「エリンの世界を情景描写から読み取ろう」
「獣の奏者エリン」（浜名孝行、NHK、2009 年）

p. 118「『スーパー戦隊シリーズ』を企画しよう」
「スーパー戦隊シリーズ」（東映、1975 年～）

p. 124「『耳すま』の映像と字幕から鍛える日本語の力」
「耳をすませば」（近藤喜文、スタジオジブリ、1995 年）

p. 130「映像の表現効果を『読む』」
「父と暮せば」（黒木和雄、パル企画、2004 年）

p. 136「星新一のショートショートを『見て』『読んで』味わおう」
・アニメ「生活維持省」（青池良輔、NHK、2009 年）
・小説「生活維持省」（『ボッコちゃん』星新一、新潮社、1971 年）

p. 142「ジャミラの変身を読み取る」
「ウルトラマン」第 23 話「故郷は地球」（円谷プロダクション、1966 年）

p. 148「ミュージカルの楽曲の歌詞を創作しよう」
「宝塚グランドロマン『新源氏物語』」（宝塚歌劇団、2015 年）

p. 154「『グッド・バイ』に終焉を」
「グッド・バイ」（篠原哲雄、TBS、2010 年）

p. 160「比べることで考える―単元『詩歌の世界』」
・映画「言の葉の庭」（新海誠、コミックス・ウェーブ・フィルム、2013 年）
・『小説 言の葉の庭』（新海誠、KADOKAWA、2014 年）
・楽曲「Rain」（作詞・作曲：大江千里、歌：秦基博、2013 年）

p. 166「『かぐや姫の物語』と『竹取物語』の比較読み」
・「かぐや姫の物語」（高畑勲、スタジオジブリ、2013 年）
・「天の羽衣」（『竹取物語』）〈『新版 竹取物語現代語訳付き』（室伏信助訳、角川書店、2001 年）〉

p. 172「『13 人目の陪審員』として、議論を小説化してみよう」
「12 人の優しい日本人」（中原俊、アルゴ・ピクチャーズ、1991 年）

p. 178「アニメーションを“読み”、“刺さる”CM をつくろう」
・映画「秒速５センチメートル」（新海誠、コミックス・ウェーブ・フィルム、2007 年）
・楽曲「One more time, One more chance」（山崎まさよし、1997 年）

p. 184「身体表現を言語化しよう―戯曲と舞台のはざまで」
『朝日のような夕日をつれて　21 世紀版』（鴻上尚史、論創社、2014 年）

p. 190「映画を用いてメディア・リテラシー力をつけよう」
「下街ろまん」（孫大輔、2019 年）

第３章　「音楽」を使った授業提案

p. 198「『車輪の唄』の歌詞を読む」
「車輪の唄」（BUMP OF CHICKEN、トイズファクトリー、2004 年）

p. 204「ミュージックビデオを読み解く」
「結証」（緑黄色社会、ソニー・ミュージックレーベルズ、2021 年）

p. 210「『マリーゴールド』で詠む相聞歌」
「マリーゴールド」（あいみょん、ワーナーミュージック・ジャパン、2018 年）

p. 216「『パプリカ』をいろいろな視点で読み解こう」
・「パプリカ」（米津玄師、ソニー・ミュージックレーベルズ、2019 年）
・「パプリカ」（Foorin、ソニー・ミュージックレーベルズ、2018 年）

p. 222「和歌と J-POP の交差を求めて」
・「糸」（中島みゆき、ヤマハミュージックエンタテインメントホールディングス、1992 年）
・「狼になりたい」（中島みゆき、ヤマハミュージックエンタテインメントホールディングス、1979 年）

p. 228「楽曲から学ぶ物語の重層性」
「ピアノ泥棒」（amazarashi、レインボーエンタテインメント、2011 年）

p. 234「現代と重なる『レモン』のイメージ」
「Lemon」（米津玄師、ソニー・ミュージックレーベルズ、2018 年）

p. 240「J-POP からショートストーリーを作ろう」
「ライオン（2018 New Ver.）」（ベリーグッドマン、ユニバーサル ミュージック、2018 年）

p. 246「歌詞の精読で文学テクストの『読み』をつくる」
「太陽」（Smooth Ace、ユニバーサル ミュージック、2002 年）

p. 252「現実と虚構の合間で手紙をしたためよう」
「桜の季節」（フジファブリック、ユニバーサル ミュージック、2004 年）

JASRAC 出　2105994-101

第４章　「その他（ソーシャルメディア・ゲーム・お笑いなど）」を使った授業提案

p. 260「YouTuber に学ぶプレゼンテーション能力」
YouTube チャンネル「中田敦彦の YouTube 大学」
（https://www.youtube.com/c/NKTofficial/featured）2021 年 7 月 1 日時点

p. 266「『YouTube』動画をモデルに、録画動画で表現してみよう」
動画共有サイト YouTube（https://www.youtube.com/）2021 年 7 月 1 日時点

p. 272「映画レビューを活用した『読むこと』の授業」
・AmazonPrimeVideo
（https://www.amazon.co.jp/b/?node=3535604051）2021 年 7 月 1 日時点
・Filmarks（フィルマークス）
（https://filmarks.com/）2021 年 7 月 1 日時点

p. 278「『どうぶつの森』でプレゼンテーション」
Nintendo Switch「あつまれ どうぶつの森」（任天堂、2020 年）

p. 284「J-POP かるた『狩歌』で詩を創作しよう」
J-POP かるた「狩歌」（サグイネル、2016 年）

p. 290「漫才（分析）入門編！」
かまいたち「UFJ・USJ 漫才」
（https://www.youtube.com/watch?v=Gp2hyXo4s4w&t=357s）
2021 年 7 月 1 日時点

執筆者一覧（掲載順　所属は2021年6月現在）

町田　守弘	早稲田大学教育・総合科学学術院
岸　圭介	早稲田大学系属早稲田実業学校初等部
小西　理恵	新宿区立牛込仲之小学校
内田　剛	立命館中学校・高等学校
加瀬　幸志朗	東邦大学付属東邦中学校高等学校
神田　恵美子	埼玉県立栗橋北彩高等学校
宮﨑　春菜	千葉県立船橋高等学校
山田　範子	金沢星稜大学女子短期大学部
金子　泰子	早稲田大学教育学部/長野大学
光野　公司郎	共栄大学教育学部
甲斐　伊織	学習院中等科
李　軍	早稲田大学教職大学院
王　培	早稲田大学大学院
吉川　七菜子	早稲田大学大学院
小見　紗永子	群馬県立大間々高等学校
小峰　梓	慶應義塾中等部
石井　明子	東京都立新宿高等学校
後藤　厚	名古屋市立菊里高等学校
深澤　克俊	学習院女子中・高等科
市川　涼	学校法人船橋学園東葉高等学校
江口　千晶	東京女学館中学校・高等学校
岡田　和樹	立命館中学校・高等学校
加藤　晴奈	立教英国学院
金田　富起子	国立教育政策研究所

小林　賢太郎	早稲田大学大学院
中川　甲斐	神奈川大学附属中・高等学校
柳本　彩子	株式会社不動産経済研究所
園部　泉子	学校法人共立女子学園
荒木　智	成蹊小学校
坂本　晃洸	城北学園城北中学校・高等学校
齊藤　真子	三島市立佐野小学校
坂本　邦仁	渋谷教育学園渋谷中学高等学校
中桐　由里	高松市立桜町中学校
平沼　一翔	世田谷学園中学校・高等学校
大谷　誓也	学校法人希望学園北嶺中・高等学校
櫻井　礼子	目黒星美学園中学高等学校
田中　慎一朗	静岡県立富士宮東高等学校
永瀬　恵子	早稲田大学高等学院
金巻　秀樹	早稲田大学高等学院
遠山　大樹	拓殖大学第一高等学校
森　響平	明治大学付属中野八王子中学高等学校
大森　麻美	常総学院高等学校
橘　美咲	江戸川女子中学校・高等学校
八木　翔平	早稲田大学大学院

編著者紹介

町田守弘（まちだ　もりひろ）
1951年、千葉県生まれ。早稲田大学卒業。早稲田大学系属早稲田実業学校中・高等部教諭・教頭、早稲田大学教育・総合科学学術院教授を経て、現在早稲田大学名誉教授。2004年から4年間、早稲田大学系属早稲田実業学校初等部校長を兼任。専攻は国語教育で、主にサブカルチャーを活用した国語科の教材開発と授業開発に関する研究と実践を進めている。博士（教育学）。
主な著書に、『授業を創る―【挑発】する国語教育』（三省堂）、『国語教育の戦略』（東洋館出版社）、『国語科授業構想の展開』（三省堂）、『声の復権と国語教育の活性化』（明治図書）、『国語科の教材・授業開発論―魅力ある言語活動のイノベーション』（東洋館出版社）、『新聞で鍛える国語力』（朝日新聞出版）、『「サブカル×国語」で読解力を育む』（岩波書店）、『国語教育を楽しむ』（学文社）、共著に『教師教育の課題と展望―再び、大学における教師教育について』（学文社）、編著に『魅力ある言語活動の開発事典』（東京法令出版）、『明日の授業をどう創るか―学習者の「いま、ここ」を見つめる国語教育』（三省堂）、『実践国語科教育法―「楽しく、力のつく」授業の創造』（学文社）、『早稲田大学と国語教育―学会50年の歴史と展望をもとに』（学文社）、共編著に『高等学校国語科　新科目編成とこれからの授業づくり』（東洋館出版社）などがある。

サブカル国語教育学
「楽しく、力のつく」境界線上の教材と授業

2021年 9月10日　第1刷発行
2022年11月10日　第2刷発行

編著者　町田守弘
発行者　株式会社 三省堂　代表者　瀧本多加志
印刷者　三省堂印刷株式会社
発行所　株式会社 三省堂
〒102-8371　東京都千代田区麴町五丁目7番地2
電話　(03)3230-9411
https://www.sanseido.co.jp/

落丁本・乱丁本はお取り替えいたします。

Printed in Japan
ISBN978-4-385-36502-2
〈サブカル国語・304pp.〉